U0600651

中华文化大博览丛书

淳朴浓郁的

民风根源

周丽霞　编著

中国出版集团　现代出版社

图书在版编目（ＣＩＰ）数据

淳朴浓郁的民风根源 / 周丽霞编著. -- 北京 ： 现代出版社，2018.1
　ISBN 978-7-5143-6548-1

　Ⅰ. ①淳… Ⅱ. ①周… Ⅲ. ①风俗习惯－介绍－中国 Ⅳ. ①K892

　中国版本图书馆CIP数据核字(2017)第284983号

淳朴浓郁的民风根源

作　　者：周丽霞
责任编辑：李　鹏
出版发行：现代出版社
通讯地址：北京市定安门外安华里504号
邮政编码：100011
电　　话：010-64267325 64245264（传真）
网　　址：www.1980xd.com
电子邮箱：xiandai@vip.sina.com
印　　刷：天津兴湘印务有限公司
字　　数：380千字
开　　本：710mm×1000mm　1/16
印　　张：30
版　　次：2018年5月第1版　2018年5月第1次印刷
书　　号：ISBN 978-7-5143-6548-1
定　　价：128.00元

版权所有，翻印必究；未经许可，不得转载

习近平总书记在党的十九大报告中指出："深入挖掘中华优秀传统文化蕴含的思想观念、人文精神、道德规范，结合时代要求继承创新，让中华文化展现出永久魅力和时代风采。"同时习总书记指出："中国特色社会主义文化，源自于中华民族五千多年文明历史所孕育的中华优秀传统文化，熔铸于党领导人民在革命、建设、改革中创造的革命文化和社会主义先进文化，植根于中国特色社会主义伟大实践。"

我国经过改革开放的历程，推进了民族振兴、国家富强、人民幸福的"中国梦"，推进了伟大复兴的历史进程。文化是立国之根，实现"中国梦"也是我国文化实现伟大复兴的过程，并最终体现在文化的发展繁荣。博大精深的中国优秀传统文化是我们在世界文化激荡中站稳脚跟的根基。中华文化源远流长，积淀着中华民族最深层的精神追求，代表着中华民族独特的精神标识，为中华民族生生不息、发展壮大提供了丰厚滋养。我们要认识中华文化的独特创造、价值理念、鲜明特色，增强文化自信和价值自信。

如今，我们正处在改革开放攻坚和经济发展的转型时期，面对世界各国形形色色的文化现象，面对各种眼花缭乱的现代传媒，我们要坚持文化自信，古为今用、洋为中用、推陈出新，有鉴别地加以对待，有扬弃地予以继承，传承和升华中华优秀传统文化，发展中国特色社会主义文化，增强国家文化软实力。

浩浩历史长河，熊熊文明薪火，中华文化源远流长，滚滚黄河、滔滔长江，是最直接的源头，这两大文化浪涛经过千百年冲刷洗礼和不断交流、融合以及沉淀，最终形成了求同存异、兼收并蓄的辉煌灿烂的中华文明，也是世界上唯一绵延不绝的古老文化，并始终充满生机与活力。

中华文化曾是东方文化摇篮，也是推动世界文明不断前行的动力之一。早在五百年前，中华文化的四大发明催生了欧洲文艺复兴运动和地理大发

现。中国四大发明先后传到西方，对于促进西方工业社会发展和形成，起到了重要作用。

中华文化的力量，已经深深熔铸到我们的生命力、创造力和凝聚力中，是我们民族的基因。中华民族的精神，业已深深植根于绵延数千年的优秀文化传统之中，是我们的精神家园。

总之，中国文化博大精深，是中华各族人民五千年来创造、传承下来的物质文明和精神文明的总和，其内容包罗万象，浩若星汉，具有很强的文化纵深，蕴含着丰富的宝藏。我们要实现中华文化的伟大复兴，首先要站在传统文化前沿，薪火相传，一脉相承，弘扬和发展五千年来优秀的、光明的、先进的、科学的、文明的和自豪的文化现象，融合古今中外一切文化精华，构建具有中国特色的现代民族文化，向世界和未来展示中华民族的文化力量、文化价值、文化形态与文化风采。

为此，在有关专家指导下，我们收集整理了大量古今资料和最新研究成果，特别编撰了本套大型书系。主要包括巧夺天工的古建杰作、承载历史的文化遗迹、人杰地灵的物华天宝、千年奇观的名胜古迹、天地精华的自然美景、淳朴浓郁的民风习俗、独具特色的语言文字、异彩纷呈的文学艺术、欢乐祥和的歌舞娱乐、生动感人的戏剧表演、辉煌灿烂的科技教育、修身养性的传统保健、至善至美的伦理道德、意蕴深邃的古老哲学、文明悠久的历史形态、群星闪耀的杰出人物等，充分显示了中华民族厚重的文化底蕴和强大的民族凝聚力，具有极强的系统性、广博性和规模性。

本套书系的特点是全景展现，纵横捭阖，内容采取讲故事的方式进行叙述，语言通俗，明白晓畅，图文并茂，形象直观，古风古韵，格调高雅，具有很强的可读性、欣赏性、知识性和延伸性，能够让广大读者全面触摸和感受中国文化的丰富内涵，增强中华儿女民族自尊心和文化自豪感，并能很好地继承和弘扬中国文化，创造具有中国特色的先进民族文化。

血缘脉系

家族家谱与家庭文化

家族文化

　　家族是指具有血缘关系的人组成的一个社会群体，通常包括几代人。形成家族的历史十分久远，可以追溯到远古部落时代，在母系氏族社会，家族就开始以独立的方式存在、发展着。

　　家族在演变过程中融入了丰富的历史文化，逐渐形成以父亲为至尊、以血缘为纽带、以同族大家长为核心的家族制度。在这种家族制度下，与封建伦理制度和儒家学说相结合，形成了一套完整的宗法伦理体系。

女娲成为母系氏族的始祖

在上古时代，华夏民族的创世之神盘古开辟了天地，用身躯造出日月星辰、山川河流、花草树木、风雨雷电。残留在天地间的浊气慢慢化作了虫鱼鸟兽，世界一派欣欣向荣的景象。

■ 女娲补天图

后来，有一位天神女娲，在这莽莽的原野上行走。她放眼四望，山岭起伏，江河奔流，丛林茂密，草木争辉，天上百鸟飞鸣，地上群兽奔驰，水中鱼儿嬉戏，草中虫豸跳跃，处处是热闹的场面。但是她总觉得有一种说不出的寂寞，越看越烦，孤寂感越来越强烈，连自己也弄不清楚这是为什么。

■ 女娲壁画

这个问题一直困扰着女娲，她边行走，边思考。有一天，依然没有找到答案的女娲颓然坐在一个池塘旁边，茫然地对着池塘中自己的影子看。忽然一片树叶飘落池中，静止的池水泛起了小小的涟漪，使她的影子也微微晃动起来。

她突然觉得心头的死结解开了，是呀！为什么她会有那种说不出的孤寂感？原来，世界上缺少一种像她一样的生物。想到这里，她马上用手在池塘边挖了些泥土，和上水，照着自己的影子捏了起来。捏着捏着，捏成了一个小小的东西，模样与自己差不多。捏好后往地上一放，居然活了。

女娲一见，满心欢喜，接着又捏了许多。她把这些小东西叫作"人"。这些"人"是仿照神的模样造

盘古 传说在太古的时候，太空中有一个名叫盘古的巨人，一直在用他的斧头不停地开凿，企图把自己从混沌中解救出来。经过一万八千年艰苦的努力，盘古挥出最后一斧，终于使天地分开，盘古也由此成为了创世神，成了"顶天立地"的英雄。

■ 伏羲女娲图

共工 又称"共工氏"，为我国古代神话中的水神，其职责是掌控洪水。共工素来与火神祝融不合，因"水火不相容"而发生惊天动地的大战，最后共工失败而怒触不周山。另外还有一种说法，共工氏是黄帝王朝时代的一个部落首领。

出来的，举动自然与别的生物不同，居然会叽叽喳喳讲起和女娲一样的话来。他们在女娲身旁欢呼雀跃了一阵，慢慢走散了。

女娲那寂寞的心一下子热乎起来，她想把世界变得热热闹闹的，让世界到处都有她亲手造出来的"人"。于是不停地工作，捏了一个又一个。但是世界毕竟太大了，她工作了许久，双手都捏得麻木了，但捏出的小人分布在大地上，仍然显得稀少。

女娲觉得这样捏下去不行，就顺手从旁边的树上折下一条藤蔓，将藤蔓伸入泥潭，沾上泥浆向地上挥洒。泥浆随着被挥动的藤条飞溅起来，纷纷落到池塘边的地上。

说来也奇怪，这些泥浆感应了她的神气，结果点点泥浆变成一个个小人，与用手捏成的模样相似，这一来速度就快多了。女娲见这种方法奏效，就越挥越起劲了，大地就到处有了人。

女娲心满意足地看着自己用双手创造出来的人类欢快地生活在大地上，自己也每天沉浸在幸福愉悦之中。就这样，女娲与自己创造出来的"儿女"们相依为命，共同生活在天地之间。

不知过了多少年，天地间发生了一场大战。这是水神共工和火神祝融之间的战争。这两个人都想独霸世界。有一次，他们相遇了，打了起来，真是水火不容。这一仗，共工惨败。

战败的共工又羞又恼，怒气冲冲地一头往不周山撞去。这一撞，力量太大了，竟然把撑天的柱子撞断了，天上马上出现了一个大窟窿。地上被震得横一道竖一道好多大深坑，地心涌出了洪水，江河湖海的水都冲上了岸，波浪滔天，一片汪洋。

山石撞击出的火花把山村烧着，熊熊大火把野兽赶出了山林，野兽到处逃窜，去残害人类。人类面临着巨大灾难。

女娲很难过，决心把天重新修补好。她站在大地中央，环顾四周，捡了许多五色石，堆在一起，用火烧成石浆，把天上窟窿填补好。她又砍了大龟的脚，立在大地的四极，又用芦苇烧成灰，把泛滥洪水的沟壑堵塞填平。当时中原大地上有条为害人类的黑龙十分厉害，还有许多猛兽、大鸟到处吃人。女娲首先杀掉了黑龙。其他野兽害怕了，纷纷逃进山中，不敢再肆意逞凶了。这样，人类获得了新生。

女娲为了让人类绵延不绝，特意建立了婚姻制度，使男女相

不周山 我国古代传说中的山名。相传不周山是人界唯一能够到达天界的路径，但不周山终年寒冷，长年飘雪，非凡夫俗子所能徒步到达。不周山具体在哪里有多种说法，最常见的说法是指帕米尔高原。

007

血缘伦理

家族文化

■ 女娲造人图

亲相爱，建立家庭，生儿育女。史书上记载，女娲向神祷告，请求让自己成为人类婚姻的媒妁，得到神的应允后，女娲亲自为部落中的人主持婚姻。由于女娲创造了华夏先民，立下丰功伟绩，成为闻名遐迩的女首领，因此被后人描绘成孕育人类万物、创建宇宙天地的神。

在女娲创造人类以后的一段漫长时期，为了生存，人们往往聚群而居，依靠众人的智慧和力量求得生存。那个时候，人们主要依靠狩猎和采摘野果来获取生活所需，通常集体出动追捕猎物或采摘果实，然后共同分享胜利果实。

经过长时期的不断发展，原始群落渐渐有了变化，开始以血缘关系为区分标准，形成了一个个群体，像这样以血缘关系为区分标准的群体被称为"氏族"。

通常一个氏族来自一个共同的祖先。氏族成员共同劳动，共同生活，共同消费，这样氏族社会由此诞生了。

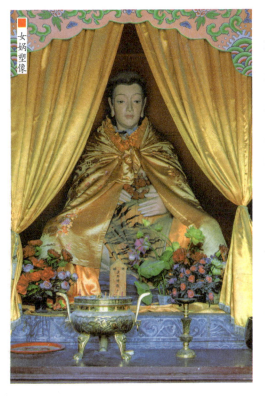

女娲塑像

在生产力极端低下的原始社会，氏族是人们赖以生存的基础，血缘关系是维系氏族成员的纽带。在氏族中，青壮年男子担任狩猎、捕鱼和防御野兽等任务，妇女担任采集食物、烧烤食品、缝制衣服、养老育幼等繁重任务，老人和小孩从事辅助性的劳动。

从简单的分工中，不难看出，妇女从事的采集比男子从事的狩猎有比较稳定的性质，是氏族可靠的生活来源，具有重要的意义。

女娲雕像

那时候，男人和女人之间没有一定的配偶关系，氏族实行族外婚，繁衍之下的子女只知有母，母亲便成为后嗣唯一确认的尊亲。氏族也就是在一个母亲血缘纽带下形成的大家庭。

这样，女性在氏族中的地位就更加具有重要的意义。她们的活动对维系氏族的生存和繁殖都起着极为重要的作用，因此，女性在氏族公社里占有重要的地位，有着一定的支配权。

通常在一个氏族公社里，女性们负责安排族内大小一切事务，其中包括分配劳动果实，这样的社会组织形式被称为"母系氏族社会"。母系氏族以母系血缘维系，并且由母系关系传递，即由祖母传给母亲，由母亲传给女儿，由女儿传给孙女，依此类推，永不间断。

阅读链接

妇女在长期的采集活动中，发现了植物生长成熟的条件，经过反复实践，反复认识，对作物生长的规律有了认识，她们在北方从狗尾草中培养出了谷子，在南方从野生稻中培植成了稻子，大约在六七千年前，农业由此得到了发展。因农业的发展，可以多出一些粮食喂养动物，逐渐驯养出了狗、马、牛、羊、鸡、猪等牲畜，进而出现了畜牧业。母系氏族也就由此进入了繁荣时期。

伏羲开创父系氏族社会

在母系氏族社会时期，有个华胥国。华胥国的女首领是个叫"华胥氏"的姑娘。一天，华胥氏到一个叫雷泽的地方去游玩，雷泽是一个广大无比的沼泽，气势磅礴，华胥氏一下子被吸引住了，她在雷泽边尽情玩耍起来。

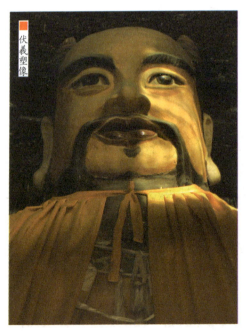

伏羲塑像

就在玩得兴致正浓的时候，华胥氏看到雷泽岸边的泥地上有一个巨人的足迹。她好奇地把自己的脚放进那个大的足迹中，这时，她忽然感到腹中悸动了一下，后来就有了身孕。

华胥氏怀孕12年后生下一个儿子，这个儿子有蛇的身体、人的脑袋，华胥氏给他取名叫伏羲。相传伏羲长大后聪慧过人，

■ 伏羲庙

那时候，捕鱼还是人们一项重要的生存技能，伏羲试着用绳子交叉打结，渐渐地形成了一个网状的东西，用它在河里打鱼，一下子能捉到很多鱼。伏羲将这项技能教给人们。

人们按照伏羲教授的办法织网捕鱼，果然捕到很多鱼。人们将吃不完的鱼放在太阳底下晒干储存起来，等到日后找不到食物的时候，再取出来吃。

后来人们受到织网捕鱼的启发，把渔网改造了一下，在树丛中撑起来，做成了捕鸟的工具，这样一来，人们又可以捕捉到大量的飞鸟作为食物了，人们就扩大了食物的来源，丰富了食物的种类。

有时候，人们捕获了大量的猎物，除了满足当时食用外，剩余部分腐烂扔掉了，但有时候，又猎获

华胥国 又称"神仙国"，伏羲的故国。据史书记载，我国上古时期有过一个华胥国，且有遗址存在。"蓝田县内有华胥氏陵，史称三皇故居"。根据这些记载，华胥陵遗址在陕西西安蓝田县华胥镇宋家村。

■ 伏羲像

不到猎物。伏羲通过摸索特性，喂养圈育，驯化为家禽、家畜，保证了食物的供应，这使后人免除了饥饿的威胁。

伏羲在改善了人们的饮食条件后，人们由于有了充足而又稳定的食物，身体不断强壮起来，对未知世界的探究也越来越深入和广泛。

经过长时间仰观天上日月星辰的运行变化，俯察大地上山川河流的消长变迁，体验春夏秋冬四时的交替轮回，以及风雨雷电的幻化运行，又通过对人身的形状与心神的依存协调的把握，伏羲总结出万事万物统一遵循的规律，他称之为"八卦"。

伏羲用阳爻"—"、阴爻"--"简单的符号，表达了一生二、二生三、三生万物的玄理。八卦就是运用了阳爻和阴爻相互重叠组合推演天地万物以示于人的系统。

组成八卦最基本的符号，即阳爻与阴爻。两者重叠组合，就生成八卦。八卦两两组合就生成六十四卦，用以推演天地万物变化，无穷无尽。

用八卦的重叠变化显示的卦象，加上卦辞、爻辞的解说，用以推断吉凶，占卜祸福，形成的一套理论体系就是"易理"。

随着社会生产力不断向前发展，男子在农业、畜牧业和手工业等主要的生产部门中逐渐占据主导的地

占卜 古代人们借助龟壳、铜钱、竹签等物品来推断未来吉凶祸福的一种手法。由于古代原始民族对于事物的发展缺乏足够的认识，因而借由自然界的征兆来指示行动。但自然征兆并不常见，必须以人为的方式加以考验，占卜的方法便随之产生了。

位，这就为进入父系氏族社会奠定了强大的物质基础。

劳苦功高的伏羲被人们推举为部族首领，文献记载伏羲有多种贡献，主要的有八项：

> 一是始作八卦；二是创造书契；三是创嫁娶之礼；四是结网罟，教民渔猎；五是钻木取火，烹饪熟食；六是设官理民，号称龙师；七是制瑟作乐；八是造历法，定节气。

在这些贡献中，"创嫁娶之礼"十分重要。相传，伏羲"始创嫁娶，以俪皮为礼"。意思就是伏羲创建了婚嫁制度。"俪皮"就是鹿皮，一说为两张鹿皮，是男女双方订婚的礼物。一说为一张鹿皮，划为两半，男女各拿一半为婚姻信物。

这样，从伏羲开始，氏族内建立了稳定的对偶婚制度，女性在家中的地位，逐渐被日益强大的男性所取代，母权制变成了父权制。母系氏族社会由此分裂成了许多个体的父权家长制族系，从此，社会开

■ 伏羲画八卦图

炎帝 烈山氏，号神农氏，又称"赤帝"，我国远古时期部落首领之一，与黄帝并称为"中华始祖"。传说炎帝是人身牛首，他发明了农具耒耜，后来又发明了五弦琴以及陶器，还教百姓用麻织布。他与黄帝结盟并逐渐形成了华夏族，炎黄子孙由此而来。

始进入了父系氏族社会。

父系氏族是由若干家庭公社构成的。一个氏族或若干近亲家族聚居在一个村落或几个相邻的村落之内。父系家庭公社是父系氏族公社时期的社会基本单位，包括同一祖先的三、四代的后裔。他们的土地和主要生产工具为集体所有，集体生产，共同消费。

父系家庭公社初期，生产的领导和管理建立在民主的基础上。家族长通过选举产生，一般为年事最长的男子，他们是生产的组织者。

父系氏族公社逐渐形成后，从此，以父权为中心的个体族系成为与氏族对抗的力量，原始氏族社会逐渐趋于解体。男子依靠经济上的优势，在社会生产和生活中占据了统治地位。他们必然要求按照父系计算世系、继承财产。

这个时候，原来对偶婚制下的从妻而居的传统，

■ 伏羲氏塑像

■ 黄帝征伐图

渐渐被一夫一妻制所取代。在一夫一妻制的影响下，妇女的劳动局限在家庭之内，以家庭劳动和家庭副业为主，女子在家庭经济中退居于从属地位。

在父系氏族之上，还有胞族和部落。胞族是较大的氏族，又称为"老氏族"，由几个有血缘关系的族系组成，是介于氏族与部落之间的社会组织。

通常每个部落有两个以上的胞族，每一个胞族内部，又分为两个以上的氏族。相邻的几个或多个部落结合起来，组成部落联盟。部落联盟是最大的原始社会集团。

原始社会后期，有几个著名的部落联盟，其中黄帝、炎帝和蚩尤是其中3个最著名的部落联盟的首领。部落联盟为了自己部落的生存和发展，经常爆发战争。最后，黄帝部落取得了最终的胜利，统一了各个部落联盟。

黄帝 古华夏部落联盟首领，我国远古时代华夏民族的共主，传说中的五帝之首，被尊为中华"人文初祖"。据说本姓公孙，后改姬姓。居轩辕之丘，号轩辕氏，建都于有熊（今河南郑州新郑市），亦称"有熊氏"。黄帝以统一华夏部落的伟绩载入史册，在位期间，播百谷草木，大力发展生产，始制衣冠，建舟车，制音律，创医学，等等。

黄帝统一华夏各部落在客观上起到了稳定父系氏族大家庭体制的作用。随着社会的发展、生产力的进步，父系氏族内小家庭有了更多的独立性和自主性，父系大家庭逐渐分裂成众多的小家庭，氏族社会走到了瓦解的边缘。

当一夫一妻制个体家庭开始独立生产和生活时，家庭成为社会生产、生活的基本单位，氏族制度走到了历史的尽头。

大家庭分裂成各个小家庭以后，原来的大家庭称为"大宗"，分裂出的小家庭则称为"小宗"，进入西周后，"家族"这一称谓诞生了，它见于《管子·小匡》："公修公族，家修家族。使相连以事，相及以禄。"

虽然"家族"这一称谓到西周时期才出现，但实际上，家族的体制在此之前已经形成，在母系氏族公社时期形成的是母系家族，在父系氏族公社时期，形成的是父系家族。这种家族是大家族，而父系大家族中的若干父系小家庭则为小家族。

不管社会如何变迁，朝代如何更迭，历史如何变化，以父系血统为主体的社会组织形态基本上被保留和延续下来，并形成了独具特色的家族文化。

淳朴浓郁的民风根源

阅读链接

伏羲所处时代有多种说法。一种说法认为，伏羲处在原始社会由渔猎时代向畜牧时代过渡的时期；第二种说法认为伏羲处在母系氏族社会时期；第三种说法认为伏羲处在人类社会由母系氏族社会向父系氏族社会过渡的时期。

伏羲文化是中华民族的源头文化，具有丰富的哲学内涵和文化意蕴，对揭示中华文明起源和中华民族的形成，具有重要价值和意义。同时，伏羲文化也是凝聚中华各民族、孕育民族精神、开发民族智慧不可替代的源头力量。

以血缘定亲疏的宗法制度

随着社会的发展，漫长的原始母系氏族社会逐渐被父系氏族社会取代，并最终确立了父权在家庭中的统治地位，母系氏族社会"只知其母不知其父"的历史终于画上了句号。

父权家长制家庭普遍实行"一夫多妻制"，并在诸妻中分嫡庶。

古代诸侯朝觐礼图

卿大夫 西周、春秋时国王及诸侯所分封的臣属。要服从君命，担任重要官职，辅助国君进行统治，并对国君有纳贡与服役的义务。但在其"家"内，为一"家"之主，世代掌握所属都邑的军政大权。一般情况下，卿的地位高于大夫，卿的田邑多于大夫，并掌握国政和统兵之权。

东汉蔡邕所撰写的《独断》记载，三代的"一夫多妻制"情况是这样的："天子娶十二，夏制也，二十七世妇。殷人又增三九二十七，合三十九人，八十一部御女。"

这里的"三代"指的是夏、商、周三个朝代。夏、商两代的国家最高统治者称"帝"。夏朝的帝位由儿子接任，偶尔也有传给兄弟的。商朝的帝位大多传给弟弟，最后由最年幼的弟弟再传给长兄的长子，或传给自己的儿子。

公元前11世纪，周武王灭商建立周朝，定都于镐京，他改"帝"为"王"。周王朝的王位明确规定只传长子，而且是"传嫡不传庶，传长不传贤"。

这个规定很明确，就是周家的王位要传给正妻的长子，其他庶出的，即使再贤明，也不得继承王位。

周王朝的这一制度被称为"宗法制"，它与我国

■ 周幽王召见诸侯

姓氏有着直接的关系，凭姓氏决定出身的高低。

宗法制是一个非常复杂的制度，其主要精神为"嫡长子继承制"，这是一种以父系血缘关系亲疏为准绳的"遗产继承法"。这"遗产"包括统治权力、财富、封地等。

按照周代的宗法制度，宗族中分为大宗和小宗。周王自称"天子"，称为"天下的大宗"。天子除嫡长子以外的其他儿子被封为诸侯。诸侯对天子而言是小宗，但在他的封国内却是大宗。

诸侯的儿子被分封为卿大夫。卿大夫对诸侯而言是小宗，但在他的采邑内却是大宗。从卿大夫到士也是如此，因此贵族的嫡长子总是不同等级的大宗，也叫"宗子"。

大宗不仅享有对宗族成员的统治权，而且享有政治上的特权。后来，各王朝的统治者对宗法制度加以改造，逐渐建立了由政权、族权、神权、夫权组成的封建宗法制。

要想保持血统纯正，也就是要保证宗法制度得到正确无误的执行，必须首先严格区别嫡庶的关系。例如，天子世世相传，每位天子都是嫡长子继承父位而为第二代天子，奉戴始祖，是为"大宗"。他的同父同母的弟弟，以及同父异母的兄弟封为诸侯，是为"小宗"。

每世的诸侯也是由嫡长子继父位为第二代诸侯的，奉始祖为"大宗"。他的众多弟弟封为卿大夫，是为"小宗"。每世的卿大夫也是嫡长子继父位为第二代卿大夫，奉始祖为"大宗"，他的诸弟为"士"，是为"小宗"。士的嫡长子仍为士，其余诸子为庶人。

由此，可以断定，凡是大宗一定是始祖的嫡系子孙。因为大宗的始祖只能有一个，不可能有两个，所以大宗永远是大宗。至于小宗，由于族类繁衍的结果，分家出去，另立门户的人越来越多，小宗也就不断增加，一般情况下，到了五世就必须分出一些子孙。

帝王通常有众多嫔妃、妻妾所生的一大堆子女，如果不划分个先后次序，不立定个章法规矩，那就会乱套。这个章法就是以母亲的身份和儿子出生的先后，把所有的儿子划分为"嫡"和"庶"两类。

嫡，正妻为嫡，正妻所生的儿子称为"嫡生""嫡子"，即正宗之意。庶，旁支的意思，妾所生的儿子称为"庶子""庶出"。嫡为大宗，庶为小宗。古代大多数家族的嫡庶划分也是遵照这一标准的。

在陕西岐山地区生活的周部落，在古公亶父时，古公少子季历继承了王位，而长子泰伯、次子仲雍出奔长江三角洲，后来建立了吴国。季历传位于长子姬昌，姬昌又传位于长子姬发。姬发消灭商朝后，大力推行嫡长子继承制。自此，宗法制度被作为立国的原则世世代代延续了下来。

宗法制度不仅应用于周室的同姓间，而且和异姓诸侯间也有很大的关系。按照周朝规定，同姓不能婚配，而异姓则可以互为婚配，所以周天子称同姓诸侯为伯父、叔父，称异姓诸侯为伯舅、叔舅。

在西周社会里，依照血缘的亲疏远近分成许多等级，联系这种等级关系的是血缘，维持这种等级的则是礼制。在原始社会里，人们的意志和感情服从于集体，其言行以自然形成的风俗、传统为基本准则，反映在以血缘为纽带的家族中，就是无条件遵从家族的决定。

作为宗族首领，宗子拥有高居于普通族人之上的地位。在周代伦理中，宗族成员间只论宗子与普通人的关系。宗子有权主持祭祀，主祭权象征着一种身

古公亶父 姬姓，名亶，陕西旬邑县人，汉族。"亶"后加一个"父"字，表示尊敬，并不是名叫"亶父"。"古公"也是尊称。另据推算，他是轩辕黄帝的第十五世孙、周祖后稷的第十二世孙，他是周朝先公，其后裔武王发建立周朝时，追谥他为"周太王"。

祭祀 是华夏礼典的一部分，更是儒教礼仪中最重要的部分。是按着一定的仪式，向神灵致敬和献礼，以恭敬的动作膜拜它，请它帮助人们达成靠人力难以实现的愿望。祭祀有严格的等级界限。天神地祇只能由天子祭祀。诸侯大夫可以祭祀山川。士庶人则只能祭祀自己的祖先和灶神。

古人行礼图

份，在宗法社会中备受重视。

宗子有权掌管本宗的财产，还有权力掌管宗族成员的婚丧等事务。宗族成员每有大事，必须禀告宗子。另一方面，宗子有责任帮助族人料理婚丧等事务。另外，宗子对宗族成员有教导权和惩罚权。

宗子是族人依赖和服从的主要权威，也是朝廷借以管辖宗族的中介。周代宗子普遍拥有家臣。宗族在本质上是以血缘为基础的团体。周代时，人们称宗族为"家"，一般情况，大多宗族成员都效忠于"家"。

为了有效管理宗族与家族事务，每一宗族还要推举族长。族长是家族的权威，交涉与其他宗族的关系，对内管理家族内部事务。

通常，族长职责有四：第一是协助宗子主持宗族祖先祭祀。正旦、清明、中元、冬至都是祭祖的日

中元 我国传统节日，也是我国民间最大的祭祀节日，俗称"鬼节""七月半"，佛教称为"盂兰盆节"。正月十五日汉族称"上元佳节"，古已有之；七月十五日汉族称"中元节"，祭祀先人；十月十五日汉族称"下元节"，纪念贤人。

子，凡是设立了宗子的宗族，族长协助主持祭祀。如果没有设宗子的家族，就由族长独立主持祭祀。第二是管理族产。第三是主持调解家族内部矛盾，公平判决家族内部争端，惩戒违反家训族规者。第四是代表本家族与官府及其他家族交涉协调。

在宗族之下，有不同的分支，这些分支俗称"房头"，各房头有房长，房长也是经家族推举而产生的，职责是管理本房事务，如明朝万历年间制定的《余姚江南徐氏宗范》："族中支派繁衍，似不可以一二人主之。每房各立房长，以听一房斗殴、争讼之事。"

如果与别的房头有了矛盾，先由房长之间共同协商处理，如双方不满意，再禀告族长、宗子等各家族公议处理。族长、房长是家族事务管理的执行人，如果他们不能很好地履行职责，族众可以通过公众会议将其罢免，重新选举新的家族领导。

宗法制度导致父系单系世系原则的广泛实行，并造成家族制度长盛不衰，家族长盛不衰主要体现在祠堂、家谱、族权上。家族制度很多内容皆来自于宗法制度，很多时候，宗法制度和家族制度纠结在一起，相互影响，相互作用，进而影响到生活的方方面面。

阅读链接

武王和周公的关系，从血统上来说，是兄弟，但从政治上来说已变成君臣关系，因此，只有武王才有祭祀文王的特权，周公是没有这种资格的。周公只有在武王的统率之下，才能参加祭典文王的活动。这是因为武王是周公的大宗。

周公被封到鲁国后，他是鲁国的始祖。依据规定，则"继承者为小宗"，所以周公的儿子伯禽及其嫡系后裔，对周天子来说，就变成了小宗。但在鲁国内，他是继承其始祖周公的。按照"别子为祖，继别为宗"的规定，伯禽又是大宗。被分封为卿大夫的周公的其他儿子，即伯禽的诸弟，对于伯禽来说，又变成了小宗。

约束族人行为的家法族规

族规由来已久，原始氏族社会时期，就已经有了"族规"，只不过那时的族规还不是一个家族的规矩，而是一个氏族公社的规矩，图腾禁忌就是一种族规，是一种氏族内部的约束力量。

汉晋时期，世族、士族的势力很大，世家大族由贵族家庭成员与

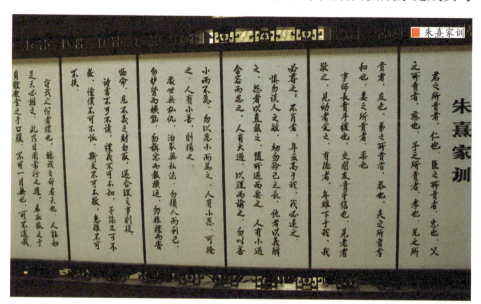

郑玄（127—200），字康成，山东高密人，东汉末年的经学大师，他遍注儒家经典，以毕生精力整理古代文化遗产，著有《天文七政论》《中候》等书，世称"郑学"，为汉代经学的集大成者。

■《朱子家训》

依附他们的亲族和家奴组成，世家大族内部关系不平等，因此依靠一般社会礼法制度约束子弟与部曲，并不需要另立对家族成员具有同等约束力的族规。

对于家族成员以劝诫为主，强调精神的认同与思想的规范。这一时期的家训表现突出。"家法"的概念就是在这个时候产生的，可见于汉儒治经。

在两汉时期，东方朔、郑玄、诸葛亮、嵇康等许多名人，或撰有"诫子"，或撰有"家诫""女诫""清诫""诫盈""起居诫"等，皆有家诫家训传世。

这些家诫家训基本上都是以儒家伦理道德规训警诫自己的家族和子孙。诸葛亮在54岁时为8岁的儿子诸葛瞻写了《诫子书》。全文仅86个字，却深刻地阐述了修身养性、治学做人的道理，其中"夫君子之行，静以修身，俭以养德。非淡泊无以明志，非宁静无以致远"，成为后人进行自修的格言。

东汉末年的崔寔仿古月令所撰写的《四民月令》，记述世族田庄从正月至十二月例行的农桑耕织、制作商贸、教学礼仪、建筑修缮、守庄防盗等工作和生活内容，既是世族生活的事项安排，也是世族内部的法律规制。

南北朝时期，处于乱世中的士

大夫热衷于撰写家训，家法逐渐演化为礼法，教条化为家规。北齐颜之推是儒者，又崇佛法，他撰写的《颜氏家训》最为典型，"古今家训，以此为祖"。其文重在道德教导，兼含规范约束，目的在于"整齐门内，提斯子孙"，内容则涉及家族生活的各个层面。

唐代时，居家更重视礼法。家诫家训进一步发展为更规范的家规家法，唐初文学家韩愈诗中有句"诸男皆明秀，几能守家规"，就说明了对家规的重视。其所称家规不一定有具体所指，但可以说明当时家规的普遍存在。

作于唐昭宗时的江州陈氏《义门家法》是较早的关于家法的书。陈氏是陈后主的弟弟，唐朝前期迁居江州德安县太平乡常乐里永清村，在这里建书堂，撰家规，世代聚族而居，至宋仁宗嘉祐七年，即1062年，奉旨分家时，已同居十余代，历时230年，全家有3700多人。

唐代时其六代传人江州长史陈崇，认为：

治家不可不立纲纪，夫纲纪不举，则条目不张；纲纪一振，则条理秩然矣。

在这种思想下，陈崇订立了《义门家法》。该书约33条，主要内容有三个方面：一是规范家族结构；二是设立负责家内外各种事务的主事、副事、库司、庄首、勘司等管理人员；三是规定全家男女老幼

■ 古代家族施行家法设施

宗谱 又称"族谱""家乘""祖谱""宗谱"等，是一种以表谱形式，记载一个以血缘关系为主体的家族世系繁衍和重要人物事迹的特殊图书体裁。宗谱以记载父系家族世系、人物为中心，是由记载古代帝王诸侯世系、事迹而逐渐演变来的。

的权利、义务，应守规则和违规处罚。

由唐至宋，宗族组织普遍，家规由一家一户的家训，转变成专门约束家庭成员的规章，家法、族规成为封建社会国家法律的重要补充。

这个时期，儒学复兴，理学盛行，不仅国家法律继续以儒家学说为指导，家族法的伦理性也进一步得以加强。理学家主张恢复古代宗法，重建家族制度。

朝廷也鼓励士大夫建宗祠、修宗谱。名臣欧阳修、苏洵重修家谱成为当时社会的榜样，家谱中的"谱例"则成为家族法中新的重要形式，如司马光的《居家杂仪》、朱熹的《家礼》等。明代明太祖朱元璋也非常重视家法的制定，他曾自作《圣训》六言：

孝顺父母，恭敬长上，和睦乡里，教训子孙，各安生理，无作非为。

上行下效，当时，无论是上层家族，还是普通百姓家庭，纷纷仿照《郑氏规范》订立家法族规。这个时候，家法族规中虽然仍有着家训的因素，但其惩戒规条增多，惩罚强度加重。

家训和家法是不同的，家训是劝诫性规范，重在言教，没有强制措施；家法族规是禁止性规范，有明文的惩罚规定，以保证家法族规的实施。

清代，顺治、康熙二帝都仿洪武帝朱元璋作有《圣谕》，民间家族法也进一步兴盛，不仅更严密，而且系列化，出现了大量单一性的规范，有《族祭项条例》《义田总例》《敦亲项条例》《恤族项条例》《应试项条例》《垂裕岁修项条例》等十多种单项规范。

另外，这个时期，对违反家族法的惩罚的方式进一步增多，惩罚的力度进一步加强，与现实政治也有了密切的关系。

总之，家法族规作为一种家族自治的规范，其蕴含的历史和文化元素非常丰富，它被深深地打上了时代和文化的烙印，是中华传统文化的重要组成部分。

阅读链接

明清时家训族规的主要内容有：第一，孝悌。"百善孝为先"，孝悌是家族伦理的核心，家训族规首倡孝悌。第二，耕读为本。"耕读传家久，诗书济世长"的门联常常见于乡村老屋。乡民对倡优隶卒等贱业十分不齿。第三，修身。节俭勤业、尊师重道、正直廉洁、恪守礼教等修身标准。第四，整肃门户。严格区分男女界限，不得非礼接谈。第五，严守尊卑秩序。第六，善择婚姻。注意门当户对。第七，慎选继子，以防家系的紊乱。第八，丧葬宜俭。

体现家族背景的门第习俗

　　相传，东晋时期，浙江上虞县祝家是一个大家族，祝家有个千金小姐叫祝英台。祝英台是个独生女，美丽且聪明，深得父母宠爱。

　　祝英台长到十五六岁的时候，想到外面去读书求学。但在那个时代，男子可以到外面读书，而女子却不允许外出，只能守在家里，大

万松书院梁祝书房

门不出，二门不迈。因此，她的这一要求遭到了父母的严厉拒绝。

祝英台为了实现自己的理想，她女扮男装，骗过父母，只身来到杭州万松书院读书。为了不引起麻烦，祝英台一直女扮男装，以男性的身份与外界交往。

与祝英台同在万松书院读书的有一个青年叫梁山伯。梁山伯来自一个贫寒的家庭，父亲早逝，是母亲含辛茹苦地把他养大，并送他到杭州读书，希望能有一个好的前程。

■ 梁山伯与祝英台十八相送

梁山伯与祝英台同室读书，两人志同道合，十分谈得来，从相识到相知，从相知到心心相印，感情一天比一天深厚，最后成为最要好的朋友。两人还义结金兰，拜了兄弟，发誓虽没同年同月同日生，但愿同年同月同日死。

梁山伯与祝英台同窗三年，一起学习，一起生活，到了毕业的时候，两人依依不舍，在送行的路上，祝英台看见树上的鸟儿成双成对，就以此来比喻男女成婚，但梁山伯根本没想到与自己一起生活的好兄弟是女儿身，所以并没有领会到祝英台的深意。

祝英台见梁山伯没有明白自己的喻义，在分手的时候，只好编话说，自己家有一位才貌双全的小九

万松书院 始建于唐贞元年间，原名"报恩寺"。明弘治十一年，即1498年，浙江右参政周木将报恩寺改辟为万松书院。明代的理学家王阳明曾在书院讲学。清康熙帝为书院题写"浙水敷文"匾额，遂改称为"敷文书院"。

梁山伯与祝英台读书图

妹，自己愿意做媒人，将她嫁给梁山伯，希望他明年来祝家求婚。

两人分手后，梁山伯回到母亲身边尽孝，偶然的一次，他回到书院看望老师，从师母口中得知与自己朝夕相处的好友祝英台是女儿身，他一下子明白了分手时祝英台以成双成对的鸟儿比喻男女成婚的用意。

他急急忙忙赶往祝家，急切地想要见到祝英台。来到祝家的大门前，却被看守祝家的门丁挡了回去。祝家是个有钱有势的大户人家，根本不会让一个穷书生进入府内的。

和门丁的争吵声惊动了在闺房的祝英台，她央求父亲让她见梁山伯最后一面，父亲无奈答应了。

祝英台和梁山伯一见面就抱头痛哭，含着热泪，祝英台告诉梁山伯，父亲之所以不允许他们相会，是因为祝家已经把她许配给了一个姓马的大家族做儿媳。要嫁的人叫马文才，有万贯家财，千顷良田，家族的许多亲戚都是当朝的大官。

祝英台和梁山伯的谈话还没有结束，梁山伯就被祝家的人无情地赶走了。

造成祝英台和梁山伯爱情悲剧的罪魁祸首就是门第观念，魏晋时期的婚姻讲究门当户对，大家族是要和大家族联姻的，小门小户一般情况是很难高攀上有钱有势的大户人家的。

门第习俗由来已久，"门第"一词始见于《魏书·世宗纪》："而中正所铨，但存门第，吏部彝伦，仍不才举。"

门，原指大门，第，原指房屋。过去人们家庭等级、富裕程度、社会地位等，完全可以通过他们家的大门和居住的房屋看出来，因此，门第又称"门户""门楣""门望"等，成为一个家族在社会上的政治地位及身份的象征。

魏晋南北朝时期，士族的势力大为增强，门第观念已经凸显出来，家世的高低贵贱成为决定仕途的主要因素，朝中重要官职几乎完全把持在几个大家族手里，社会上每个人身份的贵贱，都是由其家族的门第高低决定，士家大族与寒门庶族之间等级森严，有一条巨大的鸿沟不可逾越。

士族 又称"门第""衣冠""世族""势族""世家""巨室""门阀"等。是东汉魏晋南北朝时期地主阶级内部逐渐形成的世代读书做官的大族，在政治经济各方面享有特权。

■ 梁山伯与祝英台化蝶双飞（剧照）

淳朴浓郁的民风根源

曹雪芹（约1715—约1763），名沾，字梦阮，号雪芹，又号芹溪、芹圃，清代著名小说家。其爱好涉及金石、诗书、绘画、园林、中医、工艺、饮食等。他出身于一个大官僚地主家庭，因家境衰落而饱尝人间辛酸，后以坚韧的毅力，历经多年创作出极具思想性、艺术性的伟大作品《红楼梦》。

隋唐时期的门第观念集中体现在婚姻上。唐朝律令明确禁止良贱通婚，对婚姻讲究门第观念予以法律认可与保护。在注重门当户对的婚姻上，不同社会等级的民众只能在各自所属的社会集团内部谈婚论嫁，阶级界限划分严格。

姓氏始终是代表我国传统的宗族观念的主要外在表现形式，以一种血缘文化的特殊形式记录了华夏民族的形成和发展。姓氏文化历经了四五千年，始终延续和发展着。

在特定的历史时期，姓氏又可以代表一个家族的门第高低，因此姓氏与门第有着千丝万缕的关系。为了炫耀自己的门第，很多人本能地攀附前代同姓名人作为自己的祖先，借以抬高自己的社会地位和身份。

清代学者曹雪芹在巨著《红楼梦》中，记载了贾、史、王、薛四大家族的故事。这四大家族的姓

■《红楼梦》家宴

■ 中华姓氏图腾

氏就比大多数家族高贵，他们的门第就比别的家族特殊。在社会生活的方方面面，这四大家族都享有别的家族无法享有的特权。

这种不公平的姓氏高贵的现象，在一些朝代被法律制度规定下来。有些朝代，朝中重要的官职，几乎完全把持在几个大家族手里。

成书于宋朝初年的《百家姓》是我国流行时间最长、流传最广的一种蒙学教材。该书共收集了单姓408个，复姓30个，采用四言体例，讲究押韵，朗朗上口。

该书前四个姓氏"赵钱孙李"的排列是有讲究的。赵姓为百家姓之首，是因为当时宋朝的"国姓"为赵，理当居首。钱姓乃五代十国中吴越国王的"国姓"，后降宋，故居第二。孙姓是因当时吴越国王钱俶的正妃孙氏家族势强人众，故排第三。李姓是南唐的"国姓"，降宋较晚，故居第四。

南唐 （937—975），五代十国的十国之一，定都金陵，历时39年，有先主李昪、中主李璟和后主李煜三位帝王。南唐三世，经济发达，文化繁荣，使得江淮地区在五代乱世中"比年丰稔，兵食有余"，为我国南方的经济开发做出了重大贡献。南唐也因此成为中国历史上重要的政权之一。

古代社会分为"士、农、工、商"四个阶层，择偶婚配讲究"门当户对"，这种观念对后世影响颇深，反映到家谱中，产生了"娶妻不若吾家，嫁女必高吾家"的家法族规，认为这样的妻子贤淑温柔，容易驯服，而女儿嫁给门第高出自己的家族，有两方面诱因，其一可以让女儿做贤惠媳妇，其二可以攀附名门大族。

元代王实甫戏剧中张生无法与崔莺莺结为百年之好，最大的障碍就在于他是一介平民，而崔莺莺则是相门之女，门不当户不对，自然无法婚配。在张生考中状元，有了政治身份之后，崔母才欣然接受这桩既定的姻缘。

门第习俗深深影响了我国社会的历史格局，也在一定程度上反映了家族文化的历史变迁，深深地打上了家族文化的烙印。

阅读链接

历史上为了所谓的门第虚名，发生过很多有悖人伦的事件。唐太宗"玄武门之变"后，要立具有隋朝皇族血统的弟媳杨氏为皇后，说明了唐太宗也抱着门第观念来行事的，唐代皇后24位，出身三品以上高官家庭的就有17位，公主也多选名门望族的子弟作为夫婿，就是门第观念的明证。

家谱又称"族谱""家乘""祖谱""宗谱"等，是一种以表谱形式记载一个以血缘关系为主体的家族世系繁衍和重要人物事迹的特殊图书体裁。家谱以记载父系家族世系、人物为中心，是由记载古代帝王诸侯世系、事迹而逐渐演变来的。

家谱的雏形，在殷商卜辞中的世系关系中有所反映。隋唐以前，家谱的修撰已相当发达，有大量的家谱书籍问世，家谱在不同时代显现出不同的形态，发挥着不同的作用。经历千年的发展演变，已经形成一种蕴含丰富、留有时代烙印的人文载体。

世系记载

家谱文化

商周两代的谱牒衍变发展

谱，指系统编制的表册。牒，字从片，声从枼。"枼"本指记载有家世的薄木片。"片"指"竹片或木片的集合"。"片"与"枼"联合起来表示"编连在一起的短简"，后指为表所加的注释。

甲骨文卜辞

谱牒是用文字记载下来的，商代以前还没有较为完整的谱牒。出土的商代甲骨文中，发现了三件记录谱牒的文字，是最古老、最原始的实物谱牒。

关于三件甲骨文谱牒的记载，最早见于《殷契卜辞》《库、方二氏藏甲骨卜辞》以及《殷墟文字乙编》三部清代著作中。第一、第三件文字并不多，价值相对差一些，第二件"库"

为一大片牛肩胛骨，所载文字是一极为完整的、典型的商人家族世系。

全片从右到左，共13短行，每行一句，除第一行为5字外，其余12行均为4字，行间无直线。据推断，这件甲骨片为武丁时代所刻。武丁是商代第十世二十三任国王。这件谱牒一共记录了该家族13个人名，其中父子关系的11人，兄弟关系的两人。也就是说，这件家谱共记录了这个家族十一代的世系。

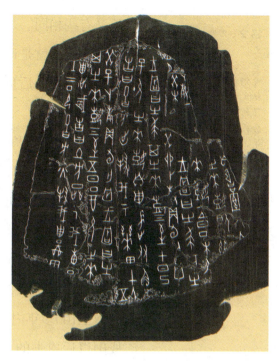
■ 甲骨文卜辞

这3件实物资料上的人名，均不见于商代先公先王谱系之中。显然，它们都不属于商代王室成员。由此可知，在商代，不仅王室，就是其他一些显贵家族，也已有了本家族文字记载的谱牒了。

有不少商人占卜或祭祀列祖列宗，从而形成了祭祀谱。这些祭祀谱，原本是祭祀用的，它们有的求祷于自己的祖先，有的记载受祭各先祖的名字，有的则排列各先祖的受祭日期，从而形成了一连串的世系。

同时，这些祭祀谱上，往往还有诸如祈祷用语、祭牲数目、祭祀日期等内容，它们与专门记述家族世系的谱牒有所区别。然而，由于它们记载的均为同一家族的世系人物，并逐代排列，有条不紊，则又与家

甲骨文 又称"契文""甲骨卜辞"或"龟甲兽骨文"，主要指商朝后期王室用于占卜记事而在龟甲或兽骨上镌刻的文字。殷商灭亡周朝兴起之后，甲骨文还延绵使用了一段时期。甲骨文是我国已知最早的成体系的文字形式，它上承原始刻绘符号，下启青铜铭文，是汉字发展的关键形态。现代汉字就是由甲骨文演变而来。

铭文 又称"金文""钟鼎文",指古人在青铜礼器上加铸铭文以记铸该造器的缘由、所纪念或祭祀的人物等,在青铜礼器上铭文始于周朝,也兴盛于周代。后来就泛指在各类器物上特意留下的记录该器物制作的时间、地点、工匠姓名、作坊名称等的文字。

族谱牒又有些相同。

这些祭祀谱就是谱牒的初级形式,上面所记载的家族世系资料,为后世家谱的撰修提供了可靠的资料保证。

进入周代,铸记家族世系于鼎彝之风盛行。由于各种器物铸造时代的先后和家族地位的高下不同,其铭文中所记载的家族世系代数和功勋、庆赏事迹等内容的详略程度也不一样,这也算是一种另类的谱牒。

有两件记载周初显贵微氏家族事迹与世系的宗庙祭器。这两件彝器共300多字的铭文,记载了自周文王至周穆王100多年内,微氏家族连续七代的世系。

战国以后成书的《周礼》《礼记》对周代谱牒有片断的论述:关于谱牒的内容,要记录族众的忌、讳。忌是去世的时间,讳是名字。族人生子,要记某年、某月、某日生,自然还要记是某某之子。族人有谥者要记其谥。有谥的族众,当然只能是诸侯、卿大夫了。

■《周礼》书影

这个时期的谱牒形式,从东汉经学家桓谭说的"旁行邪上"一句话来推测,应是一种表格,父辈名讳居一格,子辈名讳居一格,子子孙孙按辈分各居一格,叫作"旁行"。父统诸子,子系于父,谁是谁之子，谁是谁之父，一目了然，叫作"邪上"。

另外，在各人的名讳下注明生卒年月日及配偶、谥号等。这样，就把一个家族从始祖到现在的所有血缘关系都记载得清清楚楚了。

商朝甲骨文和周朝铭文中有关世系的记载，仅

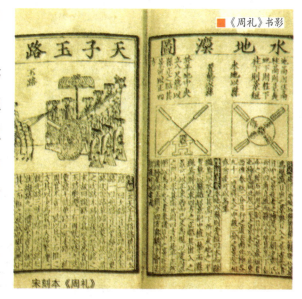

■《周礼》书影

宋刻本《周礼》

仅是我国最早的使用文字记载的谱牒，是后来家谱的雏形，但就是这种初级的家族世系表奠定了后世蓬勃发展的家族谱学基础，是强韧之发端，意义和作用不可不谓之大。

实际上，在人类社会发展史上，文字并不是最早和唯一用于记事的方式。在文字没有产生之前，人类的祖先就普遍采用结绳和口述的形式来记述各种大事，其中就包括了家族世系，由此形成了更为古老、更为原始的家族谱学形态。

阅读链接

《史记·夏本纪》中详细记录了夏朝自禹至桀十四代世系十七位帝王事迹，似乎可以证明在奴隶社会的夏朝，就有了记载奴隶主贵族世系的谱牒。

《夏本纪》中的世系，是商周以后的人们根据传说追记的，而不是当时的实录。《史记·殷本纪》所记汤建国前的先公世系和盘庚迁殷前的先王世系，也有着类似的情形。

谱牒形式和功能的嬗变

周代的宗法分封制度，经过春秋战国战火的洗礼，渐渐趋于瓦解。特别是秦始皇统一中国，旧的贵族失其本系。到了汉高祖刘邦得到天下，宗族组织由衰到兴，由破坏到重建，得到了恢复和发展。

东汉末年到魏晋之际，世家大族和宗族逐渐强盛起来，世家大族式家族制度也随之形成，此后，谱牒盛行起来，不过这个时候的谱牒从内容到形式都与西周春秋时的谱牒不同了。这时候的谱牒主要有三种形式：

第一种形式是"家传"，这是最初级的形式。一个家族之所以在一个地方兴旺发达起来，其中必有一些人对家族的发展做出过杰出的贡献，或者做过朝廷要员，或者做过封疆大吏，他们的子孙就为他们立传，表彰他们的功绩，显示自己家族的身份，这类的谱牒，如：《荀氏家传》《袁氏家传》《裴氏家传》《褚氏家传》等。

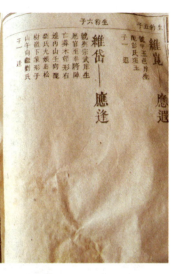

■ 郭氏族谱

第二种谱牒形式是族谱，每姓每族一本。家传是传而不是谱，只能记载家族名人事迹，不能把所有族人都记上去，光有家传还是无法搞清家族所有人的血缘关系的，于是有人以家传为基础，以家族的世系为脉络，把包括名人和所有族人贯串起来，注明他们之间的血缘关系，这就是家谱了。

南朝宋裴松之在《三国志》注中曾引用了《崔氏谱》《郭氏谱》《陈氏谱》《稽氏谱》《阮氏谱》《王氏谱》；南朝刘宋宗室临川王刘义庆组织编写的《世说新语》注中引用的有《王氏世家》《袁氏世纪》《王氏家谱》《荀氏谱》《谢氏谱》《羊氏谱》《顾氏谱》《陆氏谱》；等等，都是这样的家谱。

谱牒的第三种形式，也是最典型的形式，就是"簿状谱牒"，后来又称作《百家谱》《东南谱》《十八州谱》《天下望族谱》等。

家传、家谱都是私家撰述，不具有法律效力，必须有一种得到朝廷认可的官撰谱牒，才能据以确定谁

041

世系记载

家谱文化

分封制 也称"分封制度"或"封建制"，是中央王朝给王室成员、贵族和功臣分封领地的制度。分封制到周朝时已经非常完善，并且达到了顶峰。古代宗法制是分封制的基础，在家庭范围是为宗法制，在国家范围是为分封制。秦始皇统一中国后，废除分封制，实行郡县制。

一、天仙閣詩

乾與文山從此有　因成譜源記前賢

其二

開說當年禰史公　曾遊古閣憶圖書

其三

宇定天光圓簡存　而今猶說天仙境

自興地山迴不同

其四

繪圖寄我是兼三　甫有溪橋從有山

古柏巢天留老幹　淳溪一水自潆圍

石橋古漫幾瓜村　唐薦堤畔喬松在

自有科陽照刹間

慕巷劉承基

不堪回首遙黃寺　溜得忠魂萬古傷

天仙閣誌感　遥先太祖哭　郭雲機先生原韻　瑞圃蔡獻

古閣開仙境　星移物換頻　閒看奇勝跡　遊想舊老臣　晉屋松偏勁

波翻石不淪　鑒陽應感懷　雅靈義兼仁

其二

譜牒新修曰　人思一纏則　游觀最愜情　繪圖增舊景　集詠志嘉名

登堂道國在　忠倫話虔誠　地接千峯秀

族谱里的诗句

是士族、谁是庶族，才能据以选官、论人和通婚。

官修的谱牒不是某一姓的家谱，而是全国或某一郡所有士族家谱的汇编或选编，所以称作"百家谱"。在这种官撰的谱牒中，把天下所有士族的姓氏、郡望都列进去，每姓士族又都详细列其成员的名字、官位及血缘关系，这就是簿状谱牒。

宋代类书《太平御览》卷二一四引《晋阳秋》载"考之簿世然后授任"；《通志》载"有司选举必稽谱籍"，都是指这种官修的谱牒。

官修谱牒不仅同士族的仕途性命攸关，而且是一项十分繁杂的工作，要对所有自认为是士族，并将其家谱上之于官的家族进行甄别、认定，还要根据情况的变化不断修订与重撰，所以朝廷设立专门的常设机构图谱局主持撰修工作，置郎和令史等官来执掌，并吸收对谱牒有研究的学者参与其事。

谱牒功能是随着时代的变迁而不断嬗变的，周代实行的是宗法封建制度。《礼记·大传》记载："族"本来只是有血缘关系的群体，并无尊卑主从之别。而进入阶级社会后，便有了"宗"，也就是在亲族之中奉一人以为主，主者为尊并有特权，他死了则

《礼记》我国古代一部重要的典章制度书籍，是我国古代社会情况、典章制度和儒家思想的重要著作。《礼记》的内容主要是记载和论述先秦的礼制、礼仪，记录孔子和弟子的问答，记述修身做人的准则，涉及社会、政治、伦理、哲学、宗教等各个方面。

由宗子继承。这样，家谱别亲疏、明统系的功能，渗进了主从尊卑的等级特权，成为宗法封建政治服务的内容。

周代的谱牒《世本》之类，是属于以周天子为首的周室宗族的典籍。所以，周代的家谱是为推行宗法分封，巩固周王朝统治服务的。

两汉时期的政治，基本上是世族地主占统治地位，君统与宗统开始分离。所以，两汉的家谱功能是为恢复、复建宗族和形成、巩固世族的统治服务。

魏晋南北朝以及隋唐时期，是士族政治时期，选官品人，婚姻嫁娶，士庶分明，尊卑严格，因而这个时候，维系门阀制度的家谱特别兴盛。此时的家谱，成了政府选举、士族出仕、门第婚姻的根据，同时也成了为士族政治服务的工具。

五代时期，由于北方战乱频繁，大量的中原人口南迁，经济中心南移。五代以后，江南庶族地主的势力抬头。特别是商品货币经济的发展，城镇商业繁荣和商帮的出现，推动着世俗权力的式微，士族宗族也向平民宗族发展。

五代以后，取士不问家世，庶族知识分子可以通过科举出仕；婚姻不问门阀，新兴的地主、商人在社会上获得了应有的地位。

家谱由于失去了传统的政治功能，也由官修变为私修，内容也

太平御览 宋代类书，为北宋李昉、徐铉等学者奉敕编纂，编纂于977年3月，成书于983年10月。《太平御览》初名为《太平总类》。书成之后，宋太宗阅读后，更名为《太平御览》。全书以天、地、人、事、物为序，分成五十五部，可谓包罗古今万象。

043

世系记载

家谱文化

■ 古籍《家谱》

就更加广泛和丰富。这个时候，私修家谱通过姓氏原始、迁徙本末、世系渊源的展现，起着追溯宗史、联宗收族、维系和强化作为社会群体的宗族和家庭的作用。

到了宋代，官方修谱的传统禁例被打破，民间编撰家谱的风气更加兴盛。这时的家谱是维系家族血缘关系的主要纽带，经常被反复修撰，每次修谱，也就成了同姓同族人之间的大事。

到了明清两代，家谱修撰的结构基本上定型了，其家谱修撰更加广泛，即使在农村中，可以说既没有无谱之族，也没有无谱之人。对大多数家族来说，家谱是确认族众的血缘关系亲疏、防止血缘关系混乱的依据。有了记载翔实的家谱，就可以据此确定族众的地位，解决世系纠纷，防止血缘关系的混乱，等等。

还有，家谱也是向族人宣传宗法思想的工具或课本。宣传方法主要是祠堂读谱。通过祠堂读谱这种家族的重大活动和盛大典礼，使宗法思想和家族观念在族众的思想上扎下根来，达到团聚族人的目的。

家谱的功能是多方面的，它是特有的文化，随着社会历史的不断发展，家谱在内容、形式以及功能等方面都发生了改变，这为家谱文化注入了生机与活力。

阅读链接

人们的出身门第不同，政治权利和社会地位就是一个天上一个地下，而门第又主要是根据谱牒来辨认的，所以有些庶族出身的官僚、富户，就企图通过权势和金钱，胁迫或买通士族中的某些人，与士族合为一族，将自己的家族上到士族的谱牒中去。

如宋时刘延孙为彭城大士族，而宋皇帝刘氏虽说出身自彭城，但实系庶族，与延孙本不同宗。宋文帝为了攀上士族，与延孙合族，并使诸子同延孙序亲。对于皇帝来与自己合族，延孙也只好接受。

家谱纂修的内容和要求

在唐代以前，家谱的政治作用比较明显，选官、婚姻、人际交往都离不开它。为了保证家谱的权威性，家谱往往由朝廷来主持纂修，然后由朝廷设置专门的机构"谱局"保存，以备必要时查验。

唐代官修的家谱多是合谱、群谱，以姓氏谱、氏族志的形式出现，将所有姓氏分出等级，依次记录世系。由于需要记载的氏族大多，导致记录的内容较为简略，一般以世系为主。

古人宗谱

宋代以后，家谱的政治作用被削弱，但有记录家族历史，纯洁家族血统，团结约束家族成员，教育家族后人，以及提高本家族在社会生活中的声望、增强地位的作用。除了皇帝的家谱玉牒为朝廷所修、收藏之外，宋代以后的家谱均由私人修

■ 清代德格土司宗谱

撰，朝廷不再干预，也不负责收藏保管。

宋代以后的家谱仅记载本家族的历史和现状，因而就有余力来丰富家谱的内容，家谱的构成也由此日渐复杂。

宋代以后的家谱，根据记述范围不一样，可分为仅记载一个大家族支派房系世系的支谱、房谱，记载一个大家族世系的宗谱、世谱，以及将分散于各地的同族各支派统编于一谱，或多个虽不是同一家族，却因是同一姓氏而联合修谱的家族所修的大成谱、宗世谱、总谱。另外，也有一些记载两个同姓但不同宗的家族的合谱现象。

其中，专门记录皇帝世系的称"帝系""玉牒"，记载诸侯家世的称"世本"，记录普通家族的称"家谱"或"宗谱""族谱"。

明清时代，虽然纂修家谱属于私人之事，但由于家族是社会统治的基础，家族稳定，社会也就容易安定。因此，当时的朝廷对于建家庙、修家谱之类为加强家族团结的事情大都表示支持与鼓励的态度。

明清时代，家谱纂修年限的时间长短没有统一规定，基本上处于自发状态。但不管时间长短，都必须在一定时间内续修，以保证家族血缘延续的完整记录，如清代玉牒，皇帝规定每10年续修一次，其余私人家谱，一般是30年续修一次；也有的是15年一小修，30年一大修；还有一些家族规定，分支家谱5年一修，合族的公谱10年一修。

不管多少年一修，应到时即修，到时不修，子孙会被人视作不孝。如果因战乱、自然灾害等特殊原因没能如期续修，重修时也应在新修家谱的序文中予以说明。

家谱的纂修，通常是由家族中富有文采或职务最高的退休官员主持，也可由族长主持，成立一个临时性的修谱机构，安排好有关修谱各方面的人手，然后向全家族包括已经迁居他乡者发布榜文，要求尽快将近期的各种数据报来，然后加以汇总，也有的是在各支房谱基础上进行汇总。

修谱的经费，一部分来自祠堂公产，一部分由家族成员捐纳，捐纳数目有一个最低限额，有违抗不交者，依家规严处，甚至给予不准登记入谱，或家谱修成之后，不让领谱，也就是说给予开除家族的处分。所以修谱之时，再穷的族人，也会按时捐纳。

榜文 是我国古代官府向民众公布政令、法令的重要载体。是兼有法律和教化双重功能的官方文书。其作为有法律效力的文书，是国家法律体系的有机组成部分，也是古代法律的形式之一。不同历史时期的称谓也有变化，如秦、汉、魏、晋时期称"布告"，唐、宋、元和明代前期，榜文、告示、布告等各称混相使用，此外还有告喻、文告、公告等称呼。

■《皇清宗室谱系》

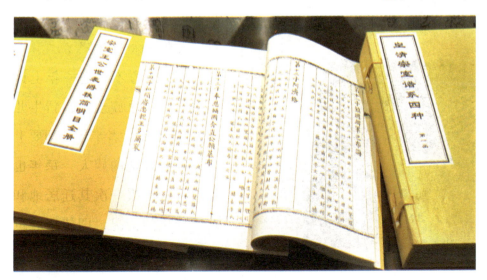

淳朴浓郁的民风根源

方志 记述地方情况的史志。有全国性的总志和地方性的州郡府县制两类。总志，如《山海经》《大清一统志》。以省为单位的方志，也称"通志"，如《山西通志》。元代以后著名的乡镇、寺观、山川也多有志，如《南浔志》《灵隐寺志》。方志分门别类，取材宏富，是研究历史及历史地理的重要资料。

■ 名人宗谱古籍

家谱修成后，通常要先请名人作序，以弘扬先辈祖德。家谱刻印完成，通常要举行祭谱仪式，在祠堂里摆酒庆贺，有时还要请戏班唱几天戏。然后，将家谱供在祠堂，其余按编号分给族人保藏。如果是一些大家族的分支，还要将修好的家谱送一份至大宗家族中保存，如各地孔姓家族修成家谱后，都须送一份至曲阜孔府，以备日后孔府修谱时收入。

家谱纂修的数据来源，通常是日常积累，一般情况每年正月家族成员要到祠堂聚集，将去年各家的人口变化情况，用墨笔登记上谱。

新生儿在各自派系下，登记上出生年月日时、行第。由于旧时规定，小孩5岁入塾开蒙读书时，方由父、祖、师赐名，因而，此时只能登上小名。

有娶妻者在其名下登记娶于某地、某人之女、姓名及出生年月日时，嫁女者注明嫁于何地何人，死亡者注明死亡年月日时、寿数、葬地等，这个程序称为"上谱"。所上之谱作为日后修谱的底谱，由于是用墨笔书写，通常也称"墨谱"。

有的地方不一定一年上谱一次，有些家族规定，新生儿出生3日、死亡者半年内即要上谱，迁到外地的族人，每年也要向宗祠汇报一次其迁居地和人口变化的情况，即使皇族也是如此。

除了日常积累之外，数据的来源还有：各支族所修的家谱数据。支族修谱时间一般短于合族修谱，修成之后也要备一份给总族，以备修合族谱时采用。此外，还可以利用各种宗祠契约、文书、文件等，传记数据则可抄录各种史书、方志、碑传文等，先祖数据和以前世系，则可直接采用以前修成的家谱，只要略加考证就行。

王氏族谱

在家谱纂修中，通常对数据的收入和使用有具体规定，主要是对家族成员的收录方面。古代纂修家谱，最重视血统世系，其主要目的是为了明血统、序昭穆，因而，对防止"乱宗"之事，非常重视。

为了保证血统纯净，对一些特殊人物，例如：家族成员没有后裔，如果抱养的是亲兄弟的儿子或家族中血缘较近的，可以入谱，但须清楚注明抱养于何人。如果抱养异姓人为后，则一律不准入谱。

私生子虽然有血统关系，但属伤风败俗之事，也不能入正谱，只可入附谱，并于名下注明"养"的字样。对于未成年而死亡者，各家家谱规定也不一样。

古代礼教规范《仪礼·丧服传》规定，16～19岁死亡者称"长殇"，12～15岁称"中殇"，8～11岁称之"下殇"。下殇及以下是不入谱的，中殇以上可于其父名下注出。妻子和继妻可入谱，妾生子后才可入谱。

入赘之人如改本姓，男的削去字行，异姓者则一律不书，儿名下注"养"字，以上诸种规定，都是为了保持血统的纯净。

如果家族历史上出过什么著名人物，受过何种褒奖，或有奇才异行，为家族争光者，家谱中要特别注明。妇女本来在家谱中是没有什么地位的，但如果是节妇、烈女，受到朝廷褒奖，立了牌坊，则被视为全家族的光荣，家谱上要专辟一处，详细书写。

如果家族中出了不肖子孙，不直接写上，因为有辱家声，一般采用除名的方式，俗称"出谱"。

家谱纂修要遵循一定的思想，即要遵照"义例"。家谱能不能起到维系家族制度的作用，关键在于遵循什么义例去修纂。如果指导思想不明确，该写的不写，不该写的又写了，或者兼收并蓄，有文必录，非但不能巩固家族统治，还会适得其反，削弱和涣散家族制度。

明清两代修撰家谱的最基本的义例是"隐恶扬善""为亲者讳"两句话。"扬善"就是写好的，"隐恶"就是不写坏的，祖先族人做了坏事，不准写进家谱。

家谱纂修是鉴别家族血统准确性的重要手段和前提，从产生之日起，家谱就处在不断的纂修中。一些有价值的家谱相继问世，并对后世产生了重大影响。

050
淳朴浓郁的民风根源

阅读链接

绝大多数家谱规定有下列六种冒大不题之事，只要沾上其中一点，都削名不入谱。一是弃祖。凡忤逆不孝，凶暴横行，殴打兄弟致残者，殴打族人致死者，嫖妓所生的儿子，等等，都属弃祖，一律不准入谱。二是藐视国法。参加叛乱，大逆不道者，欺君蠹国虐民者和为吏营私舞弊者，都属藐视国法，同样不准入谱。三是犯刑。犯法受刑者，或无故将人缢死还想抵赖逃脱者，都属犯刑，也不能入谱。四是败伦。乱伦、同姓通婚等都不能入谱。五是背义。其中与娼、优、隶、卒结婚的，丢失家谱者，修谱时不肯出钱者都属背义，不入谱。六是杂贱。为人奴者，从事娼、优、卒等职业者，都属自甘下贱，不得入谱。

家庭文化指的是一个家庭世代承袭过程中形成和发展起来的较为稳定的生活方式、生活作风、传统习惯、家庭道德规范以及为人处世之道等。

我国的家庭文化源远流长，深深地镌刻着时代的烙印，虽然受时代和家族等不同原因的影响，每个家庭秉持的具体观念有所不同，但在精神道德、价值取向、文明素质和行为举止等方面，却有着高度的一致性，如，在伦理道德、家庭教育等方面均可体现出来。家庭文化是传统文化的一个缩影，其中蕴含的丰厚的文化给后世以极大的启迪。

一脉相传

家庭文化

重视孝悌的家庭伦常观

舜帝铜像

家庭伦常关系是家庭文化的重要部分，人们常将"伦理"和"道德"并称，讲求的是"父慈子孝，兄友弟恭，夫义妇顺"的孝悌观。

三皇五帝的虞朝，帝王舜本是个普通平民，父亲瞽叟是个盲人，且品性固执，不懂礼仪。舜母早逝，父亲再娶，后母刁顽，常作恶言，并唆使舜父杀掉舜。

后母生了个儿子名"象"，为人傲慢，亦对舜仇视。但是舜仍然对父母很孝顺，对弟弟很友爱，设法避免祸害，毫不怨恨，

并承担养家的所有劳动，常在历山耕种。

■ 孝感动天

舜20岁时，他的事迹已传播很远，到他30岁的时候，当时的领袖帝尧为找寻替任的接班人而问计于四岳，四岳一齐推荐了舜。于是帝尧决定对舜进行深入考察，便把两个女儿娥皇和女英嫁给舜，又命九个儿子和舜一起工作，观察他对内对外的为人。

舜成亲后，要求妻子孝敬公婆，尽媳妇之道，关照弟弟，尽嫂子的本分，不可以因自己的高贵出身而破坏家庭的规矩。舜对尧的九个儿子要求也很严格，一点也不迁就，使他们为人更敦厚谨慎，事事心存尊敬的态度。

舜在历山耕作，由于和气谦让，同他一起开荒种地的人受到感染，变得能够互让，和洽相处，田界也不计较。舜去雷泽钓鱼，那里的人慢慢都能放下争执，互敬互让。

尧 我国原始社会末期的部落联盟首领，姓伊祁，名放勋，史称"唐尧"。在位期间，上下分明，能团结族人，使邦族之间团结如一家，和睦相处。自己生活简朴，吃粗米饭，喝野菜汤，得到了人们的爱戴。

淳朴浓郁的民风根源

　　舜在河边造陶器，仔细认真，不合格就重做，那些马虎的人见了，感到惭愧，跟着渐渐也就做得精致了。舜的品德在大家中产生很大感召力，人们都愿意亲近他。他住的地方本来很偏僻，但一年后就变成村落，两年成了邑，三年成了都。

　　帝尧于是很赏识舜，奖赏给他高级衣料做的衣服，一张名贵的琴，一群牛羊，又为他修建了粮仓。舜的父亲、后母和弟弟看到后，很是妒忌，一心想暗害他，将他的财物占为己有。

　　舜的父亲叫舜去清洁粮仓那高高的上盖，然后暗中纵火，要烧死他。幸得娥皇、女英预先给舜准备了竹笠。舜一手拿一个竹笠张开如鸟的翅膀，乘风飘下而不死。

　　舜父又与象设计让舜修井，然后推下沙泥土块欲活埋他，得手之后3个人瓜分舜的财产，象要琴和舜的两个妻子，而牛羊衣物粮仓归舜父及后母。

　　幸好舜在两个妻子安排下，预先在井旁凿开一洞，下井后即藏身而得不死。他出来的时候，象正占据舜的房子抚弄那张名贵的琴，见到舜而终于感到惭愧不已。

舜心中明知父亲、后母和象合计害他，但仍然和过去一样，孝敬父母，友爱弟弟，并没有一丝埋怨。

帝尧对舜经过长时间的考察，又分派工作让舜去做，终于认为舜的品德确实好，而且能干，能凝聚天下有能之士，使更多能人愿意出来辅助政事，治理的地方父有义，母有慈，子女孝顺，兄长爱护弟妹，弟妹恭敬兄长，远近的部族都对舜异常尊敬，便将帝位传给他。

舜以一介平民，一跃而为虞朝的帝王，是孝悌和忠厚的结果。后来唐代吕纯阳师尊在《吕祖全书》中介绍了72位忠神，36位孝神，另5位忠孝神，合共113位，虞舜帝排于第一位，为"旋转乾坤，纯忠纯孝，揖让大德神圣，有虞大舜帝，无极至尊"，备极尊崇礼敬。要求道中人，对各忠孝神之忠孝精神要"坚志奉行，细心体会""朝夕拜诵，广布人间"。

春秋时期的大学问家孔子也非常重视孝悌，认为孝悌是做人、做学问的根本。在儒家看来，家庭中的父母子女关系是不可变更的，父母慈爱，子女孝顺是人道的原点，也是社会的原点。

辞征孝亲

淳朴浓郁的民风根源

■ 孔子传授孝经图

《论语》儒家经典名著之一，四书五经之一，是一部记载春秋末期大思想家孔子及其弟子言行的书，为语录体。全书共20篇，内容涉及政治、教育、文学、哲学以及立身处世的道理等多方面。《论语》与《大学》《中庸》《孟子》，合称为"四书"。

曾参是孔子的一个学生。在没有跟随老师孔子之前，曾参一直在家侍奉父母。曾参侍奉父母极尽孝道，父母的每餐饭食必亲自调理，美食无缺。

他的父亲一向喜爱吃洋枣，父亲过世后曾参便再不忍食洋枣。邻人皆称赞他不忘亲情。此后，曾参对待母亲更为孝顺。

一天，他到深山中砍柴，家中有客来访，母亲人老疲惫，无法接待，来客又久不离去，母亲情急无措举起手指一口咬下。

常言说："十指连心，母子同命。"曾参在山中果然觉得心痛难忍，知道一定是母亲有事相传，便飞奔回家。

他一进门，只见老母呆坐堂中，曾参问缘由。老母告知有客来访，家中无人招待，久等不见儿归，便咬指以示儿。来客因久候不及，已经离去。

曾参听完请求母亲原谅。后来曾参从师于孔子去到鲁国，一日忽又心痛，便急辞老师回到故里。老母思儿甚切，愁急无奈，故又咬指，不料儿果然速归，心中甚是慰藉。

从此，曾参一心侍母，不再远游。齐国许以高官厚禄请他前去，他却拒绝了，说："我的母亲都年老了，接受人家的俸禄就要担忧人家的事情，我不忍心远离母亲去为别人做事。"

孔子知道后，在众弟子面前高度赞扬："曾参之孝心精诚之至，感动万里山河。"

《论语·里仁》记载道，子曰：

父母在，不远游。游必有方。

意思是：父母在世的时候，作为儿女的不要远游，不要到远方去，如果不得已身在远方，也要把常

曾子（前505—前435），姓曾，名参，字子舆，汉族，春秋末年鲁国东鲁人。16岁拜孔子为师，勤奋好学，颇得孔子真传。他的修齐治平的政治观，以孝为本的孝道观，至今仍具有极其宝贵的社会意义和实用价值，是当今建立和谐社会的丰富的思想道德修养。著述《大学》《孝经》等，后世尊他为"宗圣"。

057

一脉相传

家庭文化

■ 啮指痛心

《三字经》我国传统教育儿童启蒙读物，与《百家姓》《千字文》并称为三大国学启蒙读物。《三字经》以三字一句的方式，简短的叙述一些广为人知的历史故事和表述普遍为古代社会所接受的道德观念和哲理。

去的地方让父母知道，不让父母亲忧心。

在古人看来，不讲"家庭伦理"的人，其道德有所欠缺。事实上，社会上也常以一个人是否孝顺父母、敬老尊贤，来评判这个人的品德好坏。

一般来说，古人讲的"五伦"是包含君臣、父子、夫妇、兄弟、朋友五项。就家庭来说，父子、兄弟、夫妇三项是家庭中最基本、最主要的人伦关系，而在这其中，孝敬父母又是最重要的。

"孝悌"中的孝，指孝顺父母；悌，指尊敬兄长。甲骨文中已有"孝"字。西周时，周公告诫其弟康叔说："元凶大憝,矧惟不孝不友。"这里的"友"即悌的意思。《诗经》里也有不少有关孝悌方面的内容。

■ 亲尝汤药

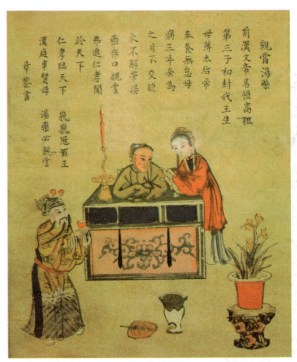

西周初年，周公旦有个儿子，名叫伯禽，他是周代鲁国的第一任国君。武王去世后，发生武庚、管蔡之乱，连带东方诸国也起兵。周公东征后，平定了叛乱，统一了国家。

成王七年，成王将原本封在河南鲁山的周公迁封到山东曲阜，实际就封的是伯禽。周公旦又对将要袭其爵，而到鲁国封地居住的儿子伯禽说："我是文王之子、武王之弟、成王之叔父，论身份地位，在国中是很高的了。但是我时刻注意勤奋俭朴，谦诚待士，唯恐失去天下的贤人。你到鲁国去，千万不要骄狂无忌。"

伯禽到了鲁国后，又发生了几次小规模的骚动。之后，伯禽率师在费地誓师，以严明军纪。在全体将士努力奋战及齐军的支援下，安定了鲁国。

传说伯禽曾经跟着叔叔康叔去拜见周公三次，被父亲痛打了三次。伯禽不知道为什么，就去问商子。商子说："南山的阳面有一种树，叫作桥木；北山的阴面有一种树，叫作梓木，你怎么不去看一看呢？"

伯禽听了商子的话，就去看了，只见桥木生得很高，树是仰着的；梓木长得很低，树是俯着的，就回来告诉商子。

商子就对伯禽说："桥木仰起，就是做父亲的道理；梓木俯着，就是做儿子的道理。"

到了第二天，伯禽去见周公，一进门就很快地走上前去，"扑通"一声跪下去，周公称许他受了君子的教导。

中华民族历来非常重视孝顺父母和尊敬兄长，并且身体力行。《三字经》里有句"融四岁，能让梨，弟于长，宜先知"。故事大意是，孔融四岁的时候，大人给兄弟几人分梨吃，孔融是兄弟中最小的一个，拿梨时，却拿了最小的一个，并说："我年纪小，应该吃小梨，大梨给哥哥吧。"

相传，汉朝有个叫田真的人，他家中共有兄弟三人，父母都已经过世了，三人拟将父母遗留的财产分成三等份。堂前那棵紫荆树也要分，而且预定明天就要动手。说也奇怪，就在田真兄弟决定之后，这棵紫荆树却突然枯萎。

田真看了非常震惊，就跟他的两位弟弟说："树木同株，听到自己要被分割成三份，就憔悴枯萎，难道我们人不如树木吗？"田真说着悲从中来，忍不住哭了起来，兄弟三人因此决定不再分割紫荆树。

说也奇怪，这棵树一听到田真兄弟说不分割了，就又活了过来。兄弟三人因而感悟，从此以后不再分家，而且愉快地生活在一起。

兄弟属于天伦之一，血脉相连，所以古人将兄弟比喻成手足，而手足就有不相分离的意思。因为，分离就会分散，分散就会孤单，而孤单就接近于灭绝。

孝悌是适应古代的宗法等级制度而提出的，以孔子为代表的儒家最重孝悌，把它推崇为最基本的道德规范。

在历史的各个时期，孝悌观念有所发展变化，历经几千年的发展，家庭中孝悌观念已演化为谦和有礼、克己忍让及讲求长幼有序等规矩理解，这些观念已经如血液般流淌在每一个国人血管里。

淳朴浓郁的民风根源

阅读链接

"孝"是儒家伦理的重要范畴。孔子认为孝悌是仁的基础，"孝"不仅限于对父母的赡养，而应着重对父母和长辈的尊重。认为如果缺乏孝敬之心，赡养父母也就视同于饲养犬物，乃大逆不孝。孔子还认为，父母可能会有过失，儿女应该婉言规劝，力求改正，并非对父母绝对服从。孔子论"孝"，还讲"竭力""无违""知年""慎终""三年无改于父之道"等，都是从不同的角度体现对父母的孝敬。

"修身齐家"的家庭教育

孟子像

孟轲从小丧父，全靠母亲仉氏一人日夜纺纱织布，挑起生活重担。仉氏是个勤劳而有见识的妇女，她希望自己的儿子读书上进，早日成才。

孟子的家住在墓地附近。有一次，孟母发现孟轲跟着出丧的人学习埋坟、哭丧之事，孟母觉得这里的环境对孩子成长不好，于是搬家了。

这次她把家搬到了集市附近。一天，孟珂跟着集市的人学着叫卖东西，孟母发现后，把孟轲拉了回来。

淳朴浓郁的民风根源

子思（前483—前402），名伋，字子思，孔子的嫡孙，春秋战国时期著名的思想家。子思受教于孔子的高足曾参，孔子的思想学说由曾参传子思，子思的门人再传孟子。后人把子思、孟子并称为思孟学派。子思在儒家学派的发展史上占有重要的地位，他上承孔子中庸之学，下开孟子心性之论，并由此对宋代理学产生了重要而积极的影响。

孟母第三次搬家了。这次的家隔壁是一所学堂，有个胡子花白的老师教着一群学生。老师每天摇头晃脑地领着学生念书，那拖腔拖调的声音就像唱歌，调皮的孟轲也跟着摇头晃脑地念了起来。孟母以为儿子喜欢念书了，高兴得很，就把孟轲送去上学。

可是有一天，孟轲逃学了。孟母知道后伤透了心。等孟轲玩够了回来，孟母把他叫到身边，说："你贪玩逃学不读书，就像剪断了的布一样，织不成布；织不成布，就没有衣服穿；不好好读书，你就永远成不了人才。"说着，抄起剪刀，"哗"的一声，把织机上将要织好的布全剪断了。

孟轲吓得愣住了。这一次，孟轲心里真正受到了震撼。他认真地思考了很久，终于明白了道理，从此专心读起书来。由于他天资聪明，后来又专门跟孔子的孙子子思学习，终于成了儒家学说的主要代表人物。

孟母三迁的故事告诉人们，家庭教育要有一个良

■ 孟母教子塑像

■《孟母三迁》年画

好的环境，为了使孩子拥有一个真正良好的家庭教育环境，要不惜付出一定的代价。

古代人十分讲究"修身齐家"，《礼记·大学》曰："欲齐其家者，先修其身。"明末清初文学家李渔在《风筝误·闺哄》中讲："不会齐家会做官，只因情法有严宽。"

这些古话都强调了"修身齐家"的重要性，在这里"修身齐家"的意思是：设法把自己的家族治理好，使族人和睦相处，齐心协力。要治理好家族，一定会先从自己做起，用心改变自己的态度习惯，成为一个具有良好德行的人。

在家庭教育方面，古人是不惜精力和财力，并且常常是以身作则的。曾子是孔子晚年最重要的弟子之一，是儒家学说的重要传承人。曾子积极宣扬、发展老师孔子的学说，并以躬身实践而闻名。

一次，曾子的夫人要去集市，他们的儿子吵着闹着要跟着去。曾子的夫人对儿子说："好孩子，你在家里玩耍，一会儿母亲从集市回来，给你杀猪吃。"

李渔（1611—1680），初名仙侣，后改名渔，字谪凡，号笠翁，浙江金华兰溪人。明末清初文学家、戏曲家。明代中过秀才，入清后无意仕进，从事著述和指导戏剧演出，著有《凤求凤》《玉搔头》等戏剧，《十二楼》《连城璧》等小说，以及《闲情偶寄》等书。

淳朴浓郁的民风根源

　　孩子听完之后，便留在家中，不再吵着跟着去了。过了一会儿，曾子的夫人从集市回来了，曾子便去捉猪准备宰杀。夫人阻止说："我只不过说说而已，你怎么还当真了呢？"

　　曾子一本正经地说："可不能跟孩子撒谎啊！小孩子没有很强的思考和判断能力，父母便是孩子的老师。现在你骗他，这是教孩子撒谎啊！母亲欺骗孩子，孩子就再也不会相信母亲了，这不是教育的方法。"

　　说完，曾子把猪杀掉，煮肉给孩子吃。儒家学说十分重视德行教育，曾子以身作则，很好地践行了儒家的这条家庭教育准则。

　　郑板桥名燮，字克柔，号板桥，江苏兴化人。五十岁以前，读书、教书、卖画。五十岁时考中进士，出任山东潍县知县。

　　五十二岁时，郑板桥有了儿子，起名小宝。他对小宝十分喜欢。为了把儿子培养成有用的人才，他非常注意教育方法。

　　郑板桥在山东潍县做知县时，将小宝留在家里，让妻子及弟弟郑墨照管。郑板桥看到当时的富贵人家子弟，又担心自己的儿子被娇惯变坏，所以他身在山东，而心念在家的儿子。他总想把儿子小宝委托堂弟郑墨帮助照管，会比自己照顾得更娇惯。所以，他从山东不断写诗寄回家中让小宝读。"锄禾日当午，汗滴禾下土。谁知盘中餐，粒粒皆辛苦。""昨日入城市，归来泪满巾。遍身罗绮者，不是养蚕人。""九九八十一，穷汉受罪毕。才得放脚眠，蚊虫跳蚤出。"小宝在母亲的带领下，一遍又一遍地背记着这些诗句，从而明白了许多人生的哲理。

当郑板桥听说在家的小宝常常对孩子们夸耀"我爹在外面做大官！"，有时还欺侮用人家的孩子，立即写信给弟弟郑墨说："我五十二岁才得一子，岂有不爱之理！然爱之必以其道。"

他要弟弟和家人对小宝严加管教，注意"长其中厚之情，驱其残忍之性"。弟弟和家人按照郑板桥的意愿对孩子进行教育，收效很大，就给郑板桥写了封信，讲了孩子的长进，并说，照此下去，长大之后准是个有出息的人，能像你一样，当个官。

郑板桥看了这封信后，觉得弟弟对小宝太姑息了，这样做对孩子并没有什么好处。于是，立即给弟弟郑墨复信说：我们这些家人，"一捧书本，便想中举，中进士，做官，如何攫取金钱，造大房屋，置多田产。起手便走错了路，越来越作坏，总没个好结果"。他还说："读书中举、中进士、做官，此是小事，第一要明理做好人。"这里所说的好人，是品德修养高尚的人，是有

郑板桥雕像

乡试 我国古代科举考试之一。唐宋时称"乡贡""解试"。由各地州、府主持考试本地人，一般在八月举行，故又称"秋闱"。金代以县试为乡试，由县令为试官，考中者方能应试。明、清两代定为每三年举行考试一次，考中者原则上即获得了选官资格。

■ 古代的家庭教育

益于社会的人。

临终前，郑板桥让小宝亲手做几个馒头端到床前。当小宝把做好的馒头端到床前时，他放心地点了点头，随即合上了眼睛，与世长辞了。

临终前，他给儿子留下遗言，嘱咐儿子要靠自己的能力吃饭，不能靠祖荫偷生。

清朝大臣曾国藩身居要职公务繁忙，写信成为他教育子女的重要方法。1864年7月，小儿子曾纪鸿去长沙参加乡试，以曾国藩当时节制东南半壁江山的地位，递个条子、打个招呼，就可以搞定了。

但曾国藩不但没有那么做，而且在考前明确对曾纪鸿说："考前不可与州县来往，不可送条子。进身之始，务知自重。"

在判卷子期间，曾国藩又怕曾纪鸿去活动，专门去信告诫他："断不可送条子，致腾物议。"结果曾

纪鸿连着几次都没考上，后来只是个副贡生。

■ 清代官员教书育人

曾国藩因功劳很大，获封一等侯，他的4个弟弟曾国潢、曾国华、曾国荃、曾国葆也都是高官，可谓满族荣华。当时官宦子弟无不想凭借权势挤入官场，曾国藩却多次表示："凡人多望子孙为大官，余不愿为大官，但愿为读书明理之君子。"又说："银钱、田产最易长骄气，我家中断不可积钱，不可买田，尔兄弟努力读书，不怕没饭吃。"

曾国藩一生著述颇多，但以《曾国藩家书》流传最广，影响最大。他的一生是"修身齐家治国平天下"的真实写照。在持家教子方面，曾国藩主张勤俭持家，努力治学，睦邻友好，读书明理。

勤俭持家在曾国藩家书里有两层意思，一是家庭成员要克勤克俭，另一是做家长的要勤以言传身

贡生 科举时代，挑选府、州、县生员中成绩或资格优异者，升入京师的国子监读书，称为"贡生"。也就是以人才贡献给皇帝。明代有岁贡、选贡、恩贡和细贡；清代有恩贡、拔贡、副贡、岁贡、优贡和例贡。清代贡生，别称"明经"。

教。曾国藩说的这些，他自己就能一丝不苟地带头去做，而且做得非常好。

大儿子曾纪泽喜欢西方社会学，小儿子曾纪鸿喜欢数学和物理学，曾国藩虽然一窍不通，也能尽自己所能去了解，去努力学一点。

他常对子女说，只要有学问，就不怕没饭吃。他还说，门第太盛则会出事端，主张不把财产留给子孙，子孙不肖留亦无用，子孙图强，也不愁没饭吃。

在曾国藩的影响下，曾纪泽总是会亲自教孩子们学英语、数学、音乐，还教他们练书法、写诗文、讲解经史典章，不论再忙，每日总要抽出时间来陪孩子、陪家人。

实际上，古人很早就已经认识到"修身齐家"的重要性和必要性，也知晓了"齐家"才能"治国平天下"的道理，历史上留下了"唐太宗诫子""朱皇帝杀驸马"等许多家庭教育的佳话。

家庭教育中，父母是教育子女的主导，父母希望孩子成为优秀的人才，为国家效力，为家族争光，就要高度重视"修身齐家"的教育，这样才可能培养出能够"光宗耀祖"的人才。

阅读链接

曾国藩曾请了江南制造局的两位传教士在家中指点两个儿子学英文。长子曾纪泽在日记中记下一些苦学的片段：一本字典，两本教材，从26个字母学起，每天规定读6句，后来8句，进而10句，笨拙而艰难；清早起来，一遍遍练习，出门会客，坐在轿子里一个人叽里咕噜地说。

曾纪泽后来成了出色的外交官，在1881年2月代表清政府签署《中俄伊犁条约》时，迫使俄国将业已吞下的伊犁等地吐了出来。俄国代理外交大臣格尔斯称赞他说："我办外国事件42年，所见人才甚多，今与贵爵共事，始知中国非无人才。"

秉持勤俭持家的治家观

　　勤俭持家是古代大多数家庭秉持的重要治家观，清代思想家朱柏庐在《朱柏庐治家格言》中说："一粥一饭，当思来之不易；半丝半缕，恒念物力维艰。"意思是：吃每一碗粥、每一碗饭时，应该想想这粥饭的来之不易；生活所需的每半根丝、每半缕线，都要想一想其中有多少人的心血。意指衣食来之不易，应该好好珍惜。

　　季文子是春秋时期鲁国的正卿，出身于三世为相的家庭，在鲁国，可以说处于一人之下万人之上的地位。

　　但他异常俭朴，以节俭为立身的根本，并且要求家人也过俭朴的生活。他穿衣只求朴素

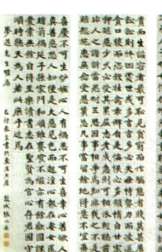
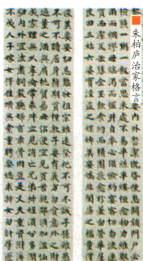

朱柏庐治家格言卷

整洁，除了朝服以外没有几件像样的衣服，每次外出，所乘坐的车马也极其简单。

见他如此节俭，有人就劝季文子说："你身为上卿，德高望重，但听说你在家里不准妻妾穿丝绸衣服，也不用粮食喂马，你自己也不注重容貌服饰，这样不是显得太寒酸，让别国的人笑话您吗？这样做也有损于我们国家的体面，人家会说鲁国的上卿过的是一种什么样的日子啊。您为什么不改变一下这种生活方式呢?这于己于国都有好处，何乐而不为呢？"

季文子听后淡然一笑，对那人严肃地说："我也希望把家里布置得豪华典雅，但是看看我们国家的百姓，还有许多人吃着粗糙得难以下咽的食物，穿着破旧不堪的衣服，还有人正在受冻挨饿；想到这些，我怎能忍心去为自己添置家产呢？如果平民百姓都是粗茶敝衣，而我却是妻妾锦衣，精粮养马，这哪是治家之道啊！"

这一番话，说得那个人满脸羞愧之色，同时也使得他内心对季文子更加敬重。此后，他也效仿季文子，十分注重生活的简朴，让妻妾只穿用普通布做成的衣服，家里的马匹也只是用谷糠、杂草来喂养。

朱元璋画像

明太祖朱元璋从一个乞丐历经千辛万苦好不容易爬上了皇帝高位，但是他没有恣意享乐起来，反而变得更加节俭。一年，他的结发妻子马皇后过生日，高官权贵都前来祝贺。

等到百官来齐后，朱元璋吩咐上菜。菜肴摆上了桌，百官一看，并非是什么山珍海味，鸡鸭鱼肉，而是简单朴素的几道菜：炒萝卜、炒韭菜、

朱元璋接见官员图

一脉相传

家庭文化

两碗炒青菜和一碗葱花豆腐汤，标准的"四菜一汤"。

最后，朱元璋当众宣布：今后众卿请客，最多只能"四菜一汤"，这次皇后的寿宴即是榜样，谁若违反，严惩不贷。那些官员们听了朱元璋的一番言辞，明白了他的用意，无不诚惶诚恐，连连称是，不敢再肆无忌惮，大吃大喝。后来在朱元璋故乡凤阳流传关于四菜一汤的歌谣：

> 皇帝请客，四菜一汤。萝卜韭菜，着实甜香。
>
> 小葱豆腐，意义深长。一清二白，贪官心慌。

南梁时代，徐勉担当中书令要职。他为政清廉，家里一点积蓄也没有。朝廷发给他的俸禄，常常分发给家族中的贫穷者。看到徐勉家生活拮据，他身边的人为之担忧。

有一天，与他私交较深的几位同事向他进言说："您一点积蓄也没有，百年之后，也得为儿孙们考虑考虑呀……"

明太祖朱元璋坐像

寇准（961—1023），字平仲，汉族，陕西渭南人，北宋著名政治家、诗人。历同知枢密院事、参知政事，后两度入相，一任枢密使，出为使相。寇准善诗能文，七绝尤有韵味，有《寇忠愍诗集》三卷传世。

徐勉回答说："别人做高官留给子孙以金银财宝，但是我认为留给子孙以清白比金银财宝还厚重。我死之后，如果儿孙们有本事，就能自立自强；如果没本事，我即使留下产业，也早晚会落入他人之手。"这番话说得进言的几位同事连连点头称是。

徐勉当官常常不在家，他多次以书信方式教育子女。有几次他写信给儿子徐崧说："吾家世清廉，故常居贫素。至于产业之事，所未尝言，非值不经营而已……古人所谓以清白遗子孙，不亦厚乎？"

宋代寇准自幼丧父，家境贫寒，全靠母亲织布度日。寇母常常在深夜一边纺纱一边教寇准读书，督导寇准苦学成才。后来寇准上京应考，得中进士。喜讯传到家里时，寇母已身患重病。临终前，她将亲手画好的一幅画交给老仆刘妈说："日后寇准做官，如果有错处，你就把这幅画给他看。"

后来，寇准做了当朝的宰相。一次，为庆贺生日，大摆筵席，准备宴请群僚。刘妈认为时机到了，便把画交给寇准。寇准展开一看，见是一幅《寒窗课子图》。画上有首诗："孤灯课读苦含辛，望尔修身为万民；勤俭家风慈母训，他年富贵莫忘贫。"

寇准再三拜读，泪如泉涌。拜读后，他令人撤去寿宴，辞退所有寿礼。从此专心料理政事，最终成为宋朝一位有名的贤相。

"勤俭"二字包含两层意思，"勤"是指勤劳；"俭"是指简朴。光"勤"不"俭"不行，同样，光"俭"不"勤"也不能使家过得兴旺。

过去，在中原的伏牛山下，住着一个叫吴成的农民，他一生勤俭持家，日子过得无忧无虑，十分美满。

相传他临终前，曾把一块写有"勤俭"二字的横

宰相 我国古代最高行政长官的通称。"宰"的意思是主宰，商朝时为管理家务和奴隶的官；周朝有执掌国政的太宰，也有掌贵族家务的家宰、掌管一邑的邑宰。相，本义为襄礼之人，字义有辅佐之意。辽代时始为正式官名。

073

一脉相传

家庭文化

■ 古人生活图

淳朴浓郁的民风根源

■ 古人生活图

匾交给两个儿子，告诫他们说："你们要想一辈子不受饥挨饿，就一定要照这两个字去做。"后来，兄弟俩分家时，将匾一锯两半，老大分得了一个"勤"字，老二分得一个"俭"字。

老大把"勤"字恭恭敬敬高悬家中，每天"日出而作，日入而息"，年年五谷丰登。然而他的妻子过日子却大手大脚，孩子们常常将白白的馍馍吃了两口就扔掉，久而久之，家里没有一点余粮。

老二自从分得半块匾后，也把"俭"字当作"神谕"供放中堂，却把"勤"字忘到九霄云外。他疏于农事，又不肯精耕细作，每年所收获的粮食就不多。尽管一家几口节衣缩食、省吃俭用，毕竟也是难以持久。这一年遇上大旱，老大、老二家中都早已是空空如也。

他俩情急之下扯下字匾，分别将"勤""俭"

礼 在我国古代中，礼是社会的典章制度和道德规范。作为典章制度，它是社会政治制度的体现，是维护上层建筑以及与之相适应的人与人交往中的礼节仪式。"礼"作为道德规范，它是领导者和贵族等一切行为的标准和要求。

二字踩碎在地。这时候，突然有字条从窗外飞进屋内，兄弟俩连忙拾起一看，上面写道："只勤不俭，好比端个没底的碗，总也盛不满！""只俭不勤，坐吃山空，一定要受穷挨饿！"

兄弟俩恍然大悟，"勤""俭"两字原来是不能分家，相辅相成，缺一不可的。吸取教训以后，他俩将"勤俭持家"4个字贴在自家门上，提醒自己，告诫妻室儿女，身体力行，此后日子过得一天比一天好。

历史上，秉持勤俭持家的大有人在，可以说数不胜数，是世代传家之宝。因此，可以说勤俭不仅仅是一种美德，一种素养，更是一种使家族兴旺，生活蒸蒸日上的制胜法宝。

有句古训说"一等人忠臣孝子，两件事读书耕田"。"耕读传家"流传深广，深入民心。耕田可以事稼穑，丰五谷，养家糊口，安家立命。读书可以知诗书，达礼义，修身养性，以立高德。

"耕读传家"就蕴含着勤俭持家的核心，在农耕社会里被视为世代传家、民族延续的根本，被世世代代的人们视为治家的思想瑰宝。

阅读链接

与勤俭持家相反，奢侈浪费最终的结局一定是败亡。商朝最后一个国王叫作纣，是历史上有名的暴君。他荒淫无度，把殷都向南扩大到朝歌，向北扩大到邯郸、沙丘，在这广大地区修建离宫别馆、苑囿台榭。他宠爱美女妲己，终日歌舞，令乐师新作"淫声"，有所谓"北里之舞""靡靡之乐"。此外，他还造酒池肉林，酗酒无度。商纣大肆搜刮，粮食装满了巨桥的仓库，无数珍宝堆满了鹿台。他为博取宠妃妲己一笑，不惜撕破千绢万帛，最终落得了亡国的下场。

大受欢迎的家庭保护神

神祇是一种民间信仰的产物，它象征着吉祥、威力和正义，寄托着人们的愿望、幸福和慰藉。远古时，华夏祖先就信奉多种神祇，久而久之，成为了家庭文化的一部分。在华夏先人信奉的多种神祇中，家庭保护神是最受重视和欢迎的。

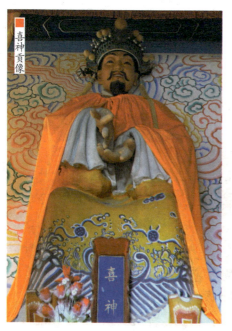

喜神贡像

家庭中，涉及祭奠祖先、娶妻生子、给老人做寿等事情时，都会想到吉祥之神。吉祥之神也叫喜神。因为人们希望凡事趋吉避凶，追求喜乐高兴，因此就臆造出了一个喜神。

喜神最大的特点是没有具体的形象，相传，喜神原本是拜北斗星神的一个虔诚女子，修道成仙时，北斗星君询问其所求，女子以手捂

■ 喜神牌位

口，笑而不答，北斗星君误以为她祈求要胡须，就赐了她长须。

因为她笑时呈喜像而封为喜神。因为有长须，就不再让凡人看到她的形象，从此喜神专司喜庆，却不显神形。

喜神没有专门的庙宇，高度抽象，但是后世也有将祖先画像视为喜神进行奉祀的。对于喜神的敬奉在各种礼俗活动中均很常见，如庆祝中举、升官、结婚等活动。

春节俗称为"过年"，是人们最重视的传统节日之一，过年的时候要举行很多活动，庆祝活动中就有祭祀喜神的习俗。长江流域一带非常重视祭祀吉神，正月初一早晨，人们祭拜祖先和其他重要神祇之后再祭祀喜神。

祭祀喜神是隆重而严肃的。人们要穿戴整齐，事

北斗星君 就是北斗真君，又称为"北斗七元星君"。北斗真君的信仰来源于古人对北斗七星的崇拜，北斗七星依次分别为天枢、天璇、天玑、天权、玉衡、开阳、摇光，道经中命名为贪狼、巨门、禄存、文曲、廉贞、武曲、破军。

淳朴浓郁的民风根源

《协纪辨方》

又名为《钦定协纪辨方书》，我国古代典籍中关于民事趋吉避凶的集大成之作，共36卷，主要内容为择吉、选择用事之用。1739年，由允禄、梅毂成、何国宗等三四十人奉敕编撰，乾隆亲制序文。后收于《四库全书》第811册子部中。

先已查过历书，按照历书上注明的这一年喜神降临的方向，打开自己的家门，提着灯笼，拿着香表等祭祀应用之物，恭恭敬敬地向喜神降临的方向走去，沿途还得大放鞭炮，这就是迎喜神的仪式。

迎喜神路上如果遇到人或动物，都要烧香、放鞭炮，还要祭拜一番。喜神居无定所，人们不知道喜神在什么地方，据清乾隆时编撰的《协纪辨方·义例·喜神》载：

> 喜神于某日居艮方，是在寅时；乙庚日则居乾方，是在戌时；丙辛日居坤方，是在申时；丁壬日居离方，是在午时；戊癸日居巽方，是在辰时。

■ 迎喜神所用的贡品

结婚乃人生一大乐事，所以办婚事又称"办喜事"。办喜事当然离不开喜神，过去家中，迎娶新娘时，新娘坐立须对正喜神所在的方位。知道喜神的方位后，新娘的轿口必须对着该方向。新娘上轿后，要停一会儿，叫作"迎喜神"，然后才能出发。

财神是家庭普遍供奉的一种主管财富的神祇，逢年过节，许多人家都会以不同的形式祭拜财神。希望在新的一年里能够招财进宝，年年有余，从而使自己的生活更加富裕快乐。

一种普遍的说法认为，每年正月初五是财神日。在这一天，无论是官宦人家，还是平民人家，都会摆上鸡、鱼、水果等供品，摆设香案，燃放鞭炮，欢欢喜喜地迎接财神到家。

祭祀财神后，南方的人家要包馄饨、吃馄饨，而北方的人家则吃饺子。据说是因为馄饨和饺子都形似元宝，借此祈愿自己能在新年中财运亨通，财源滚滚。

■ 财神像

至于财神究竟是谁，长什么样，历代的说法各不相同。有的说财神有五路，这五路财神原来是五兄弟。这五兄弟每年都在正月初五这天到民间巡游，察访民情，这时候谁家要是供奉迎接他们到家，谁家就能全家新年五路进财。

也有的说，财神分为文财神与武财神。文财神是商纣王手下的忠臣比干，他因为忠心耿耿直言劝谏，最后被商纣王剖腹摘心而死。比干是一个极善于管理财务的人，所以死后被天帝封为财神，即文财神。

武财神叫赵公元帅，又叫赵公明，陕西终南山人，是商朝的一员武将。直到秦朝时，他还神奇地活着，已显示出与众不同的神性了。

赵公明的故事见于《封神演义》。他在帮助纣

馄饨 汉族的传统面食，用薄面皮包馅儿，通常为煮熟后带汤食用。源于我国北方。古代人认为这种食物属于一种密封的包子，没有七窍，所以称为"浑沌"，后来才称为"馄饨"。在这时候，馄饨与水饺并无区别。后来馄饨却在南方发扬光大，有了独立的风格。至唐朝起，馄饨与水饺的称呼才正式分开。

■ 财神赵公明像

玉皇大帝　我国神话中最大的神祇，为众神之皇。全称："太上开天执符御历含真体道金阙云宫九穹历御万道无为通明大殿昊天金阙玉皇大天尊玄穹高上帝"，简称"玉皇"或"玉帝"，尊称"玄穹高上玉皇大帝""昊天金阙无上至尊自然妙有弥罗至真玉皇大帝"等，俗称"天公""玉皇上帝""老天爷"等。

王与周朝对抗中，被姜子牙运用法术夺去了性命，死在商朝军队中。姜子牙率领大军消灭商朝之后，奉元始天尊之命，登上岐山的封神台，大封双方阵亡忠魂。

赵公明被封为"金龙玄坛真君"，所以，赵公元帅又有"赵玄坛"之称。赵玄坛的职责是"迎祥纳福"，姜太公又派了四名天神做他的助手。这四个助手分别是：招宝天尊萧升、纳珍天尊曹宝、招财使者乔有明、利市仙官姚迩益。有了这四个助手，赵公明就成了真正的财神。

在我国民间众多财神的塑像和绘画中，赵公元帅的形象十分威猛。他面色黝黑，长着一脸络腮胡子，头戴一顶铁盔，手执铁鞭，骑着一匹威风凛凛的黑虎，巡视民间。

据传说，赵公明法术无边。他能驱雷逐电，呼风唤雨，除瘟祛疫，禳除灾异。赵公明不仅能保佑百姓发财，同时还能为民申冤。他有这么大的本事，而且有求必应，当然受到了人们的欢迎。

灶神又叫"灶王爷"，是保佑家族生存繁衍的重要神祇。宋朝著名诗人范成大《祭灶诗》写道：

古传腊月二十四，灶君朝天欲言事。
云车风马小留连，家有杯盘丰典祀。猪头

烂熟双鱼鲜，豆沙甘松米饵圆。男儿酌献女儿避，酹酒烧钱灶君喜。婢子斗争君莫闻，猫犬触秽君莫嗔。送君醉饱登天门，勺长勺短勿复云。

这首诗生动地描述了古代老百姓祭祀灶王爷的场景，表明了人们祭祀灶王爷的原因以及人们期盼灶王爷祛灾赐福的美好愿望。

灶王爷又称"灶君"。人们对灶神的崇拜，可谓源远流长。随着时代的变迁和推移，灶神亦几经变化。

上古时候，炎帝是主管夏天和火的南方天帝，祝融则是他的佐神。据《淮南子》中所说："炎帝作火官，死而为灶神。"又据许慎《说文解字》说："周礼以灶祠祝融。"由此可见，炎帝和祝融都曾为灶神。

又有传说，玉皇大帝的小女儿爱上了一个专门为人们烧火做饭的心地善良的穷小伙子，并且俩人私订终身，闹得天上地下沸沸扬扬。

财神塑像

除夕 我国传统节日中最重要的节日之一，指农历每年末最后一天的晚上，即大年初一前夜。因常在腊月三十日，故又称该日为"年三十"。除夕这天人们往往通宵不眠，故称为"守岁"。除夕这一天，家里家外不但要打扫得干干净净，还要贴门神、贴春联、贴年画、挂灯笼等。

玉皇大帝很要面子，迫于无奈，只好将小伙子列入神班，封为"灶王"。这样，灶神有了配偶后，民间便有了称呼灶神为"灶王爷爷"或"灶王奶奶"的分别。

尽管灶神几经变化，但他的神职却没有改变。灶神的职责是"古传腊月二十四，灶君朝天欲言事"，或说"灶神晦日归天，告人罪"。意思就是，灶神在晦日这一天，也就是每年农历腊月的二十三日或二十四日，要到天上去向天帝汇报人们的善恶。

老百姓怕灶神说他们的坏话，因而就在这一天祭祀灶王爷。祭祀时，人们供上粑粑、糖、粉饵、果品、鱼、肉等祭品，还要焚香点烛烧纸钱，叩头礼拜送灶王爷上天。

■ 灶神年画

有的人家还把糖涂在画像中灶神的嘴上，希望他能到天帝那儿多说好话。有的人家在灶神嘴上抹粑粑之类的黏物，粘住灶神的牙齿，使他说话含糊不清，以此来封住他的嘴。还有的用酒祭祀，就是希望灶神喝醉后无法多言。

到了除夕晚上，人们再用同样的办法把灶神接回家中来住，借以保佑自己。人们此举，就是希望灶神"上天言好事，下地降吉祥"。

由于灶神有着上天言事并间接消灾赐福的神职，因而民间对灶神的崇拜是非常普遍的，几乎家家户户的厨房里都供着灶君的神位。腊月二十四和除夕要祭拜灶神。

在古时候，每到除夕晚上，几乎家家户户都要在门上贴门神画像，以祈保阖家平安，吉祥幸福。人们认为，有了门神的护佑，邪神恶鬼就不敢作祟。

门神神像中的人物有许多种，但其中最早的是神荼和郁

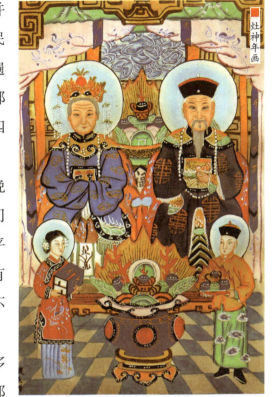

灶神年画

垒。相传远古时代，黄帝不仅是人间的最高统治者，而且还是神鬼世界的最高主宰。对那些时隐时现地游荡在人间的鬼，黄帝就派神荼和郁垒兄弟二人去统辖。

神荼和郁垒兄弟二人居住在东海的桃都山。山上有一棵大桃树，它茂盛之极，枝干纵横交错。树的顶端站着一只金鸡，当早晨第一缕晨曦普照大地时，金鸡就鸣叫起来，于是天下所有的鸡都随之啼叫。

在大桃树的东北角，有一个鬼门，万鬼都由此出入。当金鸡鸣叫时，神荼和郁垒就站在鬼门旁边，威风凛凛地把守着，认真检阅着那些在人间游荡了一夜后归来的形形色色的鬼。传说鬼只在夜间活动，天快亮时，不等鸡叫就赶快往回跑。

神荼、郁垒两个门神如果发现哪个鬼为非作歹、危害人间，便马上用芦苇绳子把他捆绑起来，拿他去喂老虎。恶鬼害怕被神荼、郁垒

孙膑 战国初期军事家，兵家代表人物。孙膑生卒年不详，原名不详，因受过膑刑故名孙膑。孙膑是春秋时期军事家孙武的后代。孙膑曾与庞涓为同窗，因受庞涓迫害遭受膑刑，后在齐国使者的帮助下投奔齐国，被齐威王任命为军师，辅佐齐国大将田忌两次击败庞涓，取得了桂陵之战和马陵之战的胜利，奠定了齐国的霸业。著有《孙膑兵法》一书传世。

发现劣迹，都小心行事，轻易不敢做坏事。因此，神荼和郁垒两兄弟就成了恶鬼的克星。有他俩存在，鬼就不敢上门，家就能平安无事。

神荼、郁垒两位门神不可能随时随地发现并把所有邪神恶鬼都除掉。于是，黄帝就命令人间百姓礼敬这两位门神，用以随时驱魔逐恶，因此后世逐渐形成了信仰神荼、郁垒的习俗。

人们把这两位神的画像挂在家门的两旁，又在门枋上画一只大老虎，还要在门上悬挂一段芦苇绳子，以抵御妖魔鬼怪的侵扰。

后来，人们为了图方便，就造出了门神画像，过年时就贴在门上，还有的更省事，就在门上写上神荼、郁垒的名字。这样，神荼和郁垒就成了家家户户最普遍、最受欢迎的门神了。

■ 门神神荼、郁垒年画

随着社会的变迁，人们又造出了一些新的门神。这些新的门神中还有武将门神和文官门神之分，他们多为各朝历史人物，也有不少神话人物，著名的如孙膑、赵云、马超、岳飞等。不过，最流行、最为后世百姓所接受的，则是唐朝初年的名将秦琼和尉迟恭。

明代神话巨著《西游记》中记载了这样一个传说：泾河老龙因为与一术士打赌，违反了天规，没能按规定时间降雨。玉皇大帝大怒，命令唐太宗的大臣魏征负责斩杀泾河老龙。

泾河老龙于是托梦给唐太宗，求他嘱咐魏征放他一条生路。唐太宗在梦中答应了泾河老龙的请求。于是，醒来之后，唐太宗就传旨让魏征陪他下棋，企图借此拖住魏征，使他错过行刑的时刻。

未曾想到，魏征在下棋时困顿不堪，昏然睡去，其魂魄飘飘然来到了天庭，领了玉帝旨意，按时斩杀了泾河老龙。

泾河老龙气愤难平，他恨唐太宗不守信用，便要夜闯唐太宗寝宫。唐太宗被吓得夜不能寝，神情恍惚。朝中大将秦琼和尉迟恭两人奉命在晚上身披盔甲、手执金瓜斧钺，一左一右，把守于唐太宗寝宫门外。一连几个晚上，平安无事。

神荼

杨家年

■ 门神年画

魏征（580—643），字玄成。唐巨鹿，今河北邢台市巨鹿县人，又说河北晋州市或河北馆陶市人，唐朝政治家。他曾任谏议大夫、左光禄大夫，封郑国公，谥文贞，以直谏敢言著称，是我国历史上最负盛名的谏臣。他的重要言论大都收录在唐时王方庆所编《魏郑公谏录》和吴兢所编《贞观政要》两书里。

门神秦琼

秦琼

可是，秦琼、尉迟恭两人毕竟是人，长年累月地值守终非长久之计。唐太宗也不忍心两位爱将终夜辛苦，于是便命令画师，把秦琼、尉迟恭身披盔甲、手执兵刃、腰佩鞭练弓箭的戎装形象画成图像，贴在宫门上，宫内从此没有邪神恶鬼再来作祟。后世沿袭，两人因此成了门神。

把秦琼、尉迟恭两人的画像贴在门上，开始只在有权势人家流行。后来，渐渐流行到了普通百姓家。为了抵御邪鬼恶魔的侵袭，人们把画有秦琼、尉迟恭像的图画贴在门上，也有的人家不用图像，而直接写上二人的名字，分别贴在家门的两旁。

家庭的保护神，不仅仅限于喜神、财神、灶神、门神这四种，还有媒神、福神、寿神、井神、蚕神、陶神等，他们的存在进一步丰富了我国家庭文化的内涵。

淳朴浓郁的民风根源

阅读链接

在民间传说中，吉神又叫泰逢神，是一个人人都愿意见到的天神，谁要是遇见他，肯定不久后就会有什么喜事降临。泰逢是东首阳山的主神，那山上光秃秃的，没有什么树木，但是山上盛产美玉。泰逢的脸与人差不多，但身体像野猫，后面还拖着一条长长的大尾巴。每次出行的时候，在他周围，都有彩色的光环闪耀着。谁若是见到他这个模样，他就能给谁带去福音和吉祥。

淳朴浓郁的
民风根源

万姓之根

姓氏与名、字、号及称谓

姓氏渊源

　　我国姓氏的起源可以追溯到人类原始社会的母系氏族制度时期，所以我国的许多古姓都是女字旁或底。姓者，统其祖考之所自出；氏者，别其子孙之所自分。

　　姓是作为区分氏族的特定标志符号，如部落的名称或部落首领的名字。后来，氏的出现，记录着人类历史脚步迈进阶级社会。姓和氏，是人类进步的两个阶段、是文明的产物。

　　我国姓氏文化历经了5000年的延续和发展，姓氏一直是代表我国传统宗族观念主要的外在表现形式，并以一种血缘文化的特殊形式记录了中华民族的形成，在中华民族文化的同化和国家统一上，曾经起到过独特的民族凝聚的作用。

中 华 姓 氏 图 腾

王姓　张姓　刘姓　梁姓　宋姓　郑姓　谢姓　苏姓　卢姓　荷姓　蔡姓　范姓　方姓　石姓　姚姓　顾姓　侯姓　邵姓　孟姓

杨姓　赵姓　黄姓　韩姓　唐姓　冯姓　于姓　贾姓　丁姓　魏姓　薛姓　谭姓　廖姓　邹姓　熊姓　龙姓　万姓　段姓　雷姓

吴姓　徐姓　孙姓　董姓　程姓　曹姓　叶姓　阎姓　余姓　潘姓　金姓　陆姓　郝姓　孔姓　钱姓　汤姓　尹姓　易姓

高姓　林姓　袁姓　邓姓　许姓　傅姓　杜姓　戴姓　夏姓　钟姓　白姓　崔姓　康姓　毛姓　黎姓　常姓　武姓　乔姓

马姓　罗姓　沈姓　曾姓　彭姓　吕姓　江姓　田姓　任姓　姜姓　邱姓　秦姓　史姓　汪姓　贺姓　赖姓　龚姓　文姓

起源于古老自然崇拜的姓

雷神壁画

远古时期，有个大湖泊叫"雷泽"，就是今山东菏泽一带，传说是雷神居住的地方。在雷泽这里有雷河，岸边生活着一个风兖部落。

风兖部落的女首领叫华胥氏。她年轻有为，与族叔风偌率族人们逐水草而居，过着游牧的生活。

风兖部落的名称源于对自然的崇拜，因为当时的人们对自然的强大力量感到非常神奇，于是对风、雨、雷、云等自然现象充满了崇拜，并赋予了神话般的说法。他们崇拜风，就把自己的部落取名叫"风兖"。

那时的雷神，当他不顺心时，雷泽上就浊浪滚滚，汹涌起伏。要是雷神震怒时，雷泽就更是泛滥了。华胥部落首领华胥姑娘，她就去找雷神评理，她的胆大和直率感动了雷神，但雷神让华胥姑娘嫁给他。为了华胥人们的安危，华胥姑娘便嫁给了雷神。

一年后，华胥姑娘生了

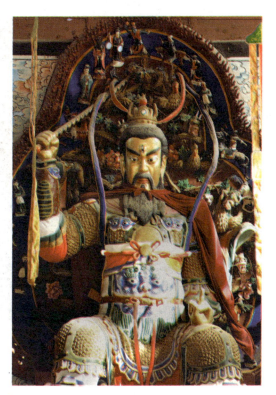

■雷神塑像

个儿子，雷神非常高兴，脾气也越来越好了，从此雷神只在农时节气时打雷闪电和行云布雨，于是雷河两岸便风调雨顺五谷丰登了。

雷神便把儿子放在葫芦上顺水而下，让他儿子乘着葫芦到华胥部落看姥姥。雷神儿子的姥姥看见外孙乘着葫芦而来，因此就给外孙取名"葫芦"。

按华胥部落的方言，葫芦与"伏羲"谐音，又因这个部落叫风兖部落，所以，人们就叫这个孩子为"风伏羲"。

伏羲在姥姥身边长大，后来他想念母亲了，就搭天梯到天庭去看望母亲华胥。雷神禀告了玉帝，玉帝为伏羲的孝心所感动，就封伏羲为华胥部落的帝，也就是人间之王。

华胥氏 处于原始社会中母系社会的末期。华夏族的得名乃由华胥及其娴裔夏人所构成。文献记载，伏羲、女娲均由华胥所生。华胥氏是华夏族的祖先，为伏羲、女娲的母族，其活动地域在今陕西蓝田境内。

伏羲画像

可以说中华万姓同根，根在伏羲氏，而羲皇故都在淮阳，这里正是中华姓氏最初的发源之地。

伏羲因为是风兖部落的王，他的子子孙孙很多，因为他姓"风"，他的后人也跟着姓"风"，所以后来"风"便成为了中华第一姓。

在原始社会，人们对自身及自然界的认识十分有限，他们不了解人类与自然界的关系，认为每个氏族与某种动物、植物、非生物或自然现象，有着神秘的亲缘和其他特殊关系，并相信这些"神物"就是他们的祖先、保护神，他们这个氏族就是由这种神物滋生出来的。

因此，每个氏族都以某一种崇拜物，作为本氏族供奉的神物与标志，这就是"图腾"。据史料记载，在我国氏族社会末期，各部落都有自己的图腾，继而表现为对图腾的崇拜。

如黄帝部落崇拜云，所以姓"云"。据史载炎帝"宏身而牛面"，表明炎帝部落是以牛为图腾的。这便是由这种崇拜神物或图腾的形式所滋生。

黄帝与炎帝进行"阪泉之战"，黄帝率熊、罴、貔、貅、虎等为前驱，其实熊、罴、貔、虎等，均为黄帝部落以动物为姓氏图腾的历史人文痕迹。

据传说，氏族部落不但对图腾奉若神明，禁止食、杀、冒犯，而且把它作为本氏族统一的族号。在原始部落中，图腾、族名和祖先名常常是一致的，久而久之，图腾的名称就演变成同一氏族全体成员共有的标记，那就是姓。

在当时，由于生产力水平和文明程度十分低下，人类既不了解人类与大自然的关系，也不了解自身和氏族组织的起源。认为人类每个氏族、部落都与某种自然现象、动植物、非生物有着某种神秘的亲缘关系，如日月星辰、风云雷电、山川岩石、花草树木、熊罴虎豹、牛羊犬马、禽鸟龙蛇等，只需该氏族的始祖母与之接触感应，即会衍生后代。

所以图腾物象就成为本氏族的祖先，成为本祖先崇拜的原始宗教信仰形式和偶像，即图腾名称，便成为最早的社会组织，也就是氏族的名称，进而演化为该氏族共有的姓源。我国最早的一批古姓，即由氏族图腾演化而来。

在我国，由图腾演变为姓的传说很多。据考证，夜郎国的国君是竹王，他的臣民以竹为图腾，姓竹。又据史书记载，晋国有狐毛、蛇平，汉代有狗未央、

伏羲 又称"宓羲""庖牺""包牺""牺皇""皇羲""太昊""苍牙"等，是中华民族的人文始祖，受到中华儿女的称赞和敬仰。传说他发明创造了八卦，创造了历法、教民渔猎、驯养家畜、婚嫁仪式、始造书契、发明陶埙琴瑟等乐器、任命官员等。

■ 姓氏图腾

狼莫、鹿旗，三国有豹皮公等人。

透过这些古怪的姓和骆、虎、蚁、牛、羊、鸟、龙、竹、梧、茶、菊等与动物、植物名称相同的姓氏，隐约可见图腾崇拜对姓氏起源的不可磨灭的历史印迹。

人类出现的标志之一是使用语言，其目的是为了交际，首先遇到的问题是区别一群人中的每个个体。大家围攻一只鹿，有人看到鹿向甲某的位置跑去，就高喊让甲某注意，如果甲没有名，他就不可能知道在喊谁，整个围猎就可能失败。

大家一起抬一根木头，因人手不够，需要人来帮助，只要喊某人的名，他就可以过来帮忙，如果谁也没有名，听到喊声大家都得过来，那可不方便了。

因此，具有人名是人类生存的重要条件，为了区别个体，以利共同劳动，共同生存，几乎是在人类社会出现的同时就产生了人名。

淳朴浓郁的民风根源

阅读链接

相传风兖部落的女首领华胥氏生了一个女孩，取名女娲。后来，在渭河支流的葫芦河，有个古老的女娲祠。在秦安陇城镇，还有个女娲洞，又有女娲庙。

女娲以风为姓，这里有风台、风莹、凤尾村等地名，均与女娲氏有关。在我国传说中，一说女娲是一个真实存在过的历史人物，主要活动于黄土高原，她的陵寝位于山西洪洞赵城东的侯村。

女娲陵同黄帝陵一样，是我国古代皇帝祭奠的庙宇。当地在每年农历三月初十前后，均要举行长达7天的大型庙会和祭祀活动。

姓氏在氏族社会中产生

在母系氏族社会时期，有一个氏族部落，其首领叫任，也称"皇"。任皇娶了丁女，生了3个儿子取名天皇、地皇、人皇，后世将他们称之为"三皇"。人皇继承了父亲任皇部落首领的位置，被称为"帝"，生下儿子戊和女儿己。皇子戊娶了癸女，于是产生了帝族。

舜帝画像

戊后来双目失明，称为瞽叟与癸生了儿子取名舜，舜后来继承部落首领。

舜娶了一对姐妹，名叫娥皇、女英。娥皇、女英分别生了很多孩子。为了区分母亲，有一支癸女的后代，将母亲"癸"下加"女"字，形成"姜"姓；另一支癸女所生的后代，将"癸"左边加"女"

淳朴浓郁的民风根源

《说文解字》
简称《说文》，世界上最早的字典之一，同时也是我国第一部按部首编排的字典，作者是东汉的经学家、文字学家许慎。《说文解字》成书于汉和帝永元十二年，即公元100年。

字，形成"姚"姓。

所以，姜姓、姚姓，都是舜帝的后代，因为母亲不同，形成了不同的姓。姚、姜皆因母得姓，皆为癸女之后。从此，姓氏便产生了。

那时，人们只知有母，不知有父。所以"姓"是"女"和"生"组成，这说明最早的姓是跟母亲的姓。从西周铜器铭文可以看出，具有明确考证的姓不到30个，大多数从"女"字旁，如姜、姚、姒、姬、娲、婢、妊、妃、好、嬴等。

东汉著名文字学家许慎在《说文解字》里说：

姓，人所生也。因生以为姓，从女从生。

这就是说，人是母亲生的，故"姓"字为"女"

■娥皇女英塑像

字旁。后来南宋史学家郑樵在《通志》中也说：

> 生民之本，在于姓氏。
> 男子称氏，所以别贵贱。女
> 子称姓，所以别婚姻。

由此可见，姓是古人用以判贵贱、明世系、别婚姻的，体现了一个家族的群体性。

"姓"字从"女"从"生"，表示人都是由女性所生，这女性当然就是母亲了。世界上无论什么人，生下来后都会有一个姓和一个名，以表示他或是属于某一氏族的成员。

■ 甲骨卜辞

"姓"即是子女，子女相为亲，亲在一起即组成为族，所以广义来讲，"姓"可作族属、族人解释，亦可以进一步将之理解为泛称的"族"的意思。

殷墟卜辞中"多生"即是指占卜主体的亲族。还有，西周金文中的"百生"，从铭文内容看，可以用来称本族族人，也可以泛指没有亲族关系的其他族的族人。

随着社会生产力的发展，母系氏族制度过渡到父系氏族制度，妻从夫居，子女不再属母族而归于父族，世系以父方计，所以母系姓族转变为父系姓族。大约从周代以来，人的姓大多从父了，即以父之姓为姓，并且代代相传。

金文 指铸刻在殷周青铜器上的铭文，也叫"钟鼎文"。金文的内容是关于殷周时祀典、赐命、诏书、征战、围猎、盟约等活动或事件的记录，反映了当时的社会生活。金文字体整齐道丽，古朴厚重，同甲骨文一样，具有古朴的风格。

燧人氏 又称"燧人"，三皇之首，河南商丘人，他在河南一带钻木取火，教人熟食，是华夏人工取火的发明者，结束了远古人类茹毛饮血的历史，开创了华夏文明，商丘因此被誉为华夏文明的发祥地。燧人氏的神话反映了中国原始时代从利用自然火，进化到人工取火的情况。

上古时期，人少而禽兽多，人类居住在地面上，经常遭受禽兽攻击，每时每刻都存在着伤亡危险。在恶劣环境的逼迫下，人类开始想办法解决这一问题。

生活在黄土高原上的人们受鼠类动物的启发，在黄土高原的山坡上打洞，人居住在里面，用石头或树枝挡住洞口，这样就可以预防禽兽的侵扰。

在气候寒冷的北方先民走向穴居的时代，畏寒不愿北迁的南方先民们，在恶劣环境的逼迫下，他们也开始考虑自己居住的安全了。

有人受鸟雀在树上搭窝的启发，指导人们用树枝和藤条在高大的树干上建造房屋，房屋的四壁和屋顶都用树枝遮挡得严严实实，既挡风避雨，又可防止禽兽侵扰，人们从此不再过那种担惊受怕的日子。

人们非常感激这位发明巢居的人，便推选他为当地的部落酋长，尊称他为"有巢氏"。据说这是人类第一次将"氏"用在人身上，用以表示尊敬。

有巢氏被推选为部落酋长后，为大家办了许多好事，影响很大，各部落人都认为他德高望重，一致推选他为总首领，尊称他为"巢皇"。

那时候，人们还只能吃生食，过着茹毛饮血的原始生活。生食腥臊恶臭，伤害肠胃，许多人生了疾病。后来，人们发现火烤熟的食物味美且易消化。

但是，因雷击等产生的自然火种很少，而且容易熄灭，人们很难得到并保留火种。这时有一个人，从鸟啄燧木出现火花获得启发，他就折下燧木枝，钻木取火，获得了火种。

部落 一般指原始社会民众由若干血缘相近的宗族、氏族结合而成的集体。形成于原始社会晚期，也就是旧石器时代的中期和晚期。有较明确的地域、名称、方言、宗教信仰和习俗，有以氏族酋长和军事首领组成的部落议事会，部分部落还设最高首领。

他把这种方法教给人们，人类从此学会了人工取火，用火烤制食物、取暖、冶炼等，人类的生活进入了一个新阶段。于是人们称这位能人为"燧人氏"。

随着人口越来越多，那时维持生计的食物主要是猎物和植物果实。可是，天上的飞禽越来越少，地上的走兽也越打越稀，所得的食物就难以果腹了，怎样才能解决人们的食物呢？

有一天，一只周身通红的鸟，嘴里衔着一棵九穗的种子，飞在天空，掠过了一个人的头顶，九穗种子掉在了地上。这个人看有东西从鸟儿嘴里掉下来，就拾起来埋在了土壤里，后来就长出了一棵苗，不久苗又结了穗。这个人就把穗上的粒子放在手里揉搓后放在嘴里，感到很好吃，他将粒子称为"谷子"。

这个人从中受到启发，他想要是把谷粒埋到土里，年年种植，年年收获，这样人们的食物就会源源不断了，人们的吃食问题不就解决了吗？但是那时，五谷和杂草长在一起，哪些可以吃，哪些不可以吃呢？谁也分不清。这个人就一样一样地尝，一样一样地试种，最后他

■ 燧人氏塑像

神农氏画像

从中筛选出了菽、麦、稷、稻等五谷。他将分辨菽、麦、稷、稻等五谷的方法教给了人们，又教会了人们种植五谷，逐渐满足了人们的吃食问题了。人们为了感谢这人，就给他取名为"神农氏"。

在远古时期，人们以氏来区别贵贱，贵者有氏，贫贱者有名无氏。在漫长的历史进程中，大多数在历史上拥有过共同血缘的人，因为有名无氏而消失得无声无息，只有杰出的人物，会因为做出了值得纪念的事情而得到一个"氏"号，从而使同姓的血缘获得流传，他们通过标记自己独特子孙，而成为一个新的姓氏。

如果说，最初的姓是在标示出某种母系或父系的更加古老血缘，那么"氏"则体现这一血缘中的杰出人物，以及他们身上某种世人所公认的事迹或历史渊源。

氏的出现，从此分别出血缘支系，让后世子孙在这一支系内单独呈现其血缘宗亲在远古时期的历史荣耀。

姓因存立时间久远，亲属数目的庞大，分支族氏的增多，其成员未必追溯到一个共同明确的祖先，亦未必都可以找到彼此间明确的谱系关系。而氏一般皆有明确的、可以追溯到一个人的始祖。

春秋时期左丘明的《左传·昭公》中言："胙之宗十一族，唯羊舌氏在而已。"可见羊舌氏即叔向所属宗族的十一支分族之一。同时期的《国语·晋语八》记载："终灭羊舌氏之宗者，必是子也。"这里的宗指的是同宗，即一个族系。由此可知羊舌氏本身构成宗族。

"氏"也专指族氏这种血缘亲族组织的名号，也可以说只是一种标志，如《左传》中可见有"某氏之族"之称，如"游氏之族"，所谓"某氏"仅专指该族氏之名。

家族之氏，已经见于西周金文，如散氏、虢季氏等。春秋金文中所见厚氏、干氏、彪氏、京氏都代表了一个家族。这种属于家族组织的氏与姓族的关系，如《史记·高祖本纪》索隐引《世本》所言：

言姓即在上，占氏即在下。

意思是说氏是统于姓族之下，二者有主体与分支的关系。

氏名的来源多种多样，如以邑为氏，以谥为氏，以官为氏，等等，同一家族可因居邑为氏，也可以族长的官职为氏，当时也经常出现命氏、别族等情况。在这种背景下，父子、兄弟不必同氏，人也可以有几个氏。

姓分化为氏，这是我国远古先民姓氏演进中的一个非常重要的时期。家族由姓氏衍生而来，一个家族通常只有一个姓氏。姓氏作为识别和区分家族的特定标记符号蕴含着丰富的寓意。

阅读链接

在我国古代，尽管社会上已经流行跟父亲姓了，但也有少数跟母亲姓的，古人叫作"冒姓"。

汉代吕后姐姐的儿子叫吕长姁，他之所以姓吕，很明显是因吕家权高势重而从母姓的。汉代赵王刘彭祖有宠姬名淖姬，她生了一个男孩，取名叫淖子，这也是以其母之姓为淖。

这些从母姓者都是皇室或大贵族，从母姓的现象，很可能出于大贵族中一夫多妻制下的多子女，为了按生母的地位来区分高下贵贱的需要，用以区分远近亲疏。

为了区别婚姻而产生的氏

原始人生活场景

上古时期，人们群居杂婚，难免出现近亲婚育的弊端。伏羲认识到了这种危害，于是他就"正姓氏，通媒妁，制嫁娶"。

他根据不同人群的自然崇拜给他们起了姓氏，并制定了一套"同姓不婚"的嫁娶礼仪制度，从而避免了血亲通婚，实现优生的繁衍。

姓氏作为"远禽兽，别婚姻"的符号，便成为了我们中华民族文明进步的重要标记，经过代代相传，延绵不断，成为了我们中华民族生生不息的血缘纽带。

相对于我国早期的母系而言，

原始人生活图

因地域分化、职业分化、官位分化，或者其他种种世俗业的分化而表现出来的氏，起初不过是在标明独特的地域、独特的职官或技能，标明某个获得氏称的个人不同凡响的事迹、经历、声望和地位，与"姓"的共同血缘并不相干。

但是，贵而有氏的这些英雄们的后代，则可能从此找到与祖姓有所不同的一脉血缘的新命名，继而以氏命姓，以氏代姓。

原始时代以母系生殖为标志的血缘谱系，向父系以英雄业绩及其发生地为标志血缘谱系的转化，是姓分化为氏，氏历久而成姓这一历史循环的第一个转折点。

无论何时何地，身在他乡的炎黄子孙总是会以自己的姓氏为据，回到与这个姓氏血脉相通的地方认祖归宗。

到了原始社会的末期，黄帝治理天下时，已有"胙土命氏"，出现了氏。夏商两代，也有少量的"氏"产生。氏的产生，最大量、最频繁的时代是周朝。周朝初年，为控制征服的广大地区，大规模地分封诸侯。

周武王、周公旦和成王，先后把土地分封给兄弟、亲戚及异姓功臣等，建立了71个封国，其中有武王的兄弟16人，同姓贵族40人。而这些诸侯国的后人即以封国名为氏。

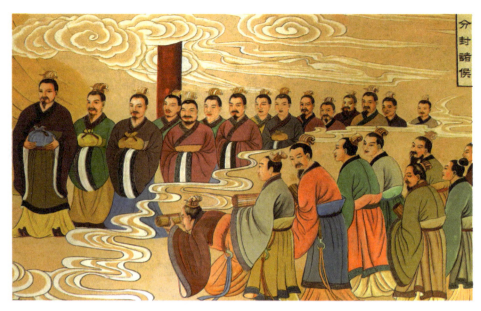

分封諸侯

■ 周朝分封各诸侯

司马迁（约前145或前135—？）字子长，生于西汉时夏阳，即今陕西省韩城。西汉史学家和文学家。被世人称为"历史之父"。他所著的《史记》是我国第一部纪传体通史，同时在文学上取得了辉煌的艺术成就。因此，鲁迅称之为"史家之绝唱，无韵之离骚"。

据后世统计，由周王室同姓封国得氏的有48个，由异姓封国得氏的约有60个。另外各诸侯国又以同样方法对国内卿大夫进行分封，即大夫后人以所受封邑名称为氏，如田、白、鲍、费、范、屈、钟离、邯郸等。

经过层层分封，以封国、封邑名称为氏如雨后春笋般出现，所以说周朝是我国氏的发展最重要的时期。而后，各种形式的氏又不断出现，氏的繁衍滋生越来越多，氏的数量远远超过了姓的数量。

其实，在夏、商、周三代的时候，"氏"就已经很普遍了，人们有姓也有氏。到战国时期，社会剧烈变动，旧贵族没落了，有的还沦为奴隶。这表明贵族身份的氏，已无存在的必要。

"姓"是从居住的村落，或者所属的部族名称而来。"氏"是从君主所封的地、所赐的爵位、所任的官职，或者死后按照功绩，追加的称号而来。所以贵族有姓、有名、也有氏。

秦代时，旧贵族瓦解，西周封建宗法制度基本结束，旧的氏族及姓氏制度也被清除殆尽。西汉时期，姓和氏的区别已经微乎其微。

司马迁作《史记》时，干脆把姓氏混为一谈：

> 姓氏之称，自太史公始混而为一，《本纪》于秦始皇则曰"姓赵氏"，于汉高祖则曰"姓刘氏"，是也。

此后我国姓与氏开始趋于合而为一，或言姓，或言氏，氏即姓，人们使用姓氏简单省事，也无贵贱之别，因而平民也从无姓到有姓。

阅读链接

在盘古开天辟地之后，人皇氏成为最早帝王之一，也是从人皇氏开始规定了夫妇之道。至伏羲氏时，原始的畜牧业迅速发展，九州大地和睦相处，一片太平景象，但是最让伏羲伤脑筋的是在当时出生的婴儿中，经常会有畸形的怪异现象出现。

后来经过长时间的观察，伏羲惊讶地发现，这与当时存在的男女群婚、乱婚现象有关。为了避免这种现象发生，提升族人的生存力量，伏羲在华夏九州开始了"制嫁娶"，实行男女对偶婚的制度。

他先定姓氏，以防止乱婚和近婚，实现了中华民族从愚昧走向文明的跨越。同时也是从伏羲氏开始，有了嫁娶"以俪皮为礼"的风俗，使得嫁娶成为一件重大而有意义的事情。

姓和氏逐渐合二为一

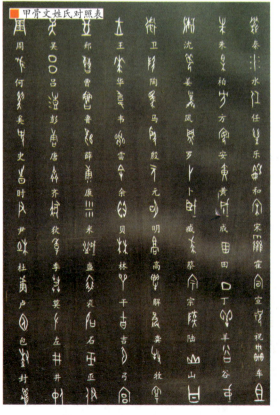

甲骨文姓氏对照表

秦代以前，姓和氏是含义不同、各有所指的两个单音词。姓字的古形字是"人"和"生"组成的，意为人所生，因生而为姓。

秦代刻石《诅楚文》中，始见姓字为"女"字和"生"字的组合字，这一字形最终被汉代人许慎定形，成为会意字。

氏字的出现，早在甲骨文中就有。清代文字学家朱骏声在其名著《说文通训定声》中，解释"氏"字本意为木本，是植物之根，为象形字，后来被转注为姓氏的氏，取木之根本之意。

夏商周三代，姓的社会职能是代表有共同血缘关系的种族称号，而氏是从姓中派生的分支。《通鉴外纪史记》说：

> 姓者，统其祖考之所出；氏者，别其子孙之所自分。

姓起源较早，形成后也较为稳定；氏起源较晚并不断发生变化。《国语·周语》记载：

> 姓者，生也，以此为祖，令之相生，虽不及百世，而此姓不改。族者，属也，享其子孙共相连属，其旁支别属，则各自为氏。

总之，姓为氏之本，氏由姓所出。商周以前，姓用以区别婚姻，故有同姓、异姓、庶姓之说。氏用于区别贵贱，贵者有氏，而贫贱者有名无氏。氏同而姓不同，婚姻可通；同姓不可通婚。

由于"姓"取决于血缘，生而有姓，故终生不变，世代相承；"氏"则源出君主所赐，后天而来，

■ 甲骨文

《诅楚文》 相传为秦代石刻文字。战国后期秦楚争霸激烈，秦王祈求天神保佑秦国获胜，诅咒楚国败亡，因称《诅楚文》。北宋时发现三块，根据所祈神名分别命名为"巫咸""大沈厥湫""亚驼"。《诅楚文》有较高的文学价值、史料价值和书法价值。

■ 舜（雕塑）

可因封赏、地域的变化而一变再变。

加之，"氏"的来源中，还有以爵为"氏"，以族为"氏"，以技为"氏"，以谥为"氏"，以字为"氏"，以名为"氏"等多种形式，于是出现了一姓多"氏"的现象。

如周王室本为姬姓，在西周大分封中，分封同姓诸侯国达40国之多，姬姓即分去为40个新"氏"。又如周初封舜帝后裔妫满于陈国，遂以陈为"氏"。妫满死后，赐号胡公，又以胡为"氏"。

因舜生于姚墟，故以姚为"氏"，妫满后裔中有一去食邑于田，又以田为"氏"。于是"妫、陈、胡、姚、田"被称为"舜裔五姓"。

鲁孝公后代展禽，因其先人字子展而得展氏，因受封于柳，而得柳氏，死后谥号惠，而得惠氏。公孙鞅因是卫国人称"卫鞅"，因受封于商而称"商鞅"，因是卫国公族之孙，也称"公孙鞅"。再如晋国大夫士会一生中称谓有9个，分别是士会、随季、武子、士季、随会、随武子、范会、范武子、范子，其中随、范为封邑，士为官职，季为排行，武为谥号，会为名字。

这种"姓""氏"并用共存的"姓氏双轨"制历经夏、商、西周，一直延续到春秋末期。到战国之际，由于社会的急剧动荡，"礼乐崩毁，社会失序""姓氏双轨"制赖以生存的社会基础日益瓦解。

妫满 是虞舜的后人，故又称"虞满"。他的父亲遏父，是制陶专家。作为陈国的首任国君，他首先修筑了陈城，以抵御外敌入侵；以周朝的礼义德行教化百姓，使陈国成为礼仪之邦；同时选贤任能，扬善罚恶，励精图治，使陈国强立于十二大诸侯国之林。

首先，从"胙土命氏，氏明贵贱"的角度来看，春秋末期周天子的权威下降，已无力分封和控制诸侯，不再具备"胙土命氏"的实力，诸侯僭越称位，自立王侯者时有所闻，亡国失氏者屡见不鲜。

商鞅（约前395—前338），战国时代政治家、改革家、思想家，法家代表人物，卫国人，卫国国君的后裔，姬姓公孙氏，故又称"卫鞅""公孙鞅"。后因在河西之战中立功获封商于十五邑，号为商君，故称之为"商鞅"。

到春秋末期，周初分封的百余个大小诸侯，仅剩下晋、齐、秦、郑、宋、卫、鲁、陈、蔡、许、曹、楚12大诸侯。进入战国时期，又形成秦、楚、齐、燕、韩、赵、魏七雄争霸的局面。长期的诸侯割据，兼并战乱，使一些世家大族因灭国或失掉封邑，流离失所，坠命亡氏，降为庶民。

而一些士人阶层和庶民百姓则乘势而起，逐步登上政治舞台。如商鞅、范雎、苏秦、张仪等，都是依仗着自己的才能功业，列土封侯，成为新的贵族阶层，产生了新的氏族。

尤其是春秋末期，随着"井田"制的破坏和土地私有制的确立及商业贸易发展，拥有大片土地私有权

■《百家姓》书影

■ 范蠡画像

淳朴浓郁的民风根源

的地主阶级和新兴的商业人士，逐渐取代了由封建宗法产生的、世袭土地臣民的贵族阶层，成为社会的新贵。

如春秋时鲁国人猗顿，早年是"耕则常饥，桑则常寒"，常年不得温饱的一介平民，后弃农经商，"畜牛羊于猗氏之南，十年间其息不可讲，贵似王公，驰名天下"，成为我国历史上最早的商业巨子，遂以发家之地猗氏为"氏"。

再如越国大夫范蠡，辅佐越王勾践，"十年生聚，十年教养"，来到吴国后，即挂印而去，经商于四海，成为天下巨富，后定居于帝尧之子丹朱故地陶邱，自称陶朱公，以陶朱为"氏"。

在"重农抑商""重本轻末"的宗法社会里，因经商致富而厕身氏族之列，说明了社会风气的一大变革，"氏明贵贱"的社会功能已失去了其现实意义。

秦始皇统一了全国之后，分封制随之瓦解，取而代之的郡县制，使得天下没有了公、侯、伯、子、男五等爵位，也没有了各自的分土。原先用来代表贵族身份的氏也失去了以往的光彩，只剩下标记直系血统的作用，与先前用来区别婚姻的姓没有什么差别。

此外，在不断的社会变革中，一大批原来不配赐姓享氏的平民一跃而成为新贵族，他们自然不愿遵守原先的姓氏制度。如汉高祖刘邦身为布衣，根本无从考究族姓，故而以氏代姓，而后世莫能改焉。这就使

布衣 平民百姓的最普通的廉价衣服。"布衣蔬食"常形容生活俭朴；"布衣百姓"是指广大劳苦大众，布制的衣服，借指平民。古代"布"指麻葛之类的织物，"帛"指丝织品。富贵人家穿绫罗绸缎与丝绵织物，平民穿麻、葛织物。后也以布衣称没有做官的读书人。

姓、氏混言，以氏为姓，姓氏合一成为必然。

随着氏族制度的解体和阶级社会、国家制度的形成，出现了赏赐封赠土地以命氏的习惯。继而，氏之泛滥，出现以各种形式得氏的现象。至此，姓和氏本意的属性分野，实质上已不太明显。

由先秦时的姓氏相别、姓氏双轨，到秦汉以来的姓氏合一、姓氏通用，是姓氏发展史上一个重大的转折、演变，秦汉以后，姓氏不别，混为一体，或言姓，或言氏，或兼称"姓氏"。这种"姓氏合一"的结果，使原先用以明贵贱的"氏"完全融入原始的姓中，极大地丰富和扩展了姓的数量和内涵，形成姓氏的基本形态，姓氏体系基本定型，历朝历代虽有所发展、变化，但都基本上保持遵循了"姓氏合一"这一模式。

自此以后，姓、氏不再有别，自帝王以至平民百姓，人人都享有姓氏的权利，每·个宗族都有自己固定的姓氏，子子孙孙持续使用。

阅读链接

齐国贵族大夫分别居住在东郭、南郭、西郭、北郭，郭为外城，这"四郭"便成了姓氏。这类姓氏不少，以复姓为多，一般带有乡、闾、里、宫、门等字，如百里、西门、东闾、南宫等。

西周设置五官，司徒掌管教化，司马掌管军事，司空掌管工程，司士掌管爵禄，司寇掌管刑狱，这五官的后代有的便以其官名为姓氏。

汉代设治粟都尉，主管粮食，其后代便姓"粟"。以官职为姓氏的还有掌商业的贾正、掌宫中戒令的宫正、上官、钱、农、师、监、库、仓、籍、谏等。

后世姓氏的由来和大发展

从黄帝开始，母系已经不再是命姓氏根据。后世姓氏由来也出现了多样化发展情况。有的以古姓命氏，如任、风、子等。有的以分封采邑名为氏，是帝王及各诸侯国国君分予同姓或异性卿大夫的封地。

据说以邑为氏的姓氏近200个。有的后来已不复存在了。还有的人会以先人名或字命姓氏，因为这个原因而出现的姓氏有很多，据后世人们粗略的统计有五六百个，其中复姓近200个。

在社会中，总有一些人凭借自己努力而成为安邦治国的贤才，并在朝廷中担任一定的官职，这样，就出现了一些人以职

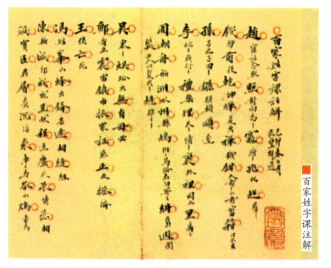

百家姓字课注解

官名来称命姓氏，如司徒、司马、司空、司士、司寇、太史等，原先都是我国古代社会中官职，被沿用之后成为了复姓。

还有一些人以自己的职业和所掌握的技艺来命氏如张、巫、屠、优、卜、陶等。有的以祖上谥号为氏，如戴、召等。

命脉之根

姓氏渊源

姓氏雕刻墙

姓作为氏族公社时期氏族部落的标志符号而产生，其后人有的便直接承袭为氏。母权制氏族社会以母亲为姓，所以那时许多姓都是女字旁。如姬、姜、姒、姚等。

在古代，当人们钟情于一样东西的时候，就以乡、亭之名为氏，但是这类情况在历史上很少见，流传下来的常见姓有裴、陆、阎、郝、欧阳等。

姓氏起源的形式多样，并且在不断发展，不断出现了新的姓氏家族。

到了后世，姓氏开始不断并大量产生。在西周以前，可以明确考定的姓不到30个，所谓祝融八姓，即己、董、彭、秃、妘、曹、斟、芈。

又据《晋语四》记载，黄帝有25子，得姓者14人，为12姓，即姬、酉、祁、己、滕、箴、任、荀、僖、姞等。

而《左传》也载西周只有20姓，即姬、姜、子、

欧阳 夏朝帝王少康的儿子无余，被封于会稽，建立了越国，为诸侯国。到春秋的时候被吴国灭亡。19年后，勾践又复国。到勾践六世孙无疆为越王的时候，越国为楚国所灭，无疆的次子蹄被封于乌程欧余山的南部，以山南为阳，所以称为"欧阳亭侯"。无疆的支庶子孙，于是以封地山名和封爵名为姓氏形成欧阳姓氏。

《左传》原名为《左氏春秋》，汉代改称《春秋左氏传》。《左传》相传是春秋末年左丘明为解释孔子的《春秋》而作，但实质上是一部独立撰写的史书。《左传》起自公元前722年，迄于公元前453年，以《春秋》为本，通过记述春秋时期的具体史实来说明《春秋》的纲目，是儒家重要经典之一。

姒、芈、嬴、己、偃、姞、祁、隗、风、曹、厘、任、姚、妘、董、归、允。其中隗、允分属古代少数民族亦狄、西戎之姓。

顾炎武在《日知录·姓》中说，春秋时代，本于五帝的姓为22个，包括姚、戈、庸、荀、嬉、伊、西等姓。由上可知，从有文字记载直至春秋战国，中国的古姓的数量只有30个左右。但经过春秋战国，短短的四五百年时间，中国的姓骤然多了起来。

仅汉代《急就篇》不完备统计，汉代已有单姓127个，复姓3个，共130个姓。以后历代修之姓氏书，都有所增加，到了明代已增至4600多个。

由此看来，一个姓可以繁衍出许多氏，而同一氏的后人还可以繁衍出不同的氏，因此能够查到的姓总共只有几十个，而在我国，人们使用过的姓氏超过8000个，其中99%都是由后起的氏演变而来的。

姓的使用机会越来越少，就逐渐消亡，出现了姓氏合一的现象。这时的姓氏兼表血统关系，开始稳定下来。

最早记述姓氏的专书是写成于春秋战国时代的《世本》。《世本》也是世界上首部姓氏学专书。其

■ 汉代《急就篇》

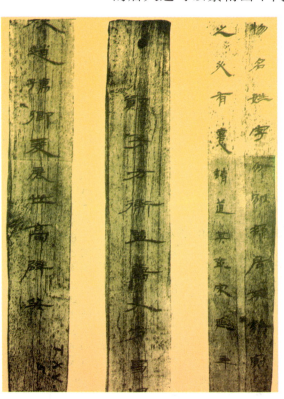

后历朝历代有关姓氏源流的著述，可谓汗牛充栋。

东汉时的《邓氏官谱》是我国第一部单一姓氏的族谱。至唐代贞观、开元之世，考叙姓氏源流的谱学渐成显学，到北宋形成前所未有的民间修谱高潮。

在生活中影响甚广的《百家姓》，就是北宋初年杭州一书生编成的蒙学读物。《百家姓》经增补后共收单姓414个，复姓60个。

《百家姓》采用四言体例，句句押韵，虽然它的内容没有文理，但读来顺口，易学好记，与《三字经》和《千字文》相配合，成为我国古代蒙学中的固定教材，该书颇具实用性，熟悉它，于古于今都是有裨益的。

《百家姓》是我国独有的文化现象，影响极深。它所辑录的几百个姓氏，体现了我国对宗脉与血缘的强烈认同感。姓氏文化，或谱牒文化，是我国文化的重要组成部分。

同时，《百家姓》在历史的衍化中，为人们寻找宗脉源流，建立血亲意义上的归属感，帮助人们认识传统的血亲情结，提供了重要的文本依据。

自北宋以降，民间私修谱牒成为我国著述史上的一大奇观。发展到后来，几乎每姓每族必有一谱，人人以入谱为终身大事。

阅读链接

清代康熙年间，爱新觉罗氏开始采用汉人按辈分取名的方法。曾先后以"承""保""长"三字命名，康熙二十年，才固定下来，其中康熙帝之子雍正的名字为胤禛，孙辈用"弘"，曾孙辈用"永"。

乾隆时，又根据他作的一首诗，定了后人用"永""绵""奕""载"。道光时定了"溥""毓""恒""启"，咸丰时定"焘""闿""增""旗"。

堂号是姓氏中特有的文化

相传孟子幼时家靠墓田，孟子就学埋坟、哭丧的事。孟母为了教育好儿子，就迁到集市旁边住。孟子又学叫卖东西的声音，孟母只好又迁。最后迁到学校旁安家，孟子学习礼让进退。

《百家姓》竹简

由于孟母三迁，注意家庭教育，使孟子成为圣人。所以孟姓的后人就以"三迁堂"作为自己宗族的堂号。

在我国，堂号有很多类别特色。我国的姓氏文化，首先表现出来的社会心态就是对血缘关系的高度重视，不仅同一姓氏使用相同的堂号，而且有血缘关系的不同姓氏，也会使用同一堂号。

■ 汉高祖刘邦 （前256或前247—前195），即汉太祖高皇帝，沛郡丰邑中阳里人，汉朝开国皇帝，汉民族和汉文化伟大的开拓者之一，是我国历史上杰出的政治家、卓越的战略家和指挥家。刘邦对我国的统一和强大有突出贡献。

如著名的"六桂堂"，是闽粤一带洪、江、汪、龚、翁、方6个姓氏共同的一个堂号。据文献记载，这6个南方家族，虽然姓氏不同，却是一个先祖；同一家族，追本溯源都是翁姓的后裔。

在江苏丰县刘氏"汉里堂"，为汉皇祖陵所在地的金刘寨刘氏裔孙乃汉高祖刘邦的后裔，世世代代为汉皇祖陵填坟祭祀，为表明自己是刘邦后裔又是在汉皇故里，故所建家祠是"汉里祠"，所以堂号是"汉里堂"。

以地域观念命名的堂号在我国也非常普遍，往往和各姓氏的郡望相关，也就是以郡号或地名作为堂号。如诸葛氏，系出葛伯，望于琅琊，发祥地是山东诸城，后世遍布全国各地的诸葛氏，绝大多数世代沿用"琅琊"的堂名。

此外，如海氏的"薛郡堂"、陈氏的"颍川堂"、徐氏的"东海堂"、欧阳氏的"渤海堂"，以及呼延氏的"太原堂"、林氏的"西河堂"等，都是以地名为堂号。

在我国，人们向来都有慎终追远的美德，以先世祖宗的嘉言懿行深感自豪，往往以此命名堂号，以望千古流芳。如弘农杨氏"四知

■ 郭子仪像

太尉 我国古代掌控军事的最高官员，是丞相、太尉、御史大夫的"三公"之一，负责治军领兵，是辅佐皇帝的最高武官，但不能直接指挥军队。太尉要负责评定全国武官的功绩高下，后来成为赏授功臣的赠官。

堂""清白堂"就是以东汉太尉杨震的美德作为堂号。

据文献记载，杨震为东莱太守时，道经昌邑，县令王密深夜求见，以黄金10斤贿赂杨震。杨震严词拒绝说："作为故人知交，我对您是了解的，而您怎么对我的人品不了解呢？"

王密说："我深夜而来，无人知道这回事情。"

杨震回答说："此事天知、神知、我知、子知，怎能说是无人知晓？"

王密只好羞愧而退。杨氏后代子孙为尊崇和怀念这位拒腐、不受贿的先祖杨震，便以"四知堂""清白堂"为堂号。

而范氏"麦舟堂"则是来自北宋名臣范仲淹济危扶困的典故。有一次范仲淹遣子纯仁，至姑苏运麦，舟至丹阳，遇石曼卿无资葬亲，纯仁即以麦船相赠。纯仁回家后告知其父，深得范仲淹嘉许。故后世以此为典，以"麦舟堂"为堂号。

在中华民族的历史长河中，各个姓氏在不同历史时期，都会涌现出一批功勋卓著、名垂青史的历史人物，后人往往以祖上的功业勋绩为堂号。

如东汉名将马援，战功卓著，名闻遐迩，"马革裹尸"便是脍炙人口的历史典故。后因功封"伏波将军",马氏后人中有一支便以"伏波堂"为堂号。楚大夫屈原曾任三闾大夫,屈氏遂以"三闾堂"为堂号。

再如唐代宗时郭子仪,因平安史之乱,屡立战功,出将入相20余年,是维系李唐王朝的功勋大臣,被封为"汾阳王"。其后世子孙繁衍遍布各地,多以"汾阳堂"为堂号。海内外郭氏子孙,也多以"汾阳郭氏"为荣。

在我国古代的宗法社会中,各个家族常以传统的伦理道德规范为堂号,以劝诫训勉后代子孙。如李氏"敦伦堂"、张氏"百忍堂"、朱氏"格言堂"、任氏"五知堂"、刘氏"重德堂"、郑氏"务本堂"、周氏"忠信堂"、蔡氏"克慎堂"、许氏"居廉堂"等,都体现了传统的伦理道德观念。这种情况在各氏自立的堂号中,十分普遍。

如唐代郓州寿张人张公芝,九世同居,麟德年间,唐高宗祭祀泰山,路过郓州,至其家,问何以能九世同居,安然相处。张公芝于纸上连书百余个"忍"字,道出其中诀窍,全在于百事忍让。故堂号

范仲淹(989—1052),北宋著名的政治家、思想家、军事家、文学家、教育家,世称"范文正公"。1043年与富弼、韩琦等人参与"庆历新政"。提出了"明黜陟、抑侥幸、精贡举"等十项改革建议。历时仅一年。后因为遭反对,被贬为地方官,辗转于邓州、杭州、青州等地,后病逝于徐州,谥文正。著有《范文正公文集》。

119

命脉之根

姓氏渊源

■ 四知堂

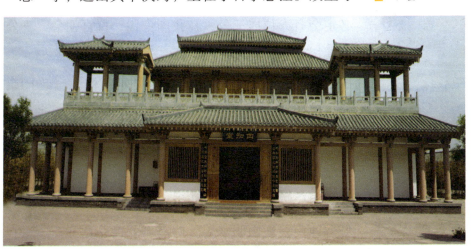

■ 裴度画像

陶渊明（约365—427），浔阳柴桑（今江西九江西南）人。东晋末期南朝宋初期诗人、文学家、辞赋家、散文家。曾做过几年小官，后因厌烦官场辞官回家，从此隐居，田园生活是陶渊明诗的主要题材，相关作品有《饮酒》《归园田居》《桃花源记》《五柳先生传》《归去来兮辞》等。

名之为"百忍堂"。

在社会发展的历程中，总会有一批文人学士，才气横溢，品格清高，深为世人所推重。其后代族人也引以为荣，于是，就会以祖上的情操雅量和高风亮节为堂号。

如宋代著名理学家周敦颐，品格高雅，酷爱莲花出淤泥而不染的清高品格，以所居之处为"爱莲堂"。其后人遂以此为堂号。

晋代陶渊明因不肯为五斗米折腰，遂辞官归里，赋"归去来辞"以明其志。因陶渊明号五柳先生，其后人以"五柳堂"为堂号。

再如唐代大诗人李白，自号"青莲居士"，李氏族人中遂有"青莲堂"的堂号。

古代人对祥符瑞兆十分重视，常认为是上天预示吉祥的征兆，往往以祥瑞吉兆为本族的堂号。如宋代王祐曾手植三槐于庭院，并预言说自己的子孙后代中必定会有人位居三公，在我国古代，百官朝会，三公对槐树而立，故以三槐象征三公。

后来，他的儿子王旦果然位列宰相，当政10余年，深为朝廷器重。其后人便以"三槐堂"为堂号，成为我国王姓中名人辈出的名门望族，与太原王氏、琅琊王氏并列为王氏三大支派。

明代腾冲卫寸庆是寸姓始祖，他在腾冲县城梦见城郊西南一地山明水秀，西南城郊荷花竞开，紫云在东方久久不散，并有紫光照在荷塘上。

寸庆约上刘姓始祖刘继宗去郊游，不经意间来到阳温暾村。其山之峙也如砺，其水之流也如带。且四时和煦之气，洋溢于郊圻，两人心甚慕之，不忍舍去。

当时的寸庆对久违的景色赞叹不已，说："是泱泱大邑风也，此处可以卜居矣。"

寸氏在和顺可谓人才辈出，寸开泰于1895年乙未科中进士。寸氏先后中举的有寸式玉、寸性安、寸辅清、寸禧谐、寸曜磐，中进士的有寸开泰。寸黯康熙末岁贡，寸秀升嘉庆丙寅岁贡，寸亮卿廖生，寸品升清光绪拔贡，寸时桢附生，寸尊文文生。其后人便以"紫照堂"为堂号。

为了表示对同姓先世名人的仰慕之情，各姓就以先世名人的厅堂居所为堂号。唐代大诗人白居易，晚年隐居洛阳香山，号香山居士，其后人便以"香山堂"为堂号。

再如唐代宰相裴度，以宦官当权，时事已不可为，乃自请罢相，在洛阳午格创建别墅，起浩凉亭暑馆，植花木万株，绿荫如盖，名为"绿野堂"。裴氏一支遂有"绿野堂"的堂号。

一些名门望族，往往人才辈出，科第连绵，被世人所称羡，遂以

■香山堂

家族中科举功名为堂号。如唐代泉州人林披，有子九人，俱官居刺史，门庭显赫，世人敬仰，这支林氏遂以"九牧堂"为其堂号。

再如宋人临湘人徐伟事迹至孝，隐居教授于龙潭山中，有子八人，后皆知名，时称"徐氏八龙"，后人即以"八龙堂"为其堂号。

以垂戒训勉后人的格言礼教为堂号的情况在各姓氏自立堂号中较为普遍。如"承志堂""务本堂""孝思堂""孝义堂""世耕堂""笃信堂""敦伦堂""克勤堂"等。

以良好祝愿为家族堂号的情况也较为常见。如"安乐堂""安庆堂""绍先堂""垂裕堂""启后堂"等。

以封爵、谥号或旌表褒奖为堂号为历代朝廷或地方政府封赏、恩赐、旌表而来。如"忠武堂""忠敏堂""节孝堂""孝义堂"等。

总之，堂号作为家族的徽号和别称，不仅有明显的地域特征和血缘内涵，而且带有浓厚的封建宗法色彩，既是对某一姓氏家族特色的高度概括，也是当时社会形态的反映。同样具有区分宗支族别、血缘亲疏的社会功能。它的产生、发展，多与修族谱、建宗祠、祭祀祖先、宗亲联谊活动同时进行。

堂号，本意是厅堂、居室的名称。堂号是家族门户的代称，是家族文化重要的组成部分。因古代同姓族人多聚族而居，往往数世同堂，或同一姓氏的支派、分房集中居住于某一处或相近数处庭堂、宅

淳朴浓郁的民风根源

院之中，堂号就成为某一同族人的共同徽号。

同姓族人为祭祀供奉共同的祖先，在其宗祠、家庙的匾额上题写堂名，因而堂号也含有祠堂名号之含义，是表明一个家族源流世系，区分族属、支派的标记；是家族文化中用以弘扬祖德、敦宗睦族的符号标志；是寻根意识与祖先崇拜的体现。

所以，堂号和郡望一样，都是我国姓氏文化中特有的范畴。也是我国的人们在进行寻根问祖时不可不先熟悉的一个概念。

堂号不仅仅是用在祠堂，还多用在族谱、店铺、书斋及厅堂、礼簿等处。也有用在生活器具上的，如在斗、口袋、钱袋、灯笼等上面大书堂号，以标明姓氏及族别。

凡是看重自己的姓氏和族属的人，都不会忘记本族世代相传的堂号。不仅汉族，许多迁居内地的其他少数民族，如匈奴的呼延氏"太原堂"、回纥族的爱氏"西河堂"、蠕蠕族的苕氏"河内堂"等少数民族，内迁后接受了汉文化，也有以其繁衍地的郡名或祖上业绩之典故作堂号的。

这就是我们中国人的堂号，它具有深厚的文化内涵和实际意义。

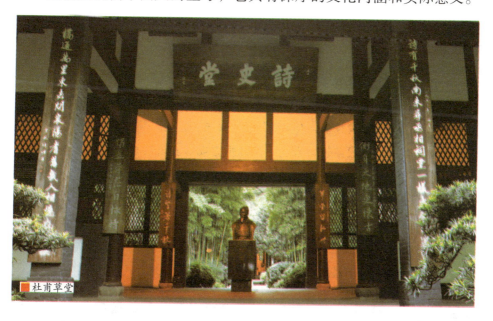

杜甫草堂

每个姓氏、每个宗族、每个家族，都有自己的堂号。堂号的历史悠久，应用广泛，在我国的宗法社会中有非常重大的意义和作用。

从功能上说，堂号的意义主要在于区别姓氏、区分宗派，劝善惩恶，教育族人。如果说，郡望是高一级别的宗族寻根标志，那么堂号就是比郡望堂低一级的宗族标志。

郡望往往可以作为堂号，但堂号却大都不能用作郡望。一个姓的堂号要比郡望多得多，一个姓的郡望只有数个多至数十个，但堂号往往有数百甚至上千个之多。郡望在宋代以后就开始走向统一和固定，但堂号却随着宗族的发展，一直在不断地增加。

堂号是宗法社会的产物，在传统宗法社会中，它对于敦宗睦族，弘扬孝道，启迪后人，催人向上，维护家庭、宗族和整个社会的稳定，都具有十分重大的作用。

阅读链接

在我国的古代，一些名人，如诸葛亮、关羽、张飞、秦琼、魏征、李白、杜甫、白居易、韩世忠、刘伯温、徐达之类的文臣武将常被人"请"去做祖先。

明代某地，朱、项两姓祠堂毗邻。朱姓祠堂挂出对联云："一朝天子，历代儒宗"，意思是皇帝姓朱，是天下万民之主，朱熹又是大儒，字里行间有小看项姓之意。

项氏祠堂也针锋相对地贴出了一副对联："烹天子父，做圣人师"，上联用项羽在广武山与刘邦对峙时曾欲烹刘邦之父的典故，下联取项橐曾为孔子师的传说，比朱姓气焰更高。

在我国的历史长河中，姓名的历史是一部进化史，伴随着人类在不同历史时期，科技与文明的不断进步，人的姓氏走向从名而彰显人美好人生的健全体系。

在这一体系的完美出落与成长中，不同历史时代的风格、特点与密切结合中华历史文化的姓名表现规律，呈现出我国姓名遵循美好吉祥的命取礼仪、定法，形成我国姓名文化中光彩夺目的呈现，从而对东亚各国汉语言文化圈中的姓名文化发展产生深远的影响。

取名历史

立信有名

讲究义理内涵的古人起名

在我国的古代，人们在为其子女取名的时候，在义、理方面都颇有讲究。名字不单要树志，还要起到鼓励、规范或警醒其性格修养的作用。宋朝爱国名将岳飞，名飞，号鹏举。据说岳飞刚刚生下来的时候，恰巧有一只大鹏鸟从岳家屋顶飞过，父母就给他起了一个单名叫飞，字鹏举，意为鹏程万里，远举高飞，寄托了父母的希望。

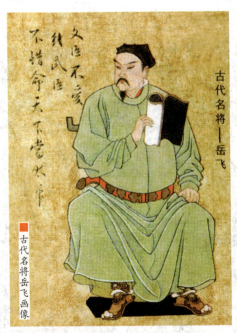

古代名将——岳飞

古代名将岳飞画像

还有宋朝的文学家苏轼、苏辙兄弟，其名也很有讲究。苏轼字子瞻，自号东坡居士；苏辙，字子由，自号"颍滨遗老"。

从苏轼、苏辙兄弟的名字中，可以看出，他们名字都与车有关系。苏轼名字中的"轼"，本义

■ 苏轼（1037—1101），北宋文学家、书画家。字子瞻，号东坡居士。一生仕途坎坷，学识渊博，天资极高，诗文书画皆精。其文汪洋恣肆，明白畅达，与欧阳修并称欧苏，为我国古代"唐宋八大家"之一。与父苏洵、弟苏辙合称"三苏"。其诗题材广阔，清新豪健，善用夸张比喻，独具风格，与黄庭坚并称"苏黄"。词开豪放一派，与辛弃疾并称"苏辛"。又工书画。有《东坡七集》《东坡易传》《东坡乐府》等行世。

是指设在车厢前面供人凭倚的横木。《说文》中解释道：

轼，车前也。

苏轼的字"子瞻"，则源于《左传·庄公十年》"登轼而望之"中的"望"，比较符合苏轼少年时踌躇满志的张扬作风。

而苏辙名字中的"辙"，本义是指车迹，是车轮碾过的痕迹。苏辙的字"子由"，则带有仿效、依循的意思，就是跟着别人走。在为人处世方面，苏辙比之哥哥苏轼而言，要内敛得多。

苏洵为什么要给两个儿子起这样的名字呢？这还要从1046年苏洵赴京赶考说起。尽管苏洵的才学可以做帝王的老师，但是最终还是落榜了。苏洵由此对科举、朝廷失去了信心，转而把希望寄托在两个儿子的身上。

第二年返乡后，苏洵写了一篇寄寓深重的《名二子说》。当时，苏轼11岁，苏辙8岁。苏洵虽然对两个孩子寄予很大希望，但又对他们的生活道路充满忧虑。

苏轼个性张扬、豪放不羁，而苏辙的性格则相对内敛。苏洵对两个儿子的脾性秉性非常了解，为了劝诫与勉励儿子，他在《名二子说》中，阐释了为二子命名的深意。

■ 苏辙画像

《名二子说》
为"唐宋八大家"之一的苏洵所作,书中明确说出了两个儿子苏轼、苏辙命名的缘由,并表达了对儿子的期望与祝愿。

科举 科举制度是我国古代读书人参加人才选拔考试的制度。为历代封建王朝通过考试选拔官吏的一种制度。由于采用分科取士的办法,所以叫作"科举"。

苏洵说,车轮、车辐、车盖、车轸,对于一辆车来说各有用途,缺一不可,而车轼则似乎是作用不大,可有可无,但一辆车如果缺了"轼",也就不称其为完车了。

由于这根横木有些过于张扬显露,所以苏洵在给苏轼取这个名字时,说"吾惧汝之不外饰也",反映了当时苏洵矛盾的心理。他既希望儿子的个性能充分发挥,又担心他过于张扬而遭人嫉妒。于是,他又给苏轼起了个字,叫作"子瞻",意思是让他瞻前顾后,谨慎小心。

对于另一个儿子苏辙,苏洵则相对比较放心一些。取名为"辙",字"子由",意思是让他跟着别人走。虽然"辙"不像"轼"那样引人注目,却也不易遭人嫉恨。

苏辙的一生,做到了谨小慎微,游离于改革派与保守派之间。在激烈的政治斗争中,虽然也屡遭贬斥,但终能免祸。尽管不像哥哥苏轼那样光彩夺目,却也比哥哥少了许多磨难。

后来,苏辙在颍川定居,过起了田园隐逸生活,筑室曰"遗老斋",自号"颍滨遗老",以读书著述、默坐参禅为事,有一个较为宁适的晚年。

五代时,因《尚书·太甲上》有"旁求俊彦",

《伪孔传》有"美士曰彦"。因此，据正史载，五代共有80多人以"彦"字命名。

元代人以取蒙文名为时尚。元代末期，张士诚原名九四，士诚之名乃一文人所取，是在取笑他，他还不知。典出《孟子》"士，诚小人也"之句。

自古以来，人们就非常重视取名。古代贤哲尹文子说过："形以定名，名以定事，事以验名。"意思是说，观察辨别事物、人物必先定名，而后才可以成事。荀子也曾说：

名有固善，径易而不拂，谓之善名。

意思：名有完善之名，平易好懂而不被人误解之名，可以说是好名。

随着社会的前进，语言文字的发展，意识观念的加强，人名越来越复杂，给人起名也成了一门学问。为了起一个好名，父母们总要翻开厚厚的《辞海》《辞源》，搜肠刮肚，绞尽脑汁，试图为自己的孩子起个好名字。正如后人所形容的"一名之立，旬月踟蹰"一样。在一定的社会环境下，名字甚至可以决定人的前途和命运。

1868年，时逢全国科举考试，江苏考生王国钧名列前茅，荣幸参加了殿试。他本为一等，因为慈禧太后见

刘春霖老照片

他的名字与"亡国君"谐音，大为不满，马上下旨降为殿试三等。

王国钧被发往安徽任知县，又被议改任教职，在山阳县任教官20年，才以才干卓著，被选任云南某县令，但未上任便去世了。

1904年，直隶人刘春霖参加科考名列进士三甲末等，因其名"春霖"有春雨之意，再加其姓与"留"谐音，很受慈禧太后的青睐。她认为此人名字吉祥，符合自己恩泽永垂的心境，便下旨将刘春霖提为甲等第一，成为清代的最后一名状元。

淳朴浓郁的民风根源

阅读链接

好名字内在的义理，在一定的社会环境下，可以决定人的前途，也能够影响一个人命运。这在我国历史上有许多真实的故事。

明代永乐年间举行廷试，考官选定的第一名叫孙日恭。皇帝看到这个名字后，立刻产生了反感，因为"日恭"上下摆在一起与"暴"字相像，"暴"给人的印象显然不好。于是皇帝就免去他的第一名，而把第二名邢宽定为第一。

清代之际，应试学子仅靠名字沾光的不少，乾隆末年，清高宗年事已高，取阅殿试的10本卷子，看到最末一名叫胡长龄，龙颜大悦，说："何人乃长龄耶？"就把此人点为状元。乾隆皇帝大概觉得这个名字是个好兆头，预示他这个满族人能长寿，所以赶紧把胡长龄点为状元。

逐渐形成制度的命名礼仪

　　西周时期，姬旦制礼，要求人们给下一代命名的形式，包括日期选择、参酌条件、遵循格式及宣示申报等，开始形成一整套制度，并作为人生礼仪的最重要环节之一。

周公制礼

淳朴浓郁的民风根源

　　对于我国古代的人们来讲，人须命名的意义远远不止是一个标识的作用。名非但是个体的称呼，也属于家族。

　　据《礼记·内则》可知，古代命名礼仪是一个复杂但却颇有条理的过程。孩子出生后3个月内，父亲是不能入产房的，只能经常令人慰问，以表对妻儿的关心。

　　待3个月后，命名礼择日举行，家族中有头面的妇女，如祖母、伯母、叔母等，以及父亲已为孩子请好的老师或保姆都来参加。当日，母亲先行沐浴更衣，孩子也剪去胎发，并留一部分绾一对角儿。

　　礼仪开始时，母亲抱子女出房，当楣东立。辈分最尊的妇人先看婴儿，并喊着婴儿母亲的姓氏说："某某氏，今天要让孩子拜见父亲了。"

　　当父亲的应答道："我一定要好好教养他，使他守礼循善。"然后，父亲走上前去，握过小孩的右手，给其以慈爱的笑容并逗戏。

　　百日左右的小孩，往往会以嬉笑咿呀和手舞足蹈相回报，从而给庄重的礼仪增添了融洽欢乐的喜庆气氛。

随后，最关键的程序开始了。做父亲的根据孩子的出生时日、体形面貌等各种条件，进行综合参酌，当场宣布给孩子命名。当然，也有事先拟定的。

说出命名后，母亲立刻应答，一定谨记夫言，教儿成德。然后，她把孩子交给家丁。对方抱过婴儿后，即依尊卑长幼的顺序，把小孩刚获得的名——向参加礼仪者宣告。祝贺声中，人之初，"名"得立。

命名礼的尾声，是告祖先告宰闾，这两道程序都由父亲来完成。告祖先，使新生儿之名获得家族内部的认可。告宰闾则为存档，其式为"某年某月某日某生"，由"闾史书为二，其一藏诸闾府，其一献诸州史"。

从此，如不发生更名情况，命名礼上所给予的这一名字，将伴随担当者终生乃至永远。在其有生之日，它的表现方式，如名帖、印章、证件等，有时竟比其本身更具有证明效验。

西周时期的命名制度，大致奠定了汉民族两千年间给下一代命名礼仪的基本模式，同时也给其他民族以不同程度的影响。

在漫长的历史岁月中，命名礼仪又有嬗替，有些具体细节也发生

■命名礼

淳朴浓郁的民风根源

■ 侗族命名礼上表演舞蹈的妇女

布朗族 是我国历史悠久的少数民族之一，分布在云南省西部和西南部沿澜沧江中下游西侧的山岳地带，主要聚居地是西双版纳傣族自治州勐海县布朗、打洛等山区。布朗语属南亚语系孟高棉语族布朗语支，分为布、阿尔低两种方言。布朗族没有本民族文字，通用傣文和汉文。布朗族有着较丰富的口头文学，民间流传着许多故事诗和叙事诗，题材广泛，优美动人。

了变化。比如命名的时间，便有三朝命名、满月命名、百日命名、周岁命名、发蒙命名等许多形式。

此外，很多少数民族的命名礼也都极有特色。生活在广西三江的侗族，把婴儿的命名礼称为"三朝酒"。通常在孩子出生第三日举行，来参加的亲友以外家为主，传抱婴儿后，由男家青年以歌邀请婴儿的姨妈给取名，姨妈也用唱歌作答，孩子的名儿就在歌声中确定，然后大家轮唱祝歌。

云南布朗族为婴儿取名要用8颗稻谷占卜。命名仪式上，主持人把握在手中的稻谷向上抛起，如落下成4对则为吉利，马上命名。否则重抛，直至成4对止，颇与古人取名讲究择时同义。

黎族的"格碰"，即取名均在婴儿满月后举行，要请道公先杀鸡祭鬼，诵宗族家谱，给婴儿手脚系"平安线"，然后再取名。

珞巴族的名均由母亲取定，男孩生下后5天取名，女孩生下后6天取名。事先家人须准备一只叫声好听、名为"布各"鸟的鸟嘴，然后，母亲则准备一批备用名。

"蒙纠责"仪式开始后，母亲一边用鸟嘴在婴儿嘴上转圈，一边默念各种备用名，当默念到某个名而婴儿表现出高兴姿态时，即命其此名。

还有一些少数民族的命名仪式，要请宗教人士指导。如西藏高原上的"名顿"，藏语意为"命名礼"，一般在婴儿满周岁时举行，要布施，要占卜，最后给孩子命名的是喇嘛。

新疆塔塔尔族的命名礼音译"阿特克依许"，在孩子出生3天后举行，由阿訇在小孩耳边唤三次所命名。再如甘肃裕固族、东乡族和青海回族，也都有请宗教人士给婴儿命名的习俗。

阅读链接

清代光绪年间，云贵地区开科考试，滇贵学子云集，开考过后，学子们翘首以盼，以图考得好功名。

但是，参加过这次考试的李哲明、刘彭年、张星吉、于齐庆四人，怎么也都不会想到，他们的录取仅仅是因为名字里的字能够合成"明年吉庆"而如愿以偿。

事实上，他们当中没有一人的成绩达到本次科考的前五名，但他们的名字在家国天下乱成一团的当时却让孝钦皇后眼睛一亮，于是她挥笔特圈定四人入围，以应大清天下"明年吉庆"的好兆头。

民间普遍应用的取名方法

　　宋代大名士苏洵，曾为其兄正名而专门写下一篇典范之作，题目是《仲兄字文甫说》。苏洵的仲兄名叫苏涣，字公群。苏洵读《易经》之后，认为仲兄之名字不妥，建议用"文甫"来取代"公群"。

苏洵雕塑

苏洵奋读书

　　苏洵在文章中论述人生哲理，倾注了他的人生信念，是一篇笔力雄健的正名之作。

　　如果名字不正，言传则不顺，有时还会留下笑柄，贻笑大方。因此，取名要名正言顺，正如儒雅风流的苏东坡所说，"世间唯名实不可欺"。一个好名字，总蕴含着期望。

名是一个人最基本的称呼，是人类社会交往中代表个人的符号，它能使人顾名思义，把名字同一定的含义、形象联系在一起。

我国传统取名文化中，取名方法是遵循一定规律。宋代以后，尤其是在明清两代，字辈谱命名的方法最为盛行，其命名是些寓意吉利的字，如文武、富贵、昭庆、德祥、龙凤、昌盛等。

明清以族谱命名为特征，影响很大。1744年，乾隆为孔子后裔定了30个字：

■ 清朝乾隆皇帝朝服画像

希言公彦承，宏闻贞尚衍，

兴毓传继广，昭宪庆繁祥，

令德垂维佑，钦绍念显扬。

后来，孔令贻又在这30个字后，续了20个字：

建道敦安定，懋修肇益常，

裕文焕景瑞，永锡世绪昌，

辈分中的字，都是许多年前老祖宗确定好了的，

《易经》 我国古哲学书籍，简称《易》。易的主要意思是变化，周易以高度抽象的六十四卦的形式表征普遍存在的关系中可能发生的各种各样的变化，并附以卦爻辞作简要说明。

淳朴浓郁的民风根源

■ 孔子讲学图

麒麟 也叫"骐麟",雄性称麒,雌性称麟,是我国古籍中记载的一种动物,与凤、龟、龙共称为"四灵",古人把麒麟当作仁兽、瑞兽,常用来比喻杰出的人。传说麒麟是神的坐骑,是吉祥神兽,代表着太平、长寿、聪慧和祥瑞。

只等传到这一辈人的时候,就启用这个字。一般作辈分的字都是一首诗,所有辈分字都是在这一首里,连成一串,一来便于记忆,二来具有一定的含义。

有时候,单看某一辈分的字可能感觉不出来,但是如果联系上下好几代的辈分,就可以看出这些辈分字存在着相互衔接的关系。

如果这一首诗的辈分字被用完,那么家族就会召开大会,请年老的长辈们重新选定下面的辈分字诗。如果遇到这种情况,说明这个家族很久远了。能够把一首诗的辈分字用完,起码也要好几百年的时间。

在我国古代,龟、龙、凤、麒麟被誉为"四灵",属于吉祥动物,常被用作人名。

唐代贞观年间,嗣楚王叫李灵龟。唐玄宗时期,有位歌唱家叫李龟年,诗圣杜甫还为他写过一首《江南逢李龟年》。白居易有个侄儿小名阿龟,很得白居易的疼爱。他在《弄龟罗》中写道：

有侄始六岁，字之为阿龟。

《弄龟罗》是唐代著名诗人白居易创作的一首五言古诗，白居易在诗中深刻地表达自己对于侄子白龟和女儿白罗的眷爱之情。

这种心理转变，反映出龟在民间风俗传承流变中，不同时代的地位与价值观，由此可看出取名用字与民间风俗的关系。

在民间，命名有许多习俗，如以节令命名的习俗、以地名命名的习俗、以称体重命名等。

在我国的很多地区有以节令为孩子命名的，根据孩子出生时的节令与花卉取名。如春花、春梅、春桃、春李、夏雨、秋实、秋雨、秋艳、冬晓、冬梅、蜡梅等，这种命名方法常见于女孩子当中。

有的为了纪念孩子的出生地，就以地名命名，如杭生、浙生、沪生、渝生、杭宁。也有从祖籍及出生地中，各取一字，缀联成名。如：张绍庆，祖籍浙江绍兴，出生在重庆，主要是以纪念为主。

有些夫妇膝下无子，通常就会从外地或外姓抱养一个孩子，在这类孩子的名字中通常会有一个"来"字，如来宝、来娇、来根、来发等。

我国还有取异性名字的习

■ 白居易画像

母子画

俗，当一对夫妇接连生儿子，或接连生女儿的时候，就将其中某个男孩取女孩名，当作女儿养育。或将某个女儿取个男孩名，当作男孩看待。这种情况在民间经常见到，前者取名如新妹、宝姬、秋月等，后者取名如亚男、家骏、家雄等。

在《左传》中记载有长狄兄弟四人，名为侨如、焚如、荣如、简如，这就是按排行来命名的情况，兄弟双名，其上字或下一个字相同，叫排行。又如在《水浒传》中的阮小二、阮小五、阮小七兄弟也是这种命名的方法。

旧时，民间认为猪狗牛羊等牲畜是下贱的动物，因其下贱，故不被邪鬼注意，取作人名，孩子容易养大。如阿牛、小兔、小狗等。

另外有一类名字，是以孩子出生年份的生肖取名的。如小龙、家骏、玉兔、牛刚等，在农村较为常见。

唐宋时，道炽一时，僧也极红。以金、木、水、火、土五行命名成了时尚。如朱熹一家祖孙五代，朱熹，属火。父名松，属木。儿名属土。孙名钜、钩、鉴、铎，属金。曾孙名渊、泠、潜、济、浚、澄，属水。刚好是五行一个循环。

有些父母认为自己的孩子命薄，非有两姓以上的人共养才能成人。于是将孩子过继给异姓夫妇，再拜请他们为孩子另取新名。这类

淳朴浓郁的民风根源

孩子的名字，往往为某姓的养子之意。如何养、周留根、张清苗、郑抱贤等。

此外，还有综合考虑命名的。如润土，就是节令加五行。在我国古代，女子有姓无名，在家只有小名、乳名，对外则称某某氏。给孩子取名是一种文化，名字的构成因时代不同而不同。

在我们国家，起名字是非常有讲究的。有的子女从父姓，也有子女从母姓的，有乳名、学名、别名、字、号之分，亦有雅称、昵称、贱称之别。一些少数民族还有父子连名、母子连名的习俗。

当然，要取好名，首先要名正，名正才能言顺。有了正名的意识，便可以取好名。何谓好名？那就是名字作为社会交往的工具，要接受社会实践的检验。名字不仅仅是自我评价问题，还有一个他人审美、社会评价的问题。

根植于我国优秀传统文化的名称，符合我们中国人的心理需求，是审美情趣与民族认同的反映。因此，取名应力求做到人如其名，名以正人。

阅读链接

相传清代光绪年间，1904年参加殿试的人们当中，据说原拟状元是广东人朱汝珍，可慈禧太后一看状元榜上的名字就恼了。

有人说是因为朱汝珍的名字里这个"珍"字，令她联想到珍妃，再加上"朱"是明朝国姓，何况朱汝珍是广东人，更使慈禧想起"太平天国"洪秀全、"维新变法"的康有为和梁启超、革命党领袖孙中山等人。

于是，慈禧就将朱汝珍一笔勾掉，换上本是第五名的刘春霖。因这时恰逢大旱，最盼"春风化雨、普降甘霖"，可见名字也是一种学问和运气了。

讲究意蕴深远的取名文化

　　三国时期，魏国末期的大文学家、音乐家嵇康，字叔夜，为"竹林七贤"的精神领袖。与阮籍等竹林名士共倡玄学新风，主张"越名教而任自然""审贵贱而通物情"。从他的名、字来看，都出自《诗经·周颂》中的：

成王不敢康，夙夜基命宥密。

其中的"叔"为排行。在我国，一直都有取经摘典取名字的方法，自古以来，一直都被人们传承并使用着。甚至有这样的传统说法：

男必楚辞，女必诗经；
文必论语，武必周易。

历代的人们对取名字号，都要很费一些心思，以表自身的品性和志趣。取名是我国的国粹之一，古人道：

赐子千金，不如教子一艺；教子一艺，
不如赐子佳名。

在取名文化中，蕴含着丰富的哲学思想和高深的文学素养。古人取名，常着意于名字的道德意蕴和审美意境，取字往往有出处，渊源于诸子典籍和诗词名篇的情况有很多。

唐代诗人孟浩然的名字，出自《孟子·公孙丑》

立信有名

取名历史

《诗经》 我国最早的诗歌总集，先秦称为《诗》，共305首，取其整数称《诗三百》。《诗经》共收录了公元前11世纪至公元前6世纪大约500多年的诗歌，还有6篇有题目无内容，即有目无辞，称为"笙诗"。

■ 竹林七贤

淳朴浓郁的民风根源

王维 （701—761）唐朝著名诗人、画家。因笃信佛教，有"诗佛"之称。王维存诗400余首，重要诗作有《相思》《山居秋暝》等。受禅宗影响很大，精通佛学，精通诗、书、画、音乐等，与孟浩然合称"王孟"。

中的"吾善养吾浩然之气"。浩然之气指纯正博大而又刚强的气质，显示出清雅高洁、正气凛然的意境，与其诗歌风格相得益彰。

南宋大臣，文学家文天祥也有诗道：

是气所磅礴，凛然万古存，
当其贯日月，生死定足论！

讲的就是浩然之气。

盛唐时期的著名诗人王维，字摩诘。其名、字取自佛家经典《维摩诘经》，而他也正被人称为"诗佛"。

白居易，字乐天。其名、字出自古籍《中庸》中的"君子居易以俟命"及《易·系辞上》"乐天知命，故不忧"。

陆羽，唐代"茶圣"，字鸿渐，其名、字出自《易经·渐卦》："鸿渐于陆，其羽可用为仪，吉。"

北宋杰出的政治家、思想家、文学家王安石，字介甫，名字取自《易经·豫卦》："其介如石。""甫"为男子美称。

北宋时期著名文学家晁补之，字无咎，"苏门四学士"之一。其名、字取自《易

■ 孟浩然画像

经·系辞上》："无咎者，善补过者也。"

著名的雕塑家王朝闻的名字，出自《论语·里仁》："朝闻道，夕死可矣。"意思是早晨闻知真理，以拼死的精神来求得真理，到晚上死了也值得。

文化诗意取名，是我国古代文化宝库中的一朵绚丽的奇葩。这些

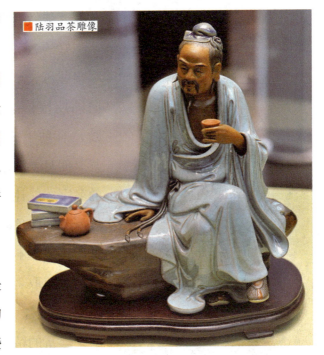
陆羽品茶雕像

清雅脱俗、怡人耳目的名字，如同雪地寒梅，暗香浮动，纵经千年的风霜，其清幽芬芳愈发弥醇。

清代著名画家郑板桥，字克柔，号板桥。其名、字出自唐代刘禹锡的《杨柳枝》：

春江一曲柳千条，二十年前旧板桥。
曾与美人桥上别，恨无消息到今朝。

借"板桥"二字来讽刺世态炎凉，名字与其画风一致，耐人寻味。

清代画家宋端己，字耻夫。其名、字出自孟浩然诗句："欲济无舟楫，端居耻圣明。"

古人道："艺由己立，名由人成。"给孩子取个意蕴深远的名字，赋予孩子一份美好的祝愿和期待，只是第一步，日后还要时常向他们讲述名字的含义及来源，耐心督促并激励他们勤学修身，立志成

郑板桥画像

才，才能做到名副其实，不负初衷。

好的名字不仅须要意蕴深刻，能体现出父母长辈对孩子人格修养和价值取向的期望，给孩子以信心、自豪和激励，有助于孩子才能修养的提高和完善。而且要清新优美，余韵悠长，这样的名字才能让人耳目一新，留下一个美好深刻的印象。

总之，不管是典籍查字取名，还是诗词意境取名，这些意蕴深远而富于文化气息的名字，不仅为名字的主人带来了丰富的精神养料，熏陶了主人的心灵，更给主人以潜移默化的强烈持久的心理暗示和自我期待，使其以注重自身品性才能的培养，并勇敢承受人生困境的磨砺，最终成长为精英，乃至民族的栋梁。

淳朴浓郁的民风根源

阅读链接

古人取字是极为重视和讲究的。字一般为两个字，少数也有三个字的，其意思与名的字义相关联，二者相得益彰，有的还按音律要求讲究平仄对仗，称呼起来朗朗上口。

战国时期诗人屈原，姓屈，名平，字原，《尔雅》中有"广平曰原"，原与平在意思上相关联。又如孔子的学生颜回，字子渊，《说文》解释说："渊，回水也。"回是旋转的意思。

《白虎通义·姓名》说："闻名即知其字，闻字即知其名。"古人的表字种类繁多，形形色色，但取表字却有章可循，有一定的规律。

古代男子成人后，不便直呼其名。故另取一个与本名含义相关的别名，称之为"字"，以表其德。凡人相敬而呼，必称其表德之字。后称字为"表字"。

字起源于商代，盛行于周代，后来形成了一种制度。根据《礼记·檀弓》上的说法，在人成年后，需要受到社会的尊重，同辈人直呼其名显得不恭，于是需要为自己取一个字，用来在社会上与别人交往时使用，以示相互尊重。

因此，古人在成年以后，名字只供长辈和自己称呼，自称其名表示谦逊，而字才是用来供社会上人来称呼的。北齐的颜之推认为，人名是区别彼此，字则是体现一个人的德行的。大部分人的名与字在意义上都是有关联的。

尊敬所称

表字内涵

字的由来与名的相互关系

屈原，是我国最伟大的浪漫主义诗人，他创造的"楚辞"文体在我国文学史上独树一帜，对后世的诗歌创造产生了无可估量的积极影响。屈原，名平，字原，又名正则，字灵均。关于自己名字的来历，屈原在《离骚》中说得很清楚，他说：

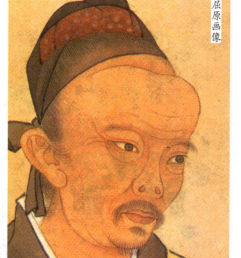

屈原画像

帝高阳之苗裔兮，朕皇考曰伯庸。摄提贞于孟陬兮，惟庚寅吾以降。皇览揆余初度兮，肇锡余以嘉名，名余曰正则兮，字余曰灵均。

在这段文字中所表现的意思就是说：我是古帝高阳氏的后代，我的父亲叫伯庸。我降生在寅卯年孟春月的庚寅日，父亲给我起了个好名字，名叫作"正则"，字叫作"灵均"。屈原的父亲伯庸很有学识，伯庸为儿子取名"平"，又起名"正则"，取字"原"又用字"灵均"这一对名和字相结合的含意是"言正平可法则者，莫过于天，养物均调者，莫神于地"的意思。

而高平为"原"，这里正含有了屈原的一对名和字，其中名"正则"与"平"相结合，则意法天，字"灵均"与"原"相结合，则意法地。法天和法地，这正是父亲希望儿子所能做到的人格要求和处事原则。屈原的生辰名字被解释为符合《史记》中所说："天开于子，地辟于丑，人生于寅"的天地人三统。

可知古人除了有名外，还有字。名用于自称，字用于他称。如果说起名是为了分彼此，那么取字就是为了明尊卑，这是名与字功能的基本区别。

在取名字时，名与字之间必有一定的联系，互相映衬，互相补充，体现出内在的关联。字独立于名之外，但又与名保持有密切的联系，字与名相为表里。

根据古文字学，"字"有滋生之义。因此，我们也可以理解为古人的字，系由名滋生而来。

在古代，早期命字的特点有很多，如孔子的学生樊须，字子迟。"须"和"迟"的意思都是等

■ 屈原艺术雕塑

《离骚》 战国时期著名诗人屈原的代表作，是我国古代诗歌史上最长的一首浪漫主义的政治抒情诗。诗人从自叙身世、品德、理想写起，抒发了自己遭谗言被害的苦闷与矛盾，斥责了楚王昏庸、群小猖獗与朝政日非，表现了诗人坚持"美政"理想，抨击黑暗现实，不与邪恶势力同流合污的斗争精神和至死不渝的爱国热情。

关羽画像

子贡（前520—？），东周春秋末年卫国人。孔子的得意门生，"孔门十哲"之一，"受业身通"的弟子之一，孔子曾称其为"瑚琏之器"，在孔门十哲中以言语闻名。"万仞宫墙"典故，出自子贡称赞孔夫子之学问高深。

待。闵损，字子骞。"损"与"骞"都有亏折的意思。颜回，字子渊。据《说文解字》解释："渊，回水也。回，渊水也。"这就是命字时候的同义互训的特点。

命字还有反义相对的原则，卫人端木赐，字子贡。上赏给下叫"赐"，下献给上叫"贡"，意义恰好相对。楚将唐昧，字子明。昧是昏暗的意思，与光明正相反。黄损，字益之，徐退，字进之，"损"与"益""退"与"进"，都正好可组成反义词，这类虽然不多，但细细品味也别有一番意思。

连类推论也是命字的一个特点，如孔子的弟子南宫适，字子容。括是包括的意思，推论到容，即受容。楚臣仲归，字子家。由归而家，顺理成章。

齐公子固，字子城。由坚固之义，引指高大实在的城墙。鲁人冉耕，字伯牛。由农垦之义，引指具体的耕牛。这是据义指实的应用。

此外，还有辨物统类的用法，如卫人蘧瑗，字伯玉；齐人陈瓘，字子玉。瑗、瓘均为玉类之一种。孔子的儿子孔鲤，字伯鱼；楚公子鲂，字子鱼。鲤、鲂均为鱼类中的一种。

上面列举的诸人的字，均由两个字组成，但第一字并无实义。如子迟、子贡的"子"，是古代男子的美称。而伯牛、伯鱼的"伯"，系排行用字。所以，此类二字，其实是一个字。这也是早期命字的特点之一。

　　由此及彼，于联想中识雅趣。如关羽，字云长，由鸟儿的羽毛联想到天空的浮云；贾岛，字浪仙，由岛想到洁白自由的浪花。

　　陆龙，字在田；钱谦，字受益；高明，字则诚。这一种又是根据某一成语而来：此类成语分别是"见龙在田""谦受益""明则诚"。

　　还有一部分由于词义的变迁，已经很难看出他们的名和字之间的联系了，但如果我们深入地去了解，还是可以找到其中的奥秘。例如：孟子，名轲，字子舆。《说文·车部》中解释：轲"接轴车"，舆"古代马车车厢"，由此可见孟子的名和字的关系应属于上面所说的第一种情况。

　　再如：苏轼，名轼，字子瞻。轼：车前供人凭倚的横木。《左传·僖公二十八年》中有"君冯轼而观之"的句子，而"瞻"就有"向前看"的意思。

　　孔丘，字仲尼，就是以排行命字的。孔子被历代封建统治阶级尊称为圣人，被评为"文圣"，是我国历史上的"十圣"之首。

　　孔子的祖先原姓子，取字孔

■ 颜回（前521—前481），颜回是孔子最得意弟子，极富学问。为人谦逊好学，"不迁怒，不贰过"。他异常尊重老师，对孔子无事不从无言不悦。以德行著称，孔子称赞他"贤哉回也"，自汉代起，颜回被列为"七十二贤"之首，有时祭孔时独以颜回配享。

父，取名叫嘉，称为孔父嘉。孔父嘉的后代改以他的字中的"孔"为姓，这就是孔子的姓氏来历。

孔子的父亲名叫孔纥，字叔梁，后人习惯地称其为叔梁纥。叔梁纥是鲁国的一个将军，他原有9个女儿和1个儿子，可仅有的1个儿子是个瘸子。在当时的社会背景下，叔梁纥希望能再生一个儿子。

于是，叔梁纥就和妻子一起，到鲁国东南的尼丘山，求天神再赐给自己一个儿子。后来，妻子怀孕，生下了孔子。叔梁纥认为这是在尼丘山向神灵祈求来的，而且孔子出生时，头顶中间低四周高，像尼丘山一样，于是就给他起名叫丘，字仲尼。仲是排行第二的意思。

一般来说，名是留着自称的，对人称自己的名，是一种谦虚与礼貌。比如，据《论语》记载，孔子为显示自己"圣人"的谦让有礼，在学生面前常自称"丘"。一般地说，自称名的场合，常是下级面对上级，臣子面对君王，晚辈面对长辈。

淳朴浓郁的民风根源

孔子杏坛讲学图

同样，在称谓对方的时候，便以称字而为礼貌。尤其是平辈之间，为表示对对方的尊敬，都是称字的多。如西汉李陵《答苏武书》：

子卿足下，勤宣令德，策名清时。

子卿是苏武的字。

再举一个反面的例子。唐朝大诗人杜甫在成都时，曾做严武幕僚。一次醉酒后，杜甫竟当着严武的面说："不谓严挺云乃有此儿！"因为失言，他竟直呼严武父亲的大名。

这下可把严武弄火了，他顿时暴跳如雷"杜审言之孙敢捋虎须乎？"杜审言是杜甫祖父的大名。严武"回骂"又升一级，可见当时称谓要求之严格！

■ 杜甫画像

阅读链接

用数字作名字，在唐代就形成风气，清代时满族人更喜欢这样取名。据不完全统计，仅乾隆年间写入官修史书中的数字名就有110个，民间尚不算在其中。

如六十七、七十五、八十六等。那么这些数字名是根据什么起的呢？大多数是在小孩降生时，根据其祖父母的年龄或父母的年龄之和数，作为这个孩子的名字。

秦汉以后对取字的继承

秦汉以后，取字逐渐增多，成为主流。而且，字与名并用时的排列顺序，也发生了变化。先秦时是先称字，后称名。如楚将百里孟明视，百里是姓，孟明是字，视是名。

百里孟明视画像

自汉代以后，改为先称名，后称字。取字的方式也发生了变化。在取字的方式上，既继承了先秦时代同义互训、反义相对、连类推论、辨物统类，以及以排行入字、以美称入字等传统做法，又有了新的发展。

东汉以后，人名取字才越来越讲究，情况也越来越复杂。人们在有了名以后，往往把取字看得很重要。有些人在取字时，注重效法

■ 诸葛亮（181—234），徐州琅琊阳都人，三国时期蜀汉丞相，杰出的政治家、军事家、散文家、书法家、发明家。在世时被封为武乡侯，死后追谥忠武侯，东晋政权因其军事才能特追封他为武兴王。其散文代表作有《出师表》《诫子书》等。曾发明木牛流马、孔明灯等，并改造连弩，叫作诸葛连弩，可一弩十矢俱发。

古人，如取字士则、思贤、师亮等。有些人则寄托对当事人的厚望，取字温叟、永全等。这些，无不含有深刻的意义。

一是继承传统命字做法，如蜀相诸葛亮，字孔明；东晋诗人陶渊明，字元亮；唐"大历十才子"之一的司空曙，字文明。这是同义互训命字法。

唐代诗人罗隐，字昭谏；"唐宋八大家"之首的韩愈，字退之；宋代大儒朱熹，字元晦；清代音韵训诂学家王念孙，字怀祖；桐城派作家管同，字异之。这是反义相对的命字法。

北宋文学家晁补之，字无咎；南宋诗人尤袤，字延之；南宋词人刘过，字改之；清代史家章学诚，字实斋。这是采用了连类推论的命字法。

东吴将领周瑜，字公瑾；诸葛亮的兄长诸葛瑾，字子瑜。这是辨物统类命名的命字法。

东汉文学家蔡邕，字伯喈；唐代诗人钱起，字仲文；北宋词人晏几道，字叔原；明代文学家王思任，字季重。这是以排行入字的命字法。

二是命字的发展。在命字的新的发展方面，比如强调增美辞。在先秦时代的子、父一类尊称用字以外，大量含义丰美之词，如公、翁、卿、倩、彦、伟、休、道、孝……成为取字的热门选择。

尊敬所称

表字内涵

淳朴浓郁的民风根源

《劝学》《荀子》一书的首篇，较系统地论述了学习的目的、意义、态度和方法。劝，是劝勉、鼓励的意义。作者荀子，名况，战国末期著名思想家、文学家，儒家学派代表人物，世人尊称"荀卿"。

用尊老美辞的，如东汉大臣窦融，字周公；东吴将领黄盖，字公覆；西汉豪强郭解，字翁伯；唐吏孔巢父，字弱翁。

用称谓美辞的，如西汉使节苏武，字子卿；大将军卫青，字仲卿。

用身份美辞的，如西汉文学家东方朔，字曼倩；曹丕之孙、魏帝曹髦，字彦士。

用形容美辞的，如"建安七子"之一的徐干，字伟长；三国魏文学家应璩，字休琏。

用德行美辞的，东汉学者尹珍，字道真；刘备的谋士法正，字孝直。

还有采用典籍中精彩的名言警句之义，用作表字，意趣高雅。曹操，字孟德，语出《荀子·劝学》："学也者，固学一之也。……是故权利不能倾也，群众不能移也，天下不能荡也。生乎由是，死乎由是，夫是之谓德操。"《尚书·大禹谟》称"满招损，谦受益"。由此，明末文人钱谦益，字受之；晚清士绅王先谦，字益吾。

表示对前贤先哲的仰慕之意，也是古人命名、取字的重要思路之一。

北齐文学家颜之推，倾慕春秋时晋人介之推的节操，故

■ 汉朝名将卫青画像

与之同名，又以其姓氏为字。南朝文字训诂学家顾野王，钦佩西汉博士冯野王，不仅照搬其名，而且取字为希冯。明末清初学者顾祖禹，景仰宋代史家、人称"唐鉴公"的范祖禹，仿其名，又字景范。

曹操画像

取字的重要意义还在于寄情怀。陆游在《老学庵笔记》中说："字所以表其人之德。"正如言为心声一样，字也是人们抒发情怀的手段。

名与字之间存在着密切的联系，这种联系既可以是文辞意义上的，也可以是文字结构上的。如南宋诗人谢翱，字皋羽；明代"竟陵派"文人刘侗，字同人；清文学家毛奇龄，字大可。

唐宋以后，由于理学加强，一些繁文缛节越来越多，读书人之间在称呼上也大做文章，称字，是为了表尊敬。但时间长了之后，渐感称字还不够恭敬，于是又有了比字更表恭敬的"号"。

阅读链接

相传在王莽执政的时候，曾下令整个国家不得有二字人名，又让使臣告诉匈奴单于，说改了名字后一定重重有赏。

单于就上了一道表章说："幸得备藩臣，窃乐太平圣制，臣故名囊知牙斯，今谨更名曰知。"

王莽大悦，厚加赏赐。王莽对匈奴尚且如此，那么在汉朝内部的推行，肯定是更加不遗余力。而且把单名看成是荣宠，二字名看成是贬辱，对于向全社会推行"单名"的所谓"制作"无疑有很大作用。

对名和字的各种礼仪要求

　　先秦时期，当名和字连称时要先字后名。如孔父嘉是孔子在宋国的祖先，孔父是字，嘉是名，姓为公孙；叔梁纥是孔子的父亲，纥是名，叔梁是字，姓为孔；孟明视是百里奚的儿子，视是名，孟明是

建安七子

老子出游壁画

字，姓为百里；西乞术是蹇叔的儿子，术是名，西乞是字，姓为蹇；白乙丙是蹇叔的儿子，丙是名，白乙是字，姓为蹇。

这就是名和字连起来称呼，表示尊敬的一个例子。在古代，由于特别重视礼仪，所以名、字的称呼上是十分讲究的。在人际交往中，名一般用作谦称、卑称，或上对下、长对少的称呼。

平辈之间，只有在很熟悉的情况下才相互称名，在多数情况下，提到对方或别人直呼其名，被认为是一种不礼貌的行为。平辈之间，相互称字，则认为是有礼貌的表现。

下对上，卑对尊写信或呼唤时，可以称字，但绝对不能称名。尤其是君主或自己父母长辈的名，更是连提都不能提，否则就是"大不敬"或叫"大逆不道"，所以便产生了我国特有的避讳制度。

我国古代名和字连起来称呼表示尊敬还有一种情况，是自汉朝以后，名字连称时，要先名而后字。

在曹丕《典论·论文》中的一段话里，提到"建安七子"名字连

■ 古代女子加笄

称，都是先名后字。这段话说：

鲁国孔融文举，广陵陈琳孔璋，山阳王粲仲宣，北海徐干伟长，陈留阮瑀元瑜，汝南应玚德琏，东平刘桢公干。

古人对名和字的不同称呼，反映了当时的社会心理和文化心理，是一种具有时代特征的礼仪文化。

关于名与字二者之间的关系，清代人王应奎曾说："古者名以正体，字以表德。"意思是说，名是用来区分彼此的，字则是表示德行的。二者性质不同，用途也不大一样。

在古代，男孩子长到20岁的时候，要举行"结发加冠"之礼，以示成人，这时就要取字。而女孩子在15岁时要举行"结发加笄"之礼，以示可以嫁人了，这时也要取字。可见，古代的时候男女皆有字。

一般说来，古时候，名是阶段性的称呼，小时候称小名，大了叫大名。等有了字，名就成了应该避讳的东西，相称时也只能称字而不称名。

名和字互为表里，在多数情况下共同构成了一个人的代号，尽管用途不尽相同，二者之间还是有相关

加冠 弱冠指男子20岁，也称"加冠"。古代男子二十便要在宗庙中行加冠的礼数。冠礼由父亲主持并由指定的贵宾为行加冠礼的青年加冠三次，分别代表拥有治人、为国效力、参加祭祀的权利。加冠后由贵宾向冠者宣读祝辞并赐上一个与俊士德行相当的美"字"使他成为受人尊敬的贵族。

淳朴浓郁的民风根源

联系的。

当时有些人名所用的字也有特定的含义，这含义并因同时出现的字而更为清楚。字往往是名的解释和补充，是和名相表里的，所以又叫"表字"。

古人名和字的关系，有意义相同的。如：东汉创制地动仪的张衡，字平子，"击鼓骂曹"的文学家祢衡，字正平。他们名、字中的"衡"就是"平"的意思。宋代诗人秦观，字少游，陆游，字务观，他们名、字中的"观"和"游"也是同义。唐代书法家褚遂良，字登善，宋代文学家曾巩，字子固，他们名、字中的"良"与"善""巩"与"固"，也都是同义。

名和字有意义相辅的。如：东汉"举案齐眉"的文学家梁鸿，字伯鸾，"鸿""鸾"都是为人称道的两种飞禽；西晋文学家陆机，字士衡，"机""衡"都是北斗中的两颗星；唐代诗人白居易，字乐天，因"乐天"故能"居易"；宋代作家晁补之，字无咎，"咎"是过错，因能"补"过才能"无咎"。"渔"是打鱼，"樵"是砍柴，"渔"和"樵"常为侣；宋代史学家、《通志》的编者郑樵，字渔仲；"渔翁"又常戴"笠"，清代文学家李渔，字笠翁。

名和字也有意义相反

秦观（1049—1100），北宋高邮人，官至太学博士，国史馆编修。秦观一生坎坷，所写诗词，高古沉重，寄托身世，感人至深。极善书法，小楷学钟王，遒劲可爱，草书有东晋风味，行楷学颜真卿。1130年，南宋朝廷追赠秦观为"直龙图阁学士"，后世称之为"淮海公"。

161

尊敬所称

表字内涵

■ 郑樵画像

的。如：宋代理学家朱熹，字元晦，元代书画家赵孟頫，字子昂，清代作家管同，字异之，他们名字中的"熹"与"晦""頫"与"昂""同"与"异"都是反义。

古人大多因名取字，名与字内容毫不相干的情况，几乎见不到。

名与字除了表称呼外，还能显现亲属关系。最常见的形式是，兄弟姊妹在名字中共用一字，以表示同辈关系。万一是单名的话，就共用同一偏旁，例如苏轼、苏辙兄弟。

唐代则以数字来表示，称为"行第"。例如高适《人日寄杜二拾遗》中的"杜二"是指杜甫，白居易《与元九书》的"元九"指元稹，韩愈《祭十二郎文》，等等，都是以名字来表示长幼秩序。

另外，以排行为字，例如管夷吾、字仲，范雎、字叔。不过这种情况极为少见。贵族女子字的前面加上姓，姓的前面再加上孟或伯、仲、叔、季表示排行，字的后面加上母或女表示性别，这样就构成了女子字的全称。

淳朴浓郁的民风根源

如孟妊车母，中姞义母。也可省去母字、女字或排行，如季姬牙、姬原母。有时可以单称某母或某女，例如寿母、帛女。

汉代以后，逐渐在名或字中，用同样的字或偏旁表同辈关

■ 韩愈（768—824），字退之，唐代著名文学家、哲学家、思想家、政治家，世称"韩昌黎"，晚年任吏部侍郎，又称"韩吏部"，谥号"文"，又称"韩文公"，唐宋八大家之一。后人对韩愈评价颇高，明人推他为唐宋八大家之首，与柳宗元并称"韩柳"，有"文章巨公"和"百代文宗"之名，作品都收在《昌黎先生集》里。韩愈的作品非常丰富，现存诗文700余篇，其中散文近400篇。韩愈的散文、诗歌创作，实现了自己的理论。

■ 颜真卿（709—784，一说709—785），字清臣，汉族，唐京兆万年（今陕西西安）人，祖籍唐琅琊临沂（今山东临沂），唐代中期杰出书法家。他创立的"颜体"楷书与赵孟頫、柳公权、欧阳询并称"楷书四大家"。

系。如唐代抵抗安禄山的名将颜杲卿，与他的弟弟颜曜卿、颜春卿，共用"卿"字。和他们同辈的堂兄弟颜真卿也用"卿"字。

宋代文学家苏轼、苏辙兄弟共用偏旁"车"表同辈。明神宗的儿子朱常洛、朱常瀛、朱常洵等，第二字共用"常"，第三字共用"氵"旁。明崇祯帝朱由检和他的哥哥朱由校、堂兄弟朱由榔、朱由崧等，第二字共用"由"，第三字共用"木"旁。

在这种情况下，姓名中的第一字是和父、祖共用的族名，第二字和第三字的一半是和弟兄等共用的辈名，具体到个人身上就只有半个字了。

阅读链接

明代熹宗时，大宦官魏忠贤本是一个无赖，原名李进忠，事奉宦官魏朝而改名。

魏忠贤与熹宗的奶妈客氏私通，因客氏之故而得熹宗信任，渐掌朝政。他广结羽翼，遍置死党，朝中排斥打击正直忠臣，朝外压迫东林名士。媚事者竟拜伏，呼他为"九千岁"，各地督抚为他建生祠来祭祀。

这样一个大奸贼，既不"忠"，又不"贤"，最后落下一个千古骂名。

名和字所特有的避讳制度

在古代，一般而言，古人对名和字避讳是有一定规则的，班固在《白虎通义·姓氏》中归结过"五不讳"，《讳辩》中也有三不讳的讲法，归纳来说是以下八条：

一是讳名不讳姓；二是二名不偏讳；三是不讳嫌名；四是父已死，不讳祖名；五是君前不讳父名；六是己桃不讳；七是临书不讳；八是临文不讳。

在各个朝代这些规则又有变迁。总体来说，我国的避讳制度起源于周代，到秦代时，随着中央集权的建立，避讳的办法才初步确立。避讳的对象包括帝王、圣贤、长官、长辈。

对当代帝王及本朝历代皇帝之名进行避讳，属于当时的"国讳"或"公讳"。如秦始皇，名政，于是下令全国改正月为"端月"。秦始皇的父亲名楚，楚这个字就被改称为"荆"。在汉光武帝刘秀时期，秀才被改成"茂才"。

除了要避皇帝的讳，还要避讳皇后之名。如吕后，名雉，臣子们遇到雉要改称"野鸡"。汉代律法还规定，臣民上书言事，若触犯帝王名讳属犯罪。

避圣贤讳主要指避至圣先师孔子和亚圣孟子的名讳，有的朝代也避中华民族的始祖黄帝之名，有的还避周公之名，甚至有避老子之名的。比如：孔夫子姓孔，名丘。北宋朝廷下命令，凡是读书读到"丘"字的时候，都应读成"某"字，同时还得用红笔在"丘"字上圈一个圈。

这种避讳到了清代更为严重，凡是天下姓"丘"的，都要加个耳字旁，改姓"邱"字。并且不许发"邱"的音，要读成"七"的音。于是，天下姓丘的，从此改姓邱了。

讳长官讳就是下属要讳长官本人及其父祖的名讳，甚至还有一些骄横的官员，严令手下及百姓要避其名讳。

陆游编著的《老学庵笔记》就记有这样一个故事。说有一个叫田登的州官，不准下属及州中百姓叫他的名字，也不准写他的名字。到了正月十五这天，照例要放灯三天。写布告的小吏不敢写灯字，改为"本州依例放火三日"。由此便

《讳辩》 唐代文学家韩愈的一篇议论文。当时的著名诗人李贺因避父亲的名讳而不能参加进士科考，像其他读书人那样取得功名，以致前途受到影响。韩愈对此十分愤慨，于是写下这篇文章来论述此事，表达他反对将"避讳"搞得太泛滥的主张。

165

尊敬所称

表字内涵

■ 陆游雕像

《世说新语》

南朝时期产生的一部主要记述魏晋人物言谈逸事的笔记体小说。是由南北朝刘宋宗室临川王刘义庆组织一批文人编写的，梁代刘峻作注。记述自汉末到刘宋时名士贵族的逸闻趣事，主要是有关人物评论、清谈玄言和机智应对的故事。

有了"只许州官放火，不准百姓点灯"的笑话。

避长辈讳就是避父母和祖父母之名，是全家的"家讳"或"私讳"。私讳乃是文人士大夫对其长辈之名所做的避讳。与别人交往时，应避对方的长辈之讳，否则极为失礼。

晋代人特别重视家讳，别人言谈中若涉及自己父亲、祖父的名字时，就得赶快哭泣，以表对父、祖的孝心。《世说新语》中就记载，东晋桓温之子桓玄，一日设宴待客。有位宾客嫌酒太凉，要侍者"温一温"，桓玄一听此"温"字，马上痛哭流涕，一直哭到不能出声。

司马迁的父亲叫司马谈，所以《史记》里，把跟他父亲名字相同的人，一律改了名。例如"张孟谈"，改为"张孟同"；"赵谈"，改为"赵同"。

后来《后汉书》的作者范晔也是如此，因为范晔的父亲叫范泰，所以在《后汉书》里，叫"郭泰"的，竟变为"郭太"了；叫"郑泰"的，也变为"郑太"了。

■ 杜甫父母画像

又如唐代著名的诗人杜甫，其父亲的名字叫杜闲。为了避"闲"字的讳，杜甫写了一辈子的诗，却没在诗中用过"闲"字。杜甫母名海棠，《杜集》中无海棠诗，不名母名。

又如苏轼祖父名序，即讳"序"字，所以苏洵不写"序"字。碰到写"序"的地方，改成"引"字。苏轼也跟着不用"序"字，他以"叙"字来代替。

由于在言谈中容易触犯别人的家讳，很多人都很重视谱学研究，以免言语不慎，触怒他人。

在南北朝时期，士大夫都以善避私讳为荣。南朝刘宋太保王弘，精通谱学，能"日对千客，不犯一人之讳"，当时竟被传为美谈。

■ 苏轼铜像

在唐代，避讳成为政府颁布的法律，不少人因不慎触讳丢官去职，断送仕途。

大诗人李贺的父亲名晋肃，由于"晋"与"进"同音，当时人认为他不能中进士。虽然有韩愈帮忙，专门写了《讳辩》为之辩白，但李贺最终没能参加进士科考试。

避讳本来是臣属或晚辈，对君主或尊长表示尊崇而为，可是后来也有因对某人、某事厌恶，而避用有关字的。

恶讳首先在唐代兴起。安史之乱后，唐肃宗憎恶安禄山之名，改安化郡为顺化郡，广东宝安县也被改为东莞县。

进士 意为可以进授爵位之人。古代科举制度中通过最后一级朝廷考试的人，就叫作"进士"，是古代科举殿试及第者之称。唐朝时以进士和明经两科最为主要，后来诗赋成为进士科的主要考试内容。元明清时期，贡士经殿试后，及第者皆赐出身，称"进士"。

宋代是避讳最严的一个朝代，庙讳就达到50个字，科举考试中，举子"举场试卷，小涉疑似，辄不敢用，一或犯之，往往暗行黜落"，失去中榜机会。

宋孝宗时，应避讳的文字达到278个，文人士子遣词造句，如履薄冰，举步维艰。至于因避讳不敢做某事、担任某官的更是常有。宋代司马光被遣出使辽国，但因辽主名耶律德光，司马光只好以同名难避而辞退了这一差使。

元代是少数民族的政权，几乎没有避讳制度，大臣上书也敢直呼皇帝的大名。清代除皇帝名之外，胡、夷、虏、狄等字，都在避讳之列。

1777年，江西举子王锡侯在《字贯》中触犯了清代康熙、乾隆帝名讳，竟被满门抄斩，令天下士子心惊胆战。直到清代结束，我国存在了3000多年的避讳制度才被彻底废除。

淳朴浓郁的民风根源

阅读链接

周代男性还在字的后面加父、甫，女性字后加母、女等字，以表示男女性别。如孔子，字仲尼，又称"仲尼父"，或"尼父"；春秋时男子取字的最普通方式是在字的前面加上"子"字，这是因为"子"是男子的尊称。

春秋政治家公孙侨，字子产，孔子学生颜回，字子渊，端木赐，字子贡，冉求，字子有，等等。这个"子"字也可以省去，直接称颜渊、冉有。

这种取字方式一直延续下来，如西汉史学家司马迁，字子长；西汉出使匈奴的苏武，字子卿；三国魏文帝曹丕，字子桓；唐代文学家王勃，字子安；唐代文学家柳宗元，字子厚；北宋文学家苏轼，字子瞻；等等。

我国古代的人于名字之外的自称简称"号"。别号多为自己所起,亦有他人所起。与名、字无联系。在古人称谓中,别号也常作称呼之用。起号之风,源于何时,文献资料上没有详细记载,大概在春秋战国时就有了。

像"老聃""鬼谷子"等,可视为我国最早的别号。东晋时陶渊明自号"五柳先生",南北朝时期有更多的人给自己起了号,唐宋时期形成普遍风气,元明清时达到鼎盛,不但人人有号,而且一个人可以起许多号。

如明代画家陈洪授有"老莲""老迟""悔迟""云门僧"4个号。

自号尊号

自由性和可变性的别号

　　先秦时期的苏秦和张仪的老师，号称"鬼谷子"。有人考证这是历史上的第一个号，因而认为，号起源于战国。《周礼·春官·大祝》记载："号为尊其名更美称焉。"

　　意思是说，号是人在名、字之外的尊称或美称。名、字是由尊长代取，而号则不同，号初为自取，称"自号"。后来，才有别人送上

鬼谷子讲学雕塑

的称号，称"尊号""雅号"等。

取号有种种不同的因缘，有抒发性情，有表明志向，有景慕贤人，有表彰珍藏，有纪志居所，等等。早期有号的人多是那些圣贤雅士。如老子别号"广成子"、范蠡别号"鸱夷子皮"等。

先秦时期有名字又有号的人并不太多，至秦汉魏晋南北朝时，取号人仍不很多，名载史籍者仅有陶渊明别号"五柳先生"、葛洪别号"抱朴子"等数人。

■ 葛洪画像

到了隋唐时期，伴随着国家的强盛和文化的高度发达，在名、字之外另取别号的人逐渐多了起来。如李白号"青莲居士"，杜甫号"少陵野老"，白居易号"香山居士"，皆属此类。

唐宋时期，取号形成普遍的风气。唐宋期间号的盛行，主要因为一是伦理道德加强，二是文学发达，文人讲究文雅。

至明清时期，由于文人范围扩大，加上帝王提倡，取号更加盛行起来。上自皇帝，下至一般黎民百姓，几乎人人有号。

正如清代凌杨藻在《蠡勺编》一书中记载的那样，其时"阛市村垄，尪人琐夫，不识字者莫不有号，兼之庸鄙狂怪"，甚至一些落草为寇的盗贼，也有其别号。

范蠡　春秋时期楚国宛地三户邑人。春秋末著名的政治家、谋士和实业家。后人尊称"商圣"。他三次经商成巨富，三散家财，自号陶朱公，乃我国儒商之鼻祖。世人誉之："忠以为国；智以保身；商以致富，成名天下。"后代许多生意人皆供奉他的塑像，称之财神。被视为顺阳范氏之先祖。

淳朴浓郁的民风根源

■ 辛弃疾雕塑

县令 古代官职。战国时，魏、赵、韩和秦称县的行政长官为令。秦代的商鞅变法时，将乡合并为县，设置县令及职责。县令本直隶于国君，战国末年时，县令成为郡守的下属。秦汉时期法令规定，人口万户以上的县，县官称县令。明清时期以知县为正式官名。

有这样一个故事，说一位县令在审理一桩窃案时，责难犯人为自己开脱罪责。犯人突然说道："守愚不敢。"县官不解其意，一问左右，才知道是犯人在自称别号。

自号都有寓意在内。纵观古人命号，有以居住环境自号的，如陶渊明自号"五柳先生"。李白自幼生活在四川青莲乡，故自号"青莲居士"。苏轼自号"东坡居士"。陆游号"龟堂"。辛弃疾号称"稼轩居士"。

明武宗朱厚照自号"锦堂老人"，明世宗朱厚熜自号"天池钓叟"，明神宗朱翊钧自号"禹斋"。清代皇帝乾隆晚年自号"十全老人""古稀天子"。

有的以旨趣抱负为自号。杜甫自号"少陵野老"。"一万卷书，一千卷古金石文，一张琴，一局棋，一壶酒，一老翁"，即"六一居士"，是欧阳修晚年的自号。

贺知章自号"四明狂客"，金心农自号"出家庵粥饭僧"，张志和号"烟波钓叟"，陆龟蒙号"江湖散人"，都体现了个人的旨趣。

不过总体来看当时社会，取号者的身份，大致还是在枕石漱泉、隐居不仕，或辞官归田、终老江湖的范围内。

从宋代开始，自取别号成了一种新风尚，当时佛道并行，别号中有居士、道人特多的倾向，故亦名"道号"。

取号者非但不止奇人、逸士之辈，也不仅是士夫、缙绅皆有一号或几号，甚至贩夫牙侩，也都有其号。

有的人以个人特征自号，南宋爱国词人辛弃疾，因中年把所居之地叫作稼轩，因此自号"稼轩居士"。

元代著名画家赵孟頫博学多才，经历了矛盾复杂而荣华尴尬的一生，被称为"元人冠冕"。他甲寅年生，便自号"甲寅人"。中年曾署孟俯，号"水晶宫道人""鸥波"，还曾自号"松雪道人"。

明代"吴中四才子"之一的祝允明，因为他的手有歧指，因此号"枝指生""枝山""枝山老樵""枝指山人"，后在民间演变成祝支山。

明代"江南四才子"之一的唐伯虎，据传于明宪宗成化六年庚寅年寅月寅日寅时生，故名"唐寅"。此外，他还自号"江南第一风流才子""普救寺婚姻案主者""六如居士""桃花庵主"等。

除了自己命号外，还有别人赠号的。有的以其逸事特征为号。如李白，人称"谪仙人"；宋代贺铸因写了"一川烟柳、梅子黄时雨"的好词句，人称"贺梅子"；张先因写了"云破月来花弄影""浮萍断处见山影""隔墙送过秋千影"

贺知章画像

三句带"影"字的好诗，人称"张三影"。

还有是以官职任所或出生地为号。如王安石称"王临川"，杜甫称"杜工部"，贾谊称"贾长沙"，王羲之称"王右军"，汤显祖称"汤临川"，孔融曾任北海太守，人称"孔北海"。顾炎武是江苏昆山亭林镇人，人称"顾亭林"。

还有的是以封爵谥号为号。如诸葛亮封武乡侯，人称"武侯"，岳飞谥号"武穆"，人称"岳武穆"，等等。宋代以后，文人之间大多以号相称，以致造成众号行世，致使他们的字名反被冷疏了。

由于号可自取和赠送，因此具有自由性和可变性。以至许多文人有很多别号，多的可达几十个，上百个。致使别号太多，反成搅乱。苏轼一生有十四类38个名号。

赵孟頫像

在用字上，取号与取名、取字不同，大多不受字数多少的限制。从已知的历代别号来看，有2个字、3个字、4个字的号，甚至还有10多个字、20多个字的别号。

如清代画家郑板桥的别号，就有12个字，即"康熙秀才雍正举人乾隆进士"。至于宗教界的一位叫释成果的法师，别号的字竟然多达28个，即"万里行脚僧小佛山长统理天下名山风月事兼理仙鹤粮饷不醒乡侯"，一个人的别号竟然用了近30个字，可谓古今一大奇观。

因为古人取号有较大的随意性，

并且不必加以避讳。因此，也就在一定程度上刺激了饱受文字狱和避讳之苦的明清时期的人，促使他们在名字之外，取别号来表现自己。

王安石画像

当时的大多数人取一个别号，但有些人的别号也有好几个。如清初画家石涛法名弘济，别号"清湘道人""苦瓜和尚""大涤子""瞎尊者"。

我国古人的称谓复杂，他们有姓名又有字、号。这种姓名、字、号的并存，既适应了当事人不同年龄阶段和不同情况下的需要，也为我国的姓名文化增添了新的内容。

阅读链接

南宋诗人戴复古，自号"石屏山人"，其中寓含着一种精神，从他写的诗中可以看出来。《感遇》诗道："人将作金坞，吾以石为屏。""石"与"金"同样坚硬；"石"虽比不上"金"身价昂贵，但却素朴、古拙，坚强挺拔，这正是作者人格精神的写照。

明代末年画家朱耷，在明亡时取号"八大山人"。"八大"二字连写，似哭非哭，似笑非笑，寓哭笑不得意，来寄托自己怀念故国的悲愤之情。

明末清初太原著名学者傅山，自号"朱衣道人"。明亡后，又号"衣朱衣"。清廷几次请他赴京应博学鸿词科试，都被他拒绝，坚决不与清朝廷合作。"朱衣"字面看是红色的衣服，实际上是明代的象征，因为明代皇帝姓朱，红是明的意思，寄寓着对明代的深厚感情。

产生具有褒贬之意的绰号

绰号也称"诨名""混号""诨号"。绰号几乎全部为他人所取，然后得到公认，使用性完全不取决于担当者本人的意愿。任何一个绰号在获得多数人认可之前，几乎全部是通过口耳相传的途径传播，这与别号、斋号的发生与流传，都依赖文字自属，又多借助作品的方式形成有别。

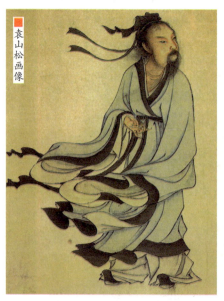

袁山松画像

很多绰号与相貌、姓名、生理特征相结合的条件下，对担当者禀赋德行、行为举止等，做出外观与内涵有机统一的概括，同时富有强烈的公众舆论的褒贬性能，从而也在某种程度上，构成社会评判机制的一个部分。因此，绰号和别号、斋号，通为取用者个人思想感情的表述或纯主观性的自我评判和标示。

绰号起源时间很可能比自取别号还要早。魏晋南北朝时，士风日变，读书人相互取用调侃性绰号的现象陡增。

在《世说新语》中记载，袁山松出游喜欢令人歌挽，人谓道上行殡、短主簿、入幕之宾等皆是。

唐宋时期文化氛围，益加开放，世人争取绰号成为一种社会风气。

到元明时期，诨名成为草莽文化和市井文化共同表象之一的特征业已定型。以明末农民大起义为例，见于史料的绰号如"左金王""革里眼""活曹操"等，便有上百个。

与此同时在上流社会，绰号又成为互相诋毁或派系斗争的一种工具。如东林党人攻击敌对势力，则有"五虎""五彪""十狗""四十孩儿"等各种品目。

反之敌对的另一方也会编造《东林点将录》，以《水浒传》里的诨号加之政敌，如"托塔天王李三才""及时雨叶向高"之类，不胜枚举。是为庙堂之高，江湖之远，绰号诨名，无处不传。

绰号并非全是轻薄之人互相品目，有些绰号是公论所赠的美号，是人民爱戴绰号担当者的口碑。

明代监察御史丁俊生活节俭，常食豆腐，人称"豆腐御史"；新繁知县胡寿安种菜自食，人称"菜知县"，都是对为官清廉者的颂扬。

再如"阎罗包老""铁面御史"之类绰号，则是

■ 《水浒传》人物"玉麒麟"卢俊义泥塑

绰号 也叫"外号"，古已有之，并非新生事物。古代的绰号中含有丰富的文化内涵。绰号有自己所起和他人命名两种形式，一般而言，自己所起，蕴涵丰富而含蓄；他人所命，嬉笑怒骂，诙谐幽默。历史上许多名人都有一个有趣的绰号，而绰号也使历史名人更富个性化特征。

对刚正端直的褒扬。明代荆州知府张宏，坚决不接待通关系走门路的人，时人赠号"闭门张"。

此外，绰号又是讨伐邪恶、嘲讽奸佞的口诛之剑。如北魏人拓跋庆智任太尉主簿，不论大事小事，非贿不行，唯胃口不大，十钱起价，人称"钱主簿"。

还有不少文人骚客、书画高手或梨园名伶的绰号，多起于对他们学术和艺术成就的褒扬。如南朝刘孝谅，精通晋朝史实，绰号为"皮里晋书"；唐代李素守，最擅谱牒之学，绰号为"肉谱"。还有诸如武士中的"活张飞""活武松"等。

从起用缘由看，绰号也可以作粗略分类，或描摹性情，或记述逸闻，或勾画相貌，或表述特长。而从语言艺术看，绰号对汉字文化潜力的开掘，在修辞手法上所达到的造诣，都远远超过了名讳、表字、别号、室名之类的水准。

也许大多数绰号都不像前者那样或出于经典，或工于雕琢，缺乏书卷气、雅致味，但它们运用简练精辟的语言所塑造的艺术形象，却真正能使担当者在人们闻见时，获得一种较实的立体感。

阅读链接

许多"外号""绰号"是在实际生活中相互开玩笑时起的，因而多含有讽刺讥笑的贬义。如春秋时秦国人称百里奚为"五羖大夫"，这是因为他沦落楚国后，被秦穆公用五张羖皮赎回秦国做了大夫。

唐高宗时人称李义府"笑中刀"，又号"人猫"。是因为他做宰相时表现得外柔内奸。

在宋代人们给王珪的外号叫"三旨宰相"，是因为他任宰相10多年中除取旨、领旨、传旨外，不干别的事。

皇帝专用的庙号和陵号

身为帝王的人，号对他们来说就越加地重要了。因为后人们往往只记住他们的号，而不是他们的名字。在诸多种号中，庙号和陵号是与帝王的皇家身份紧紧相连的。

庙号指帝王死后，在太庙中被供奉称呼时特起的名号。起源于重视祭祀与敬拜的商代。最初并不是所有君王都有庙号，一般君王死后会建筑专属的家庙祭祀，但在几代之后就必须毁去原庙，而于太庙合并祭祀。

合于太庙祭祀称之为"祧""祧"这件事情有实际上的作用。如果

■ 太庙

■ 刘彻画像

每个君王的庙都留下，数代之后为数众多的家庙会有祭祀上的困难。而对国家有大功、值得子孙永世祭祀的先王，就会特别追上庙号，以视永远立庙祭祀之意。

另外，由于后世皇帝谥号字数膨胀，且几乎只要是后人接位的皇帝子孙都会给父祖上美谥，故谥号实际上无法显示皇帝评价，庙号反而取代了谥号盖棺论定的功用。

汉代以后承袭了庙号这一制度。汉代对于追加庙号一事极为慎重，不少皇帝因此都没有庙号。刘邦是开国君主，庙号为"太祖"，但自司马迁时就称其为"高祖"，后世多习用之，谥号为"高皇帝"。谥法无"高"，以为功最高而为汉之太祖，故特起名。

汉代强调以孝治天下，所以除刘邦外，继嗣皇帝谥号都有"孝"字，以孝廉治国。两汉皇帝人人都有谥号，但有庙号者极少。西汉刘邦的庙号为"太祖高皇帝"、刘恒为"太宗孝文皇帝"、刘彻为"世宗孝武皇帝"、刘询为"中宗孝宣皇帝"、刘奭为"高宗孝元皇帝"、刘骜为"统宗孝成皇帝"。东汉刘秀"为世祖光武皇帝"、刘庄为"显宗孝明皇帝"、刘炟为"肃宗孝章皇帝"。

另外，东汉还有几个皇帝有庙号，刘肇为"穆宗

谥号 我国古代君主、诸侯、大臣、后妃等具有一定地位的人死去之后，根据他们的生平事迹与品德修养，评定褒贬，而给予的寓含善意评价、带有评判性质的称号。帝王的谥号一般是由礼官议定，大臣的谥号则由朝廷赐予。

孝和皇帝"、刘祜为"恭宗孝安皇帝"、刘保为"敬宗孝顺皇帝"、刘志为"威宗孝桓皇帝"，不过，这些庙号在孝献帝时被取消。

到了魏晋南北朝时期，庙号开始泛滥。而到了唐代，除了某些亡国之君以及短命皇帝之外，一般都有庙号。庙号常用"祖"字或"宗"字。开国皇帝一般被称为"太祖"或"高祖"，如汉太祖、唐高祖、宋太祖；后面的皇帝一般称为"宗"，如唐太宗、宋太宗等。但是也有例外。"祖"之泛滥，始于曹魏。

到十六国时期，后赵、前燕、后秦、西秦等小国，其帝王庙号几乎无不称祖。在称呼时，庙号常常放在谥号之前，同谥号一道构成已死帝王的全号。

习惯上，唐代以前对殁世的皇帝一般简称谥号，如汉武帝、隋炀帝，而不称庙号。唐代以后，由于谥号的文字加长，则改称庙号，如唐太宗、宋太祖等。

一般来说，庙号的选字并不参照谥法，但是也有褒贬之意。太祖、高祖开国立业，世祖、太宗发扬光大，世宗、高宗等都是守成令主的美号，仁宗、宣宗、圣宗、孝宗、成宗、睿宗等皆乃明君贤主，中宗、宪宗都是中兴之主。另外，哲宗、兴宗等人都是有所作为的好皇帝。神宗、英宗功业不足，德

孝廉 汉武帝时设立的察举考试，以任用官员的一种科目，孝廉是"孝顺亲长、廉能正直"的意思。后代，"孝廉"这个称呼，也变成明代、清代对举人的雅称。

■ 宋太祖赵匡胤立像

陵寝 皇帝死后安葬的地方，其名号一般是根据去世皇帝生前的功过和世系而命名。开国皇帝之陵一般称为"长陵"，其后诸帝则应依其事迹和世系来命名，诸如康陵、定陵、显节陵等。也有以所在地命名的，如霸陵、首阳陵等。为皇帝建陵后，还要设置守陵奉祀之官以及禁卫和陵户。

宗、宁宗过于懦弱，玄宗、真宗、理宗、道宗等好玄虚，文宗、武宗名褒实贬，穆宗、敬宗功过相当，光宗、熹宗昏庸腐朽，哀宗、思宗只能亡国。

我国古代帝王陵寝的名号，称为"陵号"。与谥号相近，身后由臣子议定。陵号由历代皇帝的陵墓而得名。

在二十五史中，诸代帝王本纪，都有其身后对大行皇帝的谥号、庙号，所葬陵号的记录。

一般说来，谥号并非君王独有，上了品的公卿及入品的夫人都有，但皇帝的谥号里一定有"皇帝"二字。庙号、陵号则为皇帝专有，这是皇家的祖先祭祀和葬仪。

亡国之君，在新朝已成为臣子，所以庙号、陵号皆无。即使有谥号，也只是臣子的谥号。公卿大臣也有入太庙祭祀，陪葬皇陵的，但都只是陪祀、陪葬，没有独立的庙号和陵号。

■ 汉武帝茂陵

唐乾陵司马道

　　著名的陵号，有汉武帝的茂陵、唐太宗的昭陵、唐高宗的乾陵、明十三陵，还有清东、西陵。

　　在习惯称呼中，唐代以前对殁世的帝王简称谥号，不称庙号。唐代以后，由于尊号的出现，尊号、谥号加在一起很长，不便称呼，所以又改称庙号。到了明清两代，因为每个皇帝只有一个年号，所以明清两代的皇帝习惯上常称他们的年号。

　　称年号的皇帝，生前也可以称呼，故而康熙和乾隆皇帝在世时，称他们为康熙帝、乾隆爷，但是，康熙的清圣祖和乾隆的清高宗，是死后的庙号，生前是没有的。

阅读链接

　　在我国古代，女子的地位很低，一部分是只有姓氏而无封号，所以皇室里的后妃一般是冠以姓氏，有名字的女子的名讳是不可以随便乱叫的。如：某妃名字：倩舒，姓氏：薛，则不可能是"倩妃"或者"舒妃"，就只能称"薛妃"。

　　而所谓的"彤妃""颖妃""淑妃"那些其实不是她们的名字，而是皇帝赐予的封号比如说"柔"字、"婉"字作为她们的封号，这是很大的荣誉，封号是不可以与名字相冲的。

具有悠久历史内涵的年号

晋穆帝永和十一年（355），前秦太子苻生登基大赦，改年号"寿光"。段纯谏奏苻生，应等到下一个年度再改年号，上疏谏道："陛下刚即大位，尚未逾年而改元，于礼不合，请待明年。"苻生大怒，污蔑他穷究议主，而将其诛杀。

可见在当时，年号都已经有了严格的规定。年号是我国古代独创的产物，除了用于纪年以外，另外还表示祈福、歌颂和改朝换代。

确切地说，我国年号始于周代的共和时期，约公元前841年至公元前828年期间，由周代宗室召穆公、周定公共同执政，史学家称之为"共和执政"。

文天祥画像

汉武帝蜡像

但其后周代的姬姓天子没有继续延用。所以，年号真正使用的开创制度，发源于汉武帝刘彻。

在汉武帝之前，我国只有年数，史家以王号纪年，如鲁隐公元年等。公元前113年，汉武帝以当年为元鼎四年，正式创立年号，并形成制度，并追改以前为建元、元光、元朔、元狩，每一年号用6年。

汉武帝此项创举深刻地影响了以后两千年的我国皇帝纪元方式，并创立了以奉正朔的方式，推广给藩属于中央王朝的周边臣属国及附属国，以明确中华帝国作为宗主国与臣属国关系的高明政治手法。10世纪后，开始被古代东南亚的君主国家纷纷效仿，如日本、越南、琉球、朝鲜半岛政权。如朝鲜使用我国明代的"崇祯"年号长达265年。

此后，在我国历朝中每次新皇帝登基，常常会改元纪，也有当年未改元而次年改元的。一般改元从下诏的第二年算起，也有一些从本年年中算起。

文天祥在他的著作《指南录后序》中说：

淳朴浓郁的民风根源

■ 武则天故事绘画

是年夏五，改元景炎。

是指南宋端宗继位，改年号为"景炎"。同一皇帝在位时也可以多次改元，如女皇帝武则天在位21年，前后改元多达18次。

新的国君继位时一般需要重新使用新年号，但前一代皇帝逝世的那一年不可改元，在第二年的时候才可以改元。

明代以前皇帝多数都改元两次以上，一个皇帝年号也有多个。到了明清两代，基本上都是一个皇帝一个年号，因此也常常用年号来称呼皇帝，如康熙帝。

但是有3个例外，一是明英宗有两个年号，分别是"正统"和"天顺"，是因为他前后两次登基。

二是清太宗皇太极，他于明代天启六年，即1626年在沈阳继后金汗位，次年改元"天聪"。后来他又

武则天（624—705），我国历史上唯一正统的女皇帝，683年至690年作为皇太后临朝称制，后自立为皇帝，建立武周王朝。她在位期间打击了保守的门阀世族，促进了经济的发展，稳定了边疆形势，推动了文化的发展。

在1636年的时候，改国号大清，正式称帝，所以改元"崇德"。

三是同治皇帝，刚开始的时候使用"祺祥"为年号，仅仅使用了半个月，慈禧、慈安两太后联合恭亲王发动了"辛酉政变"，改年号为"同治"，取"两宫同治"之意。

年号一直都被认为是我国古代帝王们的正统标志，代表政权的合法性，称为"奉正朔"。一个政权使用另一个政权的年号，被认为是藩属、臣服的标志之一。

这种现象主要发生在我国分裂的时期，历史上的五代十国时，闽国、楚国使用后梁、后唐年号，吴越国使用唐、后梁、后唐、后晋、后汉、后周和北宋的年号。

鉴于年号之于正统和僭伪之重要性，历史上许多地方割据势力以及起义军也常常自立年号纪年。这种情况与其说"正统"和"僭伪"，不如说已经形成了一种民俗的制度。

我国历史上年号的使用情况是非常复杂的，同一时期并存的政权，往往各自有自己的年号，比如386年那一年，在我国境内就先后出现了16个年号。还有的政权一年之中数次改元，几个年

■ 同治皇帝画像

纪年 人们给年代起名的方法。主要的纪年有帝王纪年、公元纪年、岁星纪年和干支纪年等。在我国，早在公元前2000多年就有了自己的历法。在相当长的历史时期内，我国使用的是"干支纪元法"，即把十天干和十二地支分别组合起来，每60年为一个周期。

后汉刘知远画像

号重叠使用。

也有政权自己不建年号，而沿用前朝或其他政权的年号。例如"后晋天福"年号用了9年，改为"开运元年"。3年后，后汉刘知远称帝，不自建年号，也不沿用开运年号，而是追承天福十二年。

还有许多年号在不同时期重复使用。例如建元就有5个时期在使用。还有因为避讳或者其他原因，一个年号有不同写法，例如唐代殇帝的唐隆年号，又写作唐元、唐安、唐兴。

我国古代的年号名称繁杂，但多表达吉祥、太平、国泰民安及皇权神圣的意思。古人的名、字、号皆是一部历史，有着我国所独有的文化风貌，令人回味绵长，具有丰富的文化内涵。

年号，作为我国古代皇帝的专有产物，伴随着文明社会的发展早已成为历史，但年号的功绩是不可磨灭的，它是我国历史中的精神文化遗产。

淳朴浓郁的民风根源

阅读链接

在我国历史上的一些藩属国，通常会延用天朝年号，如朝鲜、琉球为我国的藩属时，曾用我国帝王的年号，这是一种对天朝效忠的表现。

以古代朝鲜为例，明朝灭亡之后，除与清代文书往来，内部官方文书拒用清代年号，改用我国干支或国王在位纪元，至于民间仍有坚持采用崇祯年号者，甚有直至崇祯三百余年者，与郑氏一直采用明的永历年号，极为相似。

为尊崇帝后而增加的尊号

所谓"尊号"，乃为尊崇帝后而上的称号。尊号始于秦代。在《史记·秦始皇纪》中有"臣等谨与博士议曰：'古有天皇、地皇，有泰皇，泰皇最贵。'臣等昧死上尊号，王为泰皇"之语。

《汉书·高帝纪下》中也有记载说："大王功德之著，于后世不宣，昧死再上皇帝尊号。"

又因为嗣位皇帝尊前皇帝为太上皇，尊前皇后为皇太后、尊前皇太后为太皇太后，被称为"上尊号"。时至唐代，为皇帝上尊号之风大盛，有生前奉上者，也有死后追加者。

而生前加尊号又有两种情况：一是加于在位之时。如武后称"圣母神皇"，高宗称"天

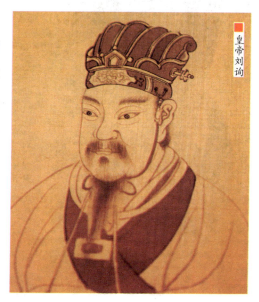

皇帝刘询

皇"，中宗称"应天神龙皇帝"，等等便是；到玄宗时，已成为制度。

宋代范祖禹《唐鉴》有记载：

尊号之兴，盖本于开元之际。主骄臣谀，遂以为故事。

明代王三聘《古今事物考》记载说：

元宗开元以后，宰相率百官上尊号，以为常制。

生前尊号，唐玄宗一代先后曾加六次。713年加尊号"开元圣文神武皇帝"，742年加为"开元天宝圣文神武皇帝"，748年加为"开元天宝圣文神武应道皇帝"，749年再加为"开元天地大宝圣文神武应道皇帝"，753年复加为"开元天地大宝圣文神武孝德证道皇帝"。

此外，皇帝逊位之后，为太上皇，由继位皇帝为之加尊号，如唐玄宗就是典型的例子，在758年，肃宗上玄宗"太上至道圣皇天帝"之号便是。唐代皇帝多次加尊号，陆贽于《奉天论尊号加字状》评论道：

■ 陆贽（754—805），唐代政治家，文学家。嘉兴人，字敬舆。大历八年进士，中博学宏辞、书判拔萃科。德宗即位，召充翰林学士。贞元八年，出任宰相，但两年后即因与裴延龄有矛盾，被贬充忠州别驾，永贞元年，卒于任所，谥号宣。有《陆宣公翰苑集》24卷行世。

■ 唐玄宗（685—762），即李隆基，也叫"唐明皇"，是唐睿宗李旦的第三个儿子。唐玄宗治理国家时很注意拨乱反正，任用姚崇、宋璟等贤相，励精图治，他的开元盛世是唐朝的极盛之世。756年，李亨即位后，尊其为太上皇。

臣子之心，务崇美号，虽或增盈百，犹恐称述未周。

宋代孙甫在他的著作《开元神武皇帝尊号》中也说：

古天子之称，曰皇、曰帝王，盖称其德也。秦不顾德之所称，但自务尊极，故称皇帝，然亦未有尊号也。……唐高祖、太宗，各有功德，俱无尊号。高宗徇武后之意，始称天皇，中宗从韦庶人之欲，乃号应天……是妄自尊大。……明皇以贤继位，祖宗善恶之事，闻见固熟，何故忘高祖、太宗之实德，袭高宗、中宗之虚名。盖臣下谄谀，不守经义，逢君之过而然也。

也有在死后加号的情况，如玄宗死后，肃宗于上元二年上尊号为"至道大圣大明孝皇帝"。此乃玄宗又被称为"明皇"之缘故。唐代皇帝死后，尊号多有数次追加。如高祖李渊于635年驾崩，先由群臣上尊号为"大武皇帝"，高宗在674年，又改上尊号为"神尧皇帝"，玄宗在754年，三上尊号为"神尧大圣大光孝皇帝"。

太宗于649年驾崩，百官上尊号为"文皇帝"；高宗于674年，又上尊号为"文武圣皇帝"；玄宗在754年，三上尊号为"文武大圣大广孝皇帝"。

唐代以后，帝后尊号字数有增无减。宣宗时，其尊号已是20个字，即"元圣至明成武献文睿智章仁神聪懿道大孝皇帝"，宋神宗尊号为22个字，即"体元显道法古立宪帝德王功英文烈武钦仁圣孝皇帝"。

明太祖被尊为"开天行道肇纪立极大圣至神仁文义武俊德成功高皇帝"，多达21个字。清乾隆皇帝被尊为"法天隆运至诚先觉体元立极敷文奋武钦明孝慈神圣纯皇帝"，竟多达23个字。

实际上不难看出，后边一长串亦可以视为谥号。皇后、太后亦可得尊号。如清代末期慈禧太后，生前得尊号为"慈禧端佑康颐昭豫庄诚寿恭钦献崇熙圣母皇太后"，死后又谥"孝钦显皇后"。因此，谥号与尊号虽各有含义，但又多纠缠一处，难以区别。

唐宋以后，历经元明而至清代，帝后尊号越加越长。这与中央集权专制制度及皇权日益膨胀联袂而行，息息相关。明清时代，集权专制登峰造极，皇帝尊号也叠加成长长一串，大有将世间美好字眼尽收囊中之态势。

尊号字数可以逐年递增，每逢国有喜庆大典，更要增加尊号字数，以至越增越长。如唐

乾隆（1711—1799），爱新觉罗·弘历的年号，弘历是清代第六位皇帝，是我国历史上执政时间最长、年寿最高的皇帝。他在发展清代"康乾盛世"方面做出了重要贡献，确为一代有为之君。庙号"清高宗"，谥号"法天隆运至诚先觉体元立极敷文奋武钦明孝慈神圣纯皇帝"，葬于清东陵的裕陵。

■慈禧太后画像

高宗累上尊号，最后达24个字之多。

晚清时期慈禧太后于1862年垂帘听政，上尊号为"慈禧"。1872年载淳大婚，加上"端佑"两个字。第二年载淳亲政，加上"康颐"两个字。1876年新君载湉即位，加上"昭豫庄诚"四个字。1889年载湉大婚，加上"寿恭"两个字。同年载湉亲政，加上"钦献"两个字。1894年慈禧六十寿辰，加上"崇熙"两个字，前后共加为十六个字。

慈禧太后雕塑

尊号为生前所加，谥号为死后所上，也有将生前尊号即作为死后谥号者。

阅读链接

我国古代的尊号很长，因为大臣们会尽量把好的词语都往皇帝身上加，尊号一般是皇帝在世之时便开始有群臣上请，并不断加长。

如唐玄宗的尊号是"开元天地天宝圣文神武孝德应道皇帝"，宋太祖为"启运立极英武睿文神德圣功至明大孝皇帝"，太后相应的也有类似的号，名为徽号，如慈禧的徽号就是"慈禧端佑康颐昭豫庄诚寿恭钦献崇熙圣母皇太后"。

由于尊号太长，所以平民百姓很少称呼皇帝的尊号。至辽元时期开始，皇帝的尊号也有从简的趋势。清代康熙曾言："加上尊号乃相沿陋习，不过将字面上下转换，以欺不学之君耳！"

寥寥几字盖棺定论的谥号

周文王画像

谥号是人死之后，后人给予评价的文字。谥号制度形成，传统说法是西周早期，即《逸周书·谥法解》中提到的周公制谥。早期谥号为自称，比如"周文王""周武王"。

周王室和春秋战国各国广泛施行谥法制度，直至秦始皇认为谥号有"子议父、臣议君"的嫌疑，因此把它废除了。直到西汉建立之后又恢复了谥号的制度。

在古代，皇帝的称呼往往和年号、谥号和庙号联系在一起，唐高祖就是庙号，隋炀帝就是谥号，乾隆皇帝就是年号。一般最早的皇帝谥号用得多，后来庙号用得多，明清时期则往往年号更深入人心。

夏商时期的帝王称呼多数用干支，例如太甲、孔甲、盘庚、帝辛，前面一个字据考证是一种祭祀方法，后面的一个字则表示在哪一天进行祭祀。

如盘庚是指在庚日用盘这种祭祀方法祭祀祖先，祭祀也是对先祖执政历史的一种总结。盘是指敲打磬礐的祭祀方式。谥号是周朝开始有的，但周文王、周武王不是谥号，是自称，昭王穆王开始才是谥号。

■ 隋炀帝画像

所谓谥号，就是用一两个字对一个人的一生做一个概括的评价，算是盖棺定论。像文、武、明、睿、康、景、庄、宣、懿都是好字眼。惠帝则是些平庸的，如汉惠帝、晋惠帝都是没什么能力的，质帝、冲帝、少帝、废帝往往是幼年即位而且早死的，厉、灵、炀都含有否定的意思，哀、思也不是好词，但还有点同情的意味，如末帝。另外孙权是个特例，他的谥号是大帝，在我国是绝无仅有的。

除了天子，诸侯、大臣也有谥号。秦始皇认为谥号是"子议父、臣议君"，于是废了谥号，从他这个始皇帝开始，想传二世、三世以至无穷，可惜只传了二世。

《逸周书》 原名《周书》，在性质上与《尚书》类似，是我国古代历史文献汇编。旧说《逸周书》是孔子删定《尚书》后所剩，是为"周书"的逸篇，故得名。

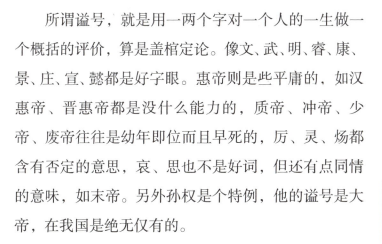

谥号为大帝的孙权画像

庙号 古代皇帝在庙中被供奉时所称呼的名号，始于西汉，止于清代。在隋代以前，并不是每一个皇帝都有庙号，因为按照典制，只有文治武功和德行卓著，还有对国家有大功、值得子孙永世祭祀的先王，才会特别追上庙号，以视永远立庙祭祀之意。到了唐代以后，每个皇帝都有了庙号。

汉代开始又实行谥号了。汉代倡导以孝治天下，所有皇帝的谥号都有个孝字，如孝惠、孝文、孝景一直到孝献。

按照周礼，天子七庙，也就是天子也只敬七代祖先，但有庙号就一代一代都保留着，没有庙号的，到了一定时间就"亲尽宜毁"，不再保留他的庙，而是把他的神主附在别的庙里。

谥法初起时，只有"美谥""平谥"，没有"恶谥"。善、恶"谥号"则源自西周共和行政以后，即周厉王因为暴政"防民之口甚于防川"等被谥为"厉"，另外还有"私谥"。

谥号的选定根据谥法，谥法规定了一些具有固定含义的字，供确定谥号时选择。这些字大致分为下列几类：

上谥，即表扬类的谥号，如："文"，表示具有"经纬天地"的才能或"道德博厚""勤学好问"的品德；"康"表示"安乐抚民"；"平"表示"布纲治纪"。

下谥，即批评类的谥号，如："炀"表示"好内远礼"；"厉"表示"暴慢无亲""杀戮无辜"；"荒"表示"好乐怠政""外内从乱"；"幽"表示"壅遏不通"；"灵"表示"乱而不损"；等等。

"下谥"之"恶谥"：周厉王是一个贪婪的君主，"国人"发动暴动，他逃到彘并死在那里，

"厉"便是对他予以斥责的"恶谥"。

中谥多为同情类的谥号，如："愍"表示"在国遭忧""在国逢难"；"怀"表示"慈仁短折"。

私谥，这是有名望的学者、士大夫死后由其亲戚、门生、故吏为之议定的谥号。私谥始于周末，到汉代才盛行起来。

本来不是所有皇帝都有庙号，但是都有谥号，所以唐代以前的皇帝大多称谥号。从唐代开始就谁都有庙号了，所以人们习惯称庙号。明清两代的皇帝一般一个年号用一辈子，所以人们习惯称他的年号。

也有不做皇帝，死后给尊为皇帝的，如曹操、司马懿父子，还有多尔衮，他手握大权，死后被福临尊为"成宗义皇帝"。

谥法制度有两个要点，一是谥号要符合死者的为人，二是谥号在死后由别人评定并授予。君主的谥号由礼官确定，由即位皇帝宣布，大臣的谥号是朝廷赐予的。谥号带有评判性，相当于盖棺定论。

帝王与群臣的谥号之间有严格区别，帝王的谥号，在隋朝以前均为一字或二字，如西汉的皇帝刘盈谥惠帝、刘恒谥文帝、刘启谥景帝，东汉的皇帝刘秀谥光武帝等即是。

但是从唐代开始，皇帝的谥号字数逐渐增加。754年，玄宗李隆基决定将先帝的谥号

司马懿（179—251），河内郡温县孝敬里人。三国时期魏国杰出的政治家、军事家，西晋王朝的奠基人73岁去世，葬于首阳山。谥号"宣文"；次子司马昭封晋王后，追封司马懿为宣王；司马炎称帝后，追尊司马懿为宣皇帝。

■ 多尔衮雕塑

清太祖努尔哈赤画像

都改为7个字，如李渊为"神尧大圣大光孝皇帝"，李世民为"文武大圣大广孝皇帝"。

唐代后各代皇帝的谥号，一般都偏长，其中称冠的清太祖努尔哈赤，谥号竟多达25个字"承天广运圣德神功肇纪立极仁孝睿武端毅钦安弘文定业高皇帝"，将美言懿语如此堆积。

命谥用字，有特定的规范，不可随意用字，也不可对立谥之字任意解释。从最早的经典文献"逸周书，谥法解"开始历朝历代的谥法在百种以上，载录谥字约400个，每个字都有特殊限定的意义。

淳朴浓郁的民风根源

阅读链接

624年，利州都督武士镬喜获千金，相师袁天罡曾观其相，谓其："口角龙颜，龙瞳凤颈，伏羲之相，贵人之极也。" 14岁入宫，由于聪慧机灵，唐太宗封之为五品才人。

后来，武氏之女夭折于王皇后处，李治大怒，废王立武。上元元年，李治体弱多病，武后开始垂帘听政，并大赦天下，条陈十二事，施行天下，天下人士皆称贤明。

683年，李治病逝，唐中宗李显即位，后因李显欲拔擢岳父韦玄贞为宰相，武氏认为不宜，废中宗，立豫王旦为皇帝，是为睿宗。

后来，武后自立为帝，改国号为周，却因变得阴戾猜忌，赐死一干忠良贤臣，唯一敢冒死谏言之狄仁杰，亦因病而逝。705年，武还政于中宗，同年十一月，武后去世，死后谥号"则天大圣皇后"，后世所称"则天武后"或"武则天"即是由此谥号而来。

我国历史上的称谓，是以儒家文化为正统，在儒释道三教合一厚重文化滋养下形成的。

中华民族特别注重血缘宗亲、伦理道德、礼尚往来、礼让谦逊等。因此从古至今上下几千年，使用过数以万计的称谓，再加上称谓又有习称、别称、通称、喻称、方言俗称，更是无法说全道尽。

称谓文化，促进了不同历史时期中国人的和谐相处，彰显了以仁爱孝义为本的中华民族在礼尚往来中尚礼仪、重虔敬的和谐生活之风。

家人称谓

古人在家庭生活中的称呼

　　古代的时候，人们第一人称可不都是用"我"，而是有很多谦卑的称谓。如：见到自己的长辈要自称为"小"，如"小婿""小侄"等，见到比自己地位或官阶高的人要称呼自己"小人""在下""鄙

古代夫妻生活场景

人"等。

被誉为"礼仪之邦"和、"君子之国"的中华民族，在古代传统礼仪中对长辈或平辈之人是从来不用不礼貌的称呼的，而是有很多表示尊敬的称谓。

称谓是古人生活中一个博大精深的语言世界，有习称、别称、通称、喻称、方言俗称。称谓在生活中承担着供人称呼人、事、物的功能，它所表明的是人们相互间的各种社会关系，称谓所区分的正是人们在社会关系中扮演的不同角色。

古人生活中"丈夫"这个称谓，被历代相沿，这里面也有一些历史文化渊源，这是因为古代有些部落，有抢婚的习俗。

女子选择夫婿，主要看这个男子是否够高，一般以身高1丈为标准。当时的1丈约等于7尺，有了这个身高1丈的夫婿，才可以抵御强人的抢婚。后来，女子都称她所嫁的男人为"丈夫"。

"妻"这种称谓，最早见于《易·系辞》："人于其官，不见其妻。"

淳朴浓郁的民风根源

《系辞》 它总论《易经》大义，解释了卦爻辞的意义及卦象爻位，所用的方法有取义说、取象说、爻位说；又论述了揲蓍求卦的过程，用数学方法解释了《周易》筮法和卦画的产生和形成。《系辞》认为，《周易》是一部讲圣人之道的典籍，它有四种圣人之道：一是察言，二是观变，三是制器，四才是卜占。《周易》是忧患之书，是道德教训之书。

但妻在古代不是男子配偶的通称。《礼记·曲礼下》载：

天子之妃曰后，诸侯曰夫人，大夫曰孺人，庶人曰妻。

看来那时"妻"只是平民百姓的配偶，是没有身份的。后来，"妻"才渐渐成为所有男人配偶的通称。

历史上关于"妻"的别称很多。古代无论官职大小，通称妻为"孺人"。卿大夫的嫡妻称为"内子"，泛指妻妾为"内人"。妻还被称为"内助"，意为帮助丈夫处理家庭内部事务的人。"贤内助"成为好妻子的美称。

旧时对别人谦称自己妻子为"拙内""贱内""拙荆"。而在官职较高的阶层中，对妻子的称

■ 古代夫妻生活图

呼却反映出等级制度来。如诸侯之妻称"小君"，汉代以后王公大臣之妻称"夫人"，唐、宋、明、清各代还对高官的母亲或妻子加封，称"诰命夫人"。

汉哀帝时，"太太"原为尊称老一辈王室夫人。到后来汉皇室又称皇太后为"皇太太后"。太太的称谓，在贵族妇女中逐渐推广起来。

明代时称太太要具备这样的条件："凡士大夫妻，年来三十即呼太太。"即司眷属中丞以上官职才配称太太。

■ 侍奉图

清代的人们，则喜欢叫家庭主妇为太太，不过以婢仆呼女主人的居多，不过这无形之中多少还有些限制，至少是在有知识阶层之上。

相传在唐代的时候，有位名叫麦爱新的人，考取功名后嫌弃妻子年老色衰，便想另结新欢。但老妻毕竟照顾了自己大半辈子，直言休妻太过残忍。于是写了副上联故意放在案头：

荷败莲残，落叶归根成老藕。

给为他整理书房的老妻看。妻子看了后，提笔续写下联道：

贱内 丈夫对自己妻子的谦称。"贱"是自谦之词，"内"指内人，用以谦称自己的妻子。意谓"我这个卑微者的妻子"，而不是"我那个卑微的妻子"的意思。

举案齐眉

释义：指送饭时把托盘举得跟眉毛一样高。形容夫妻互相尊敬，十分恩爱。出处：《后汉书·梁鸿传》为人赁舂。不就，妻为具食，不敢于鸿前仰视，举案齐眉。

禾黄稻熟，吹糠见米现新粮。

麦爱新读了妻子的下联，很是惭愧，便放弃了休妻的念头。

见丈夫回心转意，麦爱新的妻子又写道："老公十分公道。"麦爱新亦挥笔续写道："老婆一片婆心。"于是"老公""老婆"也就这样在民间叫开了。

在一些历史古籍中，还记载着"老婆"这个称谓，最初的含义是指老年妇人。后来王晋卿诗句有道："老婆心急频相劝。"这一"老婆"是指主持家务的妻子。因此，后来称呼自己的妻子叫"老婆"。

家庭关系中，称妻子的父亲为"丈人"。然而魏晋以前，妻子的父亲被叫作"舅"或"妇翁"。"丈人"则是对上了岁数的男子的尊称。

淳朴浓郁的民风根源

阅读链接

唐玄宗李隆基于726年的时候，曾到泰山封禅。丞相张说担任封禅使，顺便把他的女婿郑镒也带去了。按旧例，有幸随皇帝参加封禅者，丞相以下的官吏都可以升一级。郑镒本是九品官，张说利用职权，一下子把他连升四级。

唐玄宗在宴会上看到郑镒突然穿上五品官穿的浅绯色官服，觉得奇怪，便去问他。郑镒支支吾吾，不好回答。这时，擅长讽刺的宫廷艺人黄幡绰替他回答说："此泰山之力也！"

妙语双关，唐玄宗心照不宣，事情就这样混过去了。后人因此称妻父为"泰山"。

彰显家族长幼人伦的称谓

古代历史上彰显家族长幼人伦的称谓，在反映血缘关系所有称谓中产生得最早，使用的时间最长，而且在使用过程中不断完善、规范、明确。

这类称谓包括直系亲属和旁系亲属的称谓。所谓直系亲属，指的是和自己有直接血缘关系或婚姻关系的亲属，即指生育自己和自己所生育的上下各代亲属，包括父母、祖父母、子女、孙子女、外孙子女

棋盘山壁画

古代家庭蜡像

等父系、母系、子系、女系的亲属，以及和自己有婚姻关系的夫妻。

旁系亲属指直系亲属以外，在血缘上和自己或自己的配偶同出一源的人以及他们的亲属，如成年的兄弟姐妹及其配偶，叔伯兄弟姐妹，表兄弟姐妹、舅、姑、姨，等等，包括直系亲属以外的父系、母系的亲族以及妻子娘家的亲族。

古代家庭直系体系下的称谓包括如下形式：

远祖是称高祖以上远代祖先，又称"太高""太尊""祖先""先人""先君""先祖"等。

始祖是有世系可考的最早的祖先，又称"鼻祖"。高祖是曾祖父的父亲。又称"高祖王父""长祖""高门""显考"。高祖母是曾祖父的母亲。即高祖父之妻，又称"高祖王母"。

曾祖父是祖父的父亲，又称"曾祖""曾祖王父""太翁""曾翁""曾父""曾门""曾大父""曾太父"等。曾祖母是祖父的母亲，即曾祖父之妻，又称"曾祖王母"。

祖父是父亲的父亲，又称"王父""太王父""祖王父""大父""祖君""太公""公""祖翁""阿翁""爷爷""耶耶"等。对人自称祖父为"家公""家祖";尊称对方祖父为"尊祖父"。自称已故祖父则为"亡祖""王考""皇祖考""先祖"。

祖母是父亲的母亲,即祖父之妻,又称"王母""大母""太母""祖婆",后来俗称为"婆"。尊称他人祖母为"尊祖母"。已故祖母称为"皇祖妣"。

父指父亲,又称"严亲""翁";俗称"爷""爷爷""爹爹""爸爸""巴巴"等。对人自称父亲为"家严""家尊""家公""家父";尊称他人之父为"令尊""尊君""尊公""尊大人"等。称亡父为"先父""皇考"等。

母指母亲,又称"娘""娘娘""阿母"。喻称"萱堂"。方言俗称"妈""妈妈""阿妈"等。对人自称母亲为"家母""家夫人";尊称他人之母为"尊堂""尊夫人""令堂""令母"。称亡母为"妣""皇

■ 称谓和礼仪图

■ 敬老图

208

淳朴浓郁的民风根源

《尔雅》 "尔"是"近"的意思，历史上也曾写作"迩""雅"是"正"的意思，在这里专指"雅言"，即在语音、词汇和语法等方面都合乎规范的标准语。《尔雅》是我国最早的一部解释词义的专著，也是第一部按照词义系统和事物分类来编纂的词典。

妣""显妣"等。

古人兄弟姐妹及其配偶、子女间的称谓反映为如下形式：

兄即兄长。男子先生为兄，兄又称"昆""仲"，今称"哥""哥哥"。对人自称其兄为"家兄"；尊称他人之兄为"令兄""尊兄"等。

弟是兄弟中后生为弟，又称"男弟""亲弟""同产弟"等。弟自称"小弟"，兄称弟为"贤弟"。对人称己弟为"家弟"；称人之弟为"令弟""淑弟"等。

嫂子是兄长的妻子。弟妇是指的弟弟的妻子。娣指兄弟之妻。在我国民间又将之称为"妯娌""筑里"等。

兄弟之子称"从子"，后又称"侄""犹子""侄男""亲侄""侄辈""兄子""小侄"等。兄弟之女称"从女"，又称"女侄""侄""犹女""兄女""弟女"等。

姊妹指的是姐姐与妹妹的统称。

姊是说的女兄，古人以同一父母所生女子在先者为姊，即姐姐，又称"姐""阿姊""姊姊""姊姐""贤姊"等。对人自称姊为"家姊"。妹在《尔雅》中有相关的解释，书中说："后生为妹"，又称作"女弟""娣""幼妹""小妹"等。称人之妹为"令妹"。

姊夫指的是姐姐的丈夫，又称"姊婿"。《尔雅》的《释亲》篇以姊夫称为"私""甥"。妹妹的丈夫称为妹夫，又称"妹婿""私"等。

甥是姊妹之子，又称为"贤甥""外甥""外生""养甥""姊子"。姊妹的女儿叫"外甥女"。

在父亲的兄弟姐妹及配偶中、子女中也有相关的称谓。

世父是指父亲的兄长，又称"伯父""伯伯""犹父""伯""公"等。世父的妻子叫"世母"，又称"伯母"。

叔父是父亲的弟弟，又称"叔""阿叔""从翁"等。对人自称其叔父为"家叔父""家叔"；尊称他人叔父为"贤叔"。叔父的妻子尊称为"叔母"，后又称"婶""婶母"。

父亲的姐妹称"姑"。

贤叔 古人对他人叔叔的敬称。此处的敬称有两重含义，即对他人与他人叔叔，重点多在"贤"字上。《晋书·郑袤传》："宣帝谓袤曰：'贤叔大匠垂称于阳平、魏郡，百姓蒙惠化。'"

209

血缘关系

家人称谓

■ 表兄妹宝玉和黛玉

又称"姑母""姑姑""诸姑""姑姊妹"等。对人称自己的姑姑为"家姑"。姑婿就是姑母的丈夫，又称"姑夫""姑父"。

伯父和叔父的儿子就是从父兄弟，又称"堂兄弟""从父昆弟""从兄弟""叔伯兄弟""同堂兄弟""贤从"等，是同祖父兄弟。

父亲的姊妹的子女为表兄弟姐妹，晋以后称"中表"。母亲的兄弟姐妹的子女也称"表兄弟姐妹"。

父亲的伯叔及其配偶、子女之间也有相应的亲属称谓，从祖祖父是指父亲的伯父、叔父，也就是自己的伯祖父和叔祖父，又称"从祖世父""从祖王父""伯翁""叔翁"等。这是祖父的兄弟，即祖父的同辈，故称"从祖祖父"。

从祖祖母是从祖祖父的妻子，又称"从祖世母""从祖王母""从祖母""伯祖母""叔祖母""伯婆""叔婆"等。

从祖父是父亲的伯父、叔父的儿子，即父亲的从兄弟，又称"堂伯""堂叔"。从祖母就是从祖父的妻子，又称"堂伯母""堂叔母"等。

从祖父即堂伯、堂叔的儿子称为从祖兄弟，又称"从堂兄弟""再从兄弟""从祖昆弟"。这是同曾祖的兄弟。因和自己是同曾祖的平辈，所以称"从祖兄弟"。

阅读链接

在社会交往中，在别人面前谦称自己的父母用"家"。"家父""家君""家尊""家严"都可用于称自己的父亲；"家母""家慈"称自己的母亲；"家兄"是称自己的哥哥。

在别人面前称呼比自己年纪小或辈分低的亲属用"舍"。"舍弟"就是自己的弟弟，"舍侄"就是自己的侄辈。"家""舍"都可译成"我的"。

淳朴浓郁的

民风根源

生之由来

生庚生肖与寿诞礼俗

十二生肖

生肖指的是人所生年份的属相，一共有12个，统称"十二属相"或"十二相属"，分别用12种动物鼠、牛、虎、兔、龙（传说中的）、蛇、马、羊、猴、鸡、狗、猪来代表。12种动物又同十二地支两两相配，即子为鼠，丑为牛，寅为虎，卯为兔，辰为龙，巳为蛇，午为马，未为羊，申为猴，酉为鸡，戌为狗，亥为猪。

我国生肖文化历史悠久，内容丰富，两两相对，民俗气息浓郁，是最具有大众基础、辐射面广、凝聚力强的传统文化之一，具有丰富的内涵。

传说玉皇大帝给动物排名次

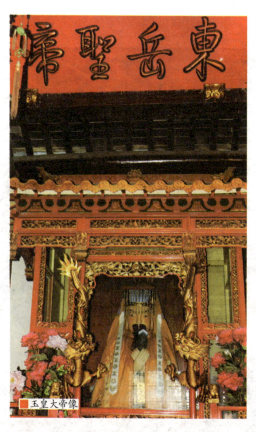

玉皇大帝像

相传玉皇大帝在天上待得久了，不免有些烦闷，就想选出12种动物作为代表。于是，他派神仙下凡跟动物们说了这件事，又定了时间在卯年卯月卯日卯时到天宫来竞选，并说来得越早排名越往前，后面的排不上。

那个时候，猫和老鼠还是好朋友，猫爱睡觉，但它也想被选上，所以就叫老鼠到时候叫它。可是老鼠一转头就忘记了。老鼠去找来老牛，说老牛起得早、跑得快，请老牛到时候带着他一起去，老牛答应了。

当时的龙是没有犄角的，而鸡是有犄角的。龙跟鸡说，鸡已经很漂亮了，就用不着犄角来装饰了，龙的意思是想让鸡把犄角借给它。

■ 十二生肖铜像

鸡一听龙的奉承，就很高兴地借了犄角给龙，并让龙在竞选后记得按时还它，龙满口答应下来。

到了卯年卯月卯日卯时，众动物纷纷赶向天宫。这时的猫还在睡觉，而老鼠却坐在牛背上一直到达天庭。但到了天庭，老鼠却"噌"地一跳，抢在了老牛的前面。

玉皇大帝说老鼠最早到，就让老鼠排第一，老牛排第二。随后，老虎排第三，兔子排第四。龙来得很晚，但龙的个头大，玉皇大帝一眼就看到了龙，就叫龙过来，让漂亮的龙排第五，还让龙的儿子排第六。

这时龙很失望，因为它儿子今天没来。这时，后面的蛇跑来说龙是自己的干爸，于是蛇排了第六。

天宫 道教认为玉皇为众神之王，在道教神阶中地位极高，神权最大。道经中称其居住昊天金阙弥罗天宫，也就是天宫，天宫横纵以天罡、地煞之数排列天宫、宝殿主要建筑共计108座左右。

龙　在我国古代神话与传说中，是一种神异动物，具有九种动物合而为一之九不像的形象，为兼备各种动物之所长的异类。传说其能显能隐、能细能巨、能短能长。上下数千年，龙一直是华夏民族的代表！是中国的象征！

这时，马和羊也到了，它们都礼让对方排自己前面。玉皇大帝看马和羊这么有礼貌，就让它们排了第七和第八。

猴子本来排在第三十位左右的，可是它凭自己善跳跃的本领，一下蹦到天上拉来云朵，飘到了前面，结果排在了第九。紧接着，鸡、狗、猪也先后被选上。

竞赛结束了，这时的懒猫才刚醒。猫知道老鼠耽误了自己，就满世界地追着老鼠，从此誓不两立。

龙在竞赛结束后来到大海边，看到自己有了犄角，比以前漂亮多了，就不准备把犄角还给鸡了。为了躲鸡，他从此消失在人世间。

淳朴浓郁的民风根源

■十二生肖面塑

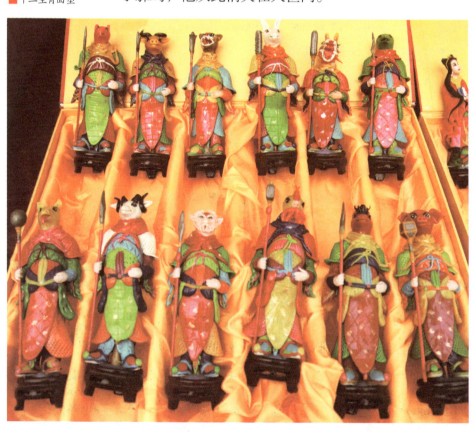

十二生肖剪纸

鸡很气愤，从此以后，它天天一大早起来对着大海喊："快还我！快还我！"母鸡就跟着喊："快还它！快还它！"小鸡也叫："还！还！"

在民间传说中，关于十二生肖动物的排序，还有另一个广为流传的版本。

据说有一年，玉皇大帝过生日，下令让所有的动物在正月初九这天前来祝寿，并决定按前来祝贺生日的报到顺序选定12种动物，作为通往上天之路的守卫，并按年轮流值班。

在当时，老鼠和猫是邻居，猫在平时常常欺负老鼠，老鼠对猫也是敢怒而不敢言。老鼠接到玉皇大帝下的令后，知道猫有个贪睡的毛病，便心中窃喜：报复猫的机会终于来了。

猫也接到了玉皇大帝的命令，它知道自己贪睡，就叩响了老鼠家门，请求老鼠去给玉皇大帝祝寿时叫醒自己一同前往，老鼠满口答应下来。为了报复猫，到了正月初九的清晨，老鼠便悄悄地独自出发了。

老鼠虽然起得很早，跑得也很快，但到了宽宽的河边，面对着涛涛的河水，它发愁了，只好坐在河边等着其他动物渡河时，跳到它们

淳朴浓郁的民风根源

■ 十二生肖玉玺

寓言 是文学作品的一种体裁，常带有讽刺或劝诫的性质，用假托的故事或拟人手法说明某个道理或教训。寓言以比喻性的故事寓意韵味深长的道理，给人以启示。寓言早在我国春秋战国时代就已经盛行。在先秦诸子百家的著作中，经常采用寓言阐明道理，保存了许多当时流行的优秀寓言，如：《自相矛盾》《郑人买履》《守株待兔》《刻舟求剑》《画蛇添足》等。

的背上借力渡河。老鼠等了好一会儿，终于等到了一向早起的老牛。

老牛慢悠悠地走到河边，泅入水中，向对岸游去。这时，老鼠趁机跳到老牛的耳朵里。老牛知道老鼠钻进了自己的耳朵，但它一贯以憨厚著称，善于助人为乐，因此它对老鼠这种投机行为毫不在意。

泅渡过河后，老鼠觉得躺在牛耳朵里既舒服又省力，因此也没有跳下来的意思。天近午时，牛载着老鼠到了玉帝的家门外。

就在牛刚要进门时，老鼠迫不及待地从牛耳朵里蹿出来，抢先跳到了玉帝面前。

就这样，老鼠取得了第一名。而载了它一路的老牛，却获得第二名。

稍后，老虎、兔、龙、蛇、马、羊、猴、鸡、狗也陆续到达。猪虽然有些笨拙，但也按时到达，名列第十二名。

玉帝按它们报到的先后次序，一一赐封它们为每年的轮值守卫。十二生肖的顺序就这样确定下来了。

正月初十，天还没有亮，熟睡了几天的猫终于醒了。它不知道自己睡了很长时间，就趁黑上路了。猫一路上很得意，因为它没有发现一个动物出现。来到了玉帝门前，猫一边敲门，一边高喊："玉帝，猫来报到了！"

前来开门的人一听，哈哈大笑，对猫说："你真是一只大笨猫，你已经迟来一天了，还是回去洗洗脸，清醒清醒脑子吧！不要老是一副睡不醒的样子，把玉帝的指令都抛在脑后。"这时的猫已经估计到了整个事情的经过，想到老鼠竟敢食言，气得长须倒竖，杏眼圆睁，真是愤怒到了极点。

从此以后，猫与老鼠结下了不解的怨仇，发誓一见到老鼠定要把它咬死，大有不吃尽天下老鼠誓不罢休的气概。

关于十二生肖的排列，还有各种传说，这类故事，或似开心解闷的笑谈，或似贬恶扬善的寓言，文学成分较浓。但是，生肖座次的排定，绝非一朝一夕，也不是一代人所能完成的。最初未必就是一次提名12种，也许只有四五种，也许曾有过超额的局面，后来优胜劣汰，定额定员并定位了，一直传至今日。

阅读链接

在十二生肖中除了龙都是现实中有的动物，为什么古人会把不存在的龙排在十二生肖中？这与原始社会形成的龙图腾信仰有关。

龙是中华民族的象征，是集许多动物的特性于一体的"人造物"，是人们想象中的"灵物"。龙代表富贵吉祥，是最具象征色彩的吉祥动物。

龙作为一种文化的凝聚和积淀，已扎根和深藏于我们每个人的潜意识里，龙文化的审美意识已渗透入了我国社会文化的各个领域、各个方面。因此，生肖中更少不了龙的位置。

干支纪时与生肖的寓意

原始时代，我们的祖先们体验着寒暑交替的循环往复。后来，人们发现月亮按照一定的规律进行盈亏变化，发现十二次月圆为1年。这一发现，是初期历法成果之一，"十二"便被视为传达天意的"天之

十二生肖星宿太极雕刻

大数"。

　　根据我国古老的阴阳八卦观，天为阳，地为阴，天乾而地坤。以天为主、地为从者古已有之。天有十位，谓之"天干"，又称"十母"，即甲、乙、丙、丁、戊、己、庚、辛、壬、癸；与之相对应的，地有十二位，谓之"地支"，又称"十二子"，即子、丑、寅、卯、辰、巳、午、未、申、酉、戌、亥。

　　后来，我们的祖先便根据太阳升起的时间，将一昼夜区分为12个时辰，并采用十二地支纪时法来记录，每个时辰相当于现在两个小时，这样，一昼夜便是后来所称的24个小时。同时，在观天象的时候依照12种动物的生活习惯和活动的时辰，确定十二生肖。

　　夜间11时至次日凌晨1时，属子时，正是老鼠趁夜深人静，频繁活动之时，故称"子鼠"。

　　凌晨1时至3时，属丑时。牛习惯夜间吃草，农家常在深夜起来挑灯喂牛，故称"丑牛"。

　　凌晨3时至5时，属寅时。此时昼伏夜行的老虎最凶猛，古人常会在此时听到虎啸声，故称"寅虎"。

　　清晨5时至7时，属卯时。天刚亮，兔子出窝，喜欢吃带有晨露的青草，故为"卯兔"。

　　早晨7时至9时，属辰时。此时一般容易起雾，传

八卦　表示世间万物变化规律的阴阳系统，用"—"代表阳，用"--"代表阴。用3个这样的符号，按照大自然的阴阳变化进行平行组合，组成八种不同形式，叫作"八卦"。乾代表天，坤代表地，震代表雷，巽代表风，坎代表水，离代表火，艮代表山，兑代表泽。

■ 十二生肖排列罗盘

淳朴浓郁的民风根源

时辰 我国古时把一天划分为12个时辰，每个时辰相当于现在两个小时。相传古人根据我国十二生肖中的动物的出没时间来命名各个时辰。西周时就已使用十二时辰制。汉代命名为夜半、鸡鸣、平旦、日出、食时、隅中、日中、日昳、晡时、日入、黄昏、人定。

说龙喜腾云驾雾，又值旭日东升，蒸蒸日上，故称"辰龙"。

上午9时至11时，属巳时。大雾散去，艳阳高照，蛇类出洞觅食，故作"巳蛇"。

中午11时至1时，属午时。古时野马未被人类驯服，每当午时，四处奔跑嘶鸣，故称"午马"。

午后1时至3时，属未时。有的地方称此时为"羊出坡"，意思是放羊的好时候，故称"未羊"。

下午3时至5时，属申时。太阳偏西了，猴子喜在此时啼叫，故为"申猴"。

下午5时至7时，属酉时。太阳落山了，鸡在窝前打转，故称"酉鸡"。

傍晚7时至9时，属戌时。人劳碌一天，闩门准备休息了。狗卧门前守护，一有动静，就汪汪大叫，故为"戌狗"。

夜间9时至11时，属亥时。夜深人静，能听见猪拱槽的声音，于是称作"亥猪"。

就这样，一天的时辰和动物搭配就排列了下来：子与鼠、丑与牛、寅与虎、卯与兔、辰与龙、巳与蛇、午与马、未与羊、申与猴、酉与鸡、戌与狗、亥与猪。后来人们把这种纪时法用于纪年，就出现了十二生肖。对于12种动物配十二时辰，还有一类似的说法。这一说法两两相对，六道轮回，体现了我们祖先对我们全部的期望及要求。

据说天地生成于子时，生之初，没有缝隙，气体跑不出来，物质无法利用，被老鼠一咬，出了缝隙，才使气体跑出来，物质便能利用了。老鼠有打开天体之神通，子时就属鼠了。老鼠打开了天地之缝，牛便出来耕耘土地，于是丑时就属牛了。

传说人生于寅时，"寅"字有敬畏之意，古时人最怕老虎，寅时便属虎了。卯时已经进入清晨，但太阳还没有出来，照亮大地的还是月亮，而月宫中唯一的动物是"玉兔"，于是卯时便属兔。

传说辰时正是群龙行雨的时候，此时自然属龙了。蛇善于利用草掩藏其行踪，据说巳时蛇不在人行走的路上游动，不能伤人，所以巳时属蛇。

午时阳气达到极限，阴气刚欲产生，马跑离不开地，是属阴类动物，故午时属马。传说羊吃了未时的草，并不影响草的再生，未时就属羊了。

申时的"申"有"伸"的意思，而猴子最善于伸屈攀登，故申时属猴。酉时鸡开始归窝，此时当属鸡。

戌时天渐渐黑了，狗开始"工作"，看家望门护

六道 佛学术语，指有情生活、轮回于其中的六个界别，即天道、阿修罗道、人道、畜生道、饿鬼道、地狱道。此中上三道，为三善道，因其业力较善良故；下三道为三恶道，因其业力较惨恶故。一切众生皆在此六道中轮回。轮回理论是佛教的基本理论之一。

■ 十二生肖排列剪纸

■ 十二生肖黄石摆件

淳朴浓郁的民风根源

君子和而不同

出自《论语·子路》，是孔子所言："君子和而不同，小人同而不和。"君子在人际交往中能够与他人保持一种和谐友善的关系，但在对具体问题的看法上却不必苟同于对方。小人习惯于在对问题的看法上迎合别人的心理、附和别人的言论，但在内心深处却并不抱有一种和谐友善的态度。

院，这时就属狗。亥时已入夜，万物寂静，天地混沌，而猪和天地混沌一样，除"吃"以外一无所知，亥时自然就属猪了。

第一组为鼠和牛。鼠代表智慧，牛代表勤劳。两者一定要紧密地结合在一起，如果只有智慧不勤劳，就变成了小聪明，光是勤劳，不动脑筋，就变成了愚蠢。所以两者一定要结合，这是我们的祖先对于第一组的期望和要求，也是最重要的一组。

第二组是老虎和兔子。老虎代表勇猛，兔子代表谨慎。两者一定要紧密地结合在一起，才能做到所谓的大胆心细。如果勇猛离开了谨慎，就变成了鲁莽，而一味的谨慎就变成了胆怯。这一组也很重要，所以放在第二位。

第三组是龙和蛇。龙代表刚猛，蛇代表柔韧。所谓刚者易折，太刚了容易折断；过柔易弱，太柔了就容易失去主见。所以刚柔并济是我们历代的祖训。

第四组是马和羊。马代表一往无前，向目标奋进，羊代表团结和睦。中华民族是一个大家庭，我们更需要团结和睦的内部环境，只有集体的和谐，我们才能腾出手追求各自的理想。如果一个人只顾自己的利益，不注意团结、和睦，必然会落单。所以，个人的奋进与集体的和睦必须紧紧结合在一起。

第五组是猴子和鸡。猴子代表灵活，鸡定时打鸣，代表恒定。灵活和恒定一定要紧紧结合起来。如果你光灵活，没有恒定，再好的策略最后也得不到收获。只有它们之间非常圆融地结合，一方面具有稳定性，保持整体的和谐和秩序，另一方面又能不断变通地前进。

最后是狗和猪。狗代表忠诚，猪代表随和。一个人如果太忠诚，不懂得随和，就会排斥他人。而反过来，一个人太随和，没有忠诚，这个人就失去原则。所以无论是对一个民族或国家的忠诚、对团队的忠诚，还是对自己理想的忠诚，一定要与随和紧紧结合在一起，这样才容易真正保持内心深处的忠诚。这就是我们一直坚持的外圆内方，"君子和而不同"。

每个人都有属于自己的生肖，我们的祖先期望我们要圆融，不能偏颇，要求我们懂得从对应面切入。比如属猪的人能够在他的随和本性中，也去追求忠诚。而属狗的人则在忠诚的本性中，去做到随和。

阅读链接

我国古代许多民族都有动物信仰。比如白族的虎氏族认为，他们的始祖为雄性白虎，虎也不会伤害他们。出远门时要选在属虎的那天，认为只有这样，做事才会吉祥如意。回家时也一定要算准日期，只有虎日才进门槛。

白族的鸡氏族则传说，他们的祖先是从金花鸡的蛋里孵化出来的，认为公鸡知吉凶，会保佑他们。在迁徙时，将东西装在背箩里，上面放一只公鸡。到达新迁地区后，公鸡在什么地方叫，表明这个地方最吉利，于是就在这里安家。

十二生肖之首的子鼠

相传那是在我国上古时期的时候，轩辕黄帝定下了12个生肖的顺序。其中老鼠排在第一，占据连接着昨日与今日的子时。

十二生肖动物的足趾或为单数，或为双数，只有鼠的前爪为四趾，后爪为五趾。古人以奇数为阳，偶数为阴，鼠阴阳齐备，前爪体

■精美的老鼠摆件

现"昨日之阴"，后爪象征"今日之阳"。鼠与子时密不可分，况且夜半时分正是老鼠最活跃的时候。于是，鼠就占了十二生肖动物的榜首。

■十二生肖鼠像

对于鼠占子时，清初刘献廷撰的笔记丛刊《广阳杂记》说，上古的时候，天地混沌一片，是鼠在子时咬破混沌，使天地分开，建此创世奇功，于是鼠名列十二生肖之首，自然当之无愧。

种种传说，虽然都难以为凭，但老鼠机警、狡诈而又运气好的形象，却丰富了民俗文化。

在民俗文化中，老鼠被称为"仓神"，号为"大耗星君"。农历正月二十五日是填仓节，又称"天仓节"。填仓节这天，粮商米贩都要祭"仓神"。

相传很久以前，北方曾大旱三年，赤地千里。一位看守粮仓的官吏于心不忍，开仓救民，然后在正月二十五日放火烧仓，自己也在烈火中结束了生命。

人们为了纪念这位为老百姓献身的无名氏仓官，就在正月二十五这一天，北方家家户户在院里或打谷场用筛过的炊灰，撒出一个个粮囤状的灰圈，内放五谷杂粮，并在其上覆盖瓦片，意即填满粮仓。

传说填仓节这天是老鼠嫁女的日子。老鼠嫁女这一日忌开启箱柜，怕惊动老鼠。前一天晚上，儿童将

填仓节 时间是正月二十五，是汉族民间一个象征新年五谷丰登的节日。"填仓节"因"填"与"天"谐音，亦称为"天仓节"，民间有老天仓与小天仓之分。有的说天仓节是祭星之日，有的说是为祭土地或祭磨神。所谓"填仓"，意思是填满谷仓。

剪纸 汉族传统的民间工艺。它源远流长，经久不衰，是我国民间艺术中的瑰宝，那些质朴、生动有趣的艺术造型，有着独特的艺术魅力。其特点主要表现在空间观念的二维性、线条与装饰、写意与寓意等许多方面。

糖果、花生等放置阴暗处，并将锅盖簸箕等物大敲大打，为老鼠催妆。第二天早晨，将鼠穴闭塞，认为从此以后鼠可以永远绝迹。

还有的地区在老鼠娶妇日，很早就上床睡觉，也为不惊扰老鼠，俗谓"你扰它一天，它扰你一年"。

历史上过老鼠嫁女节，一般是在正月二十五晚上。当天晚上，家家户户都不点灯，全家人坐在堂屋炕头，一声不响，摸黑吃着用面做的"老鼠爪爪"等食品，不出声音是为了给老鼠嫁女提供方便，以免得罪老鼠，给来年带来隐患。

我国台湾的居民认为初三为小年，传说初三晚上是老鼠结婚日，所以深夜不点灯，在地上撒米、盐，人要早早上床，不影响老鼠的喜事。台湾民间剪纸中的"老鼠娶亲"就是这种信仰的反映。

古人并不讨厌老鼠，而老鼠也不讨人厌，可以说

■十二生肖鼠像陶瓷

是和平共处，相安无事。清代举人徐珂在他的清代掌故逸闻汇编《清稗类抄》中记载：

> 盐城有何姓才是其家主人，自以为本命肖鼠也，乃不畜猫，见鼠，辄禁人捕。久之，鼠大蕃息，日跳梁出入，不畏人。

■ 圆明园十二生肖鼠像

旧时上海一带有避老鼠落空的习俗。老鼠外出觅食，失足落地，称为"老鼠落空"，据说见者多为不吉利，非病即灭，必须禳解。其方法是沿街乞讨白米，谓"百家米"，回家用以煮饭，食后便可化解。

湖北江汉平原一带将小初夜看作老鼠嫁女日，俗称"鼠添箱"。那一天，家家要将插上花的面饼放在暗处，禁止舂米、磨面，大人小孩不准喧哗，如果惊动了老鼠，来年它就会捣乱。

在青海的一些地区有"蒸瞎老鼠"的风俗。每年农历正月十四这一天，家家户户用面捏成12只老鼠，不捏眼睛，然后用蒸笼蒸熟，待元宵节时摆上供桌，并点上灯烧香，乞求老鼠只食草根，勿伤庄稼，以保本年丰收。

农历正月第一个子日，朝鲜族在这一天要进行"熏鼠火"民俗活动。农家的孩子们在田埂上撒下稻

炕 又称"火炕"，或称"大炕"，是北方居室中常见的一种取暖设备。古时满族人也把它引入皇宫内。盛京皇宫内多设火炕，而且一室内设几铺，这样既解决了坐卧起居问题，又可以通过如此多的炕面散发热量，保持室内较高的温度。东北人睡火炕的历史，至少有千年以上。

草并点燃，以达到烧除杂草并驱赶田鼠的目的。这一项民俗活动，有利于灭鼠、灭虫，草木灰还可以肥田。另外，子日属鼠，在这一天燃一把熏鼠火，其象征性使人们得到了心理上的满足。

老鼠嫁女之日，并非全定在正月二十五，有的地方是正月初十，这一夜还必须点灯，为鼠照明。比如浙江金华一带，旧时以二月初二为老鼠嫁女日，这一天家家炒爆黄豆，拌以红糖，撒于屋隅。

老鼠嫁女，一向是我国民间年画或剪纸的传统题材，鼠新郎、鼠新娘以及鼠傧相、鼠宾客等，一如人间的场面，虽然无不尖嘴细腿，却都穿红衫着绿裤，摇摇摆摆，结队成行，隆重而滑稽。

鼠与人类的生活，千丝万缕地纠缠在一起，鼠文化自然在人类日常生活的方方面面不加掩饰地呈现出来，鼠文化使鼠变得越来越可爱，越来越神秘。

淳朴浓郁的民风根源

阅读链接

唐代文学家柳宗元的《永某氏之鼠》，记载了这样一个故事：永州某人禁忌很多，因为属鼠，所以敬鼠如神，家里不许养猫，也禁止仆人灭鼠。于是老鼠一传十，十传百，都到他家来，结果把他家里闹翻了天，家里没有一样完整的东西，白天老鼠也出来活动。这个人后来搬到别的州去了，新来的主人对老鼠就不那么客气了。

故事告诉人们：凡是害人的东西，即使一时可以找到"保护伞"，但这种庇护是不可能长久的，最终还是没有好下场。

代表勤劳与朴实的丑牛

古人向来有"残冬出土牛送寒气"的习俗。每年的立春这一天，人们就怀着期盼已久的心情准备迎接春天了。两汉时期，这一习俗被确定为在立春这天举行土牛迎春仪式。

当日清晨，京城百官都着青衣、戴青帽、立青幡，送土牛于城门外。官员执鞭击土牛，以示劝农，各郡县也举行同样的仪式。随后，百姓哄抢碎牛的散土，说牛肉"兼辟瘟疫"。争来抢去，成了一个热热闹闹的节日，谓之"鞭春""鞭牛"。

立春用土牛祈祷丰收的习俗，经两汉入唐至两宋，越来越丰富多彩。汉

圆明园十二生肖牛像

淳朴浓郁的民风根源

句芒 或名"句龙",我国古代神话中的木神,也叫"春神",主管树木的发芽生长,少昊的后代,名重,为伏羲臣。太阳每天早晨从扶桑上升起,神树扶桑归句芒管,太阳升起的那片地方也归句芒管。句芒在古代非常非常重要,每年春祭都有份。

时,立土牛六头于国都郡县城外丑地,以送大寒。丑的方位在北方偏东,十二生肖配十二地支,牛为丑,故立土牛于丑位为最佳方位。

到宋代,四门都开,各出土牛,牛身饰彩,鼓乐相迎,由人装扮成主管草木生长的"句芒神"鞭打春牛。地方官行香主礼,一方面宣告包括农事在内的一年劳作开始,一方面祈祷当年的丰收。

皇宫中也举行"鞭春"的仪式,由皇帝主礼。京城的街市上多有泥制小春牛出卖,于是春牛不仅是迎春仪式上的主角,也成了新春之际的吉祥物。唐代诗人元稹《生春二十首》诗中说:

■ 生肖牛铜像

鞭牛县门外,
争土盖春蚕。

先"鞭"而后"争",是古代送冬寒迎新春风俗的组成部分。鞭春牛又称"鞭土牛",起源较早。《周礼·月令》中记载说:

出土牛以送寒气。

这一习俗被一直保留下来,但改在春天,唐、宋两代最兴盛,尤其是宋仁宗颁

布《土牛经》后，鞭土牛风俗传播更广，以至成为民俗文化的重要内容。

■ 传统习俗鞭春牛

至清代，据清康熙《济南府志·岁时》记载：

> 凡立春前一日，官府率士民，具春牛、芒神，迎春于东郊。作五辛盘，俗名春盘，饮春酒，簪春花。里人、行户扮为渔樵耕诸戏剧，结彩为春楼，而市衢小儿，着彩衣，戴鬼面，往来跳舞，亦古人乡傩之遗也。立春日，官吏各具彩仗，击土牛者三，谓之鞭春，以示劝农之意焉。为小春牛，遍送缙绅家，及门鸣鼓乐以献，谓之送春。

《土牛经》 明代周履靖辑著。据传其最初为宋仁宗颁布。实际内容分4个部分，通过牛的颜色、赶牛人的衣服、赶牛人在牛的前后左右位置、牛的缰索质地颜色，来顺应天干地支、阴阳五行，以达到吉祥的寓意。顺应天意以得到丰收祥瑞。

鞭春牛的意义，不限于送寒气，促春耕，也有一

巫术 是企图借助超自然的神秘力量对某些人、事物施加影响或给予控制的方术。"降神仪式"和"咒语"构成巫术的主要内容。巫术分为黑巫术和白巫术，黑巫术是指嫁祸于别人时施用的巫术，白巫术则是祝吉祈福时施用的巫术，故白巫术又叫"吉巫术"。

定的巫术意义。山东民间要把土牛打碎，人人争抢春牛土，谓之"抢春"，以抢得牛头为吉利。浙江境内迎春牛的特点是，迎春牛时，依次向春牛叩头，拜完，百姓一拥而上，将春牛弄碎，然后将抢得的春牛泥带回家撒在牛栏内。经过迎春的春牛土，撒在牛栏内可以促进牛的繁殖。

古人认为牛拥有"五行"中土属性和水属性的神力，是风调雨顺、国泰民安的象征。五行中讲水能生木，所以牛的耕作能促进农作物生长，又讲土能克水，所以古人们在治水之后，常设置铜牛、铁牛以镇水魔。在我国各地都有相应的实物证据。

比如闻名遐迩的黄河铁牛，也叫作"开元铁牛""唐代铁牛"，位于永济城西15千米处，蒲州城西的黄河古道两岸，各4尊。8尊大铁牛各长3米多，最重的一头4.5万千克，一方面作为地锚拉住桥上铁索，另一方面，古人认为"牛象坤，坤为土，土胜水"，于是以牛镇水求安澜，其中的4尊铁牛已经被发现。

我国的古人还认为"牛年马年好耕田"，牛年通常风调雨顺。旧时的皇历，多印有十二生肖图，并标明几牛耕田、几龙治水之类的话。

■ 花丝镶嵌生肖牛

■ 黄河铁牛

每年的第一个丑日在正月初几，就是几牛耕田；第一个辰日在正月初几，就是几龙治水。比如某一年正月初一是辰日，初十是丑日，即"一龙治水，十牛耕田"。按民间说法，治水的龙越多，雨水越少，龙越少反而雨水充沛。牛却相反，本是勤奋和财富的象征，自然是多多益善。由此看来，这一年就是个好年头。

牛是人类最早驯化的动物之一，我国的山西、河南、四川等地，都出土过距今在5000年左右的水牛遗骸化石。据说，黄帝的臣子胲能驾牛，也有说少昊时人开始驾牛。黄帝、少昊都是远古传说时代的部族首领，彼时尚未进入青铜器时代，不可能有金属农具，因此用牛耕田还不可能。所谓驾牛，大概是驱牛负重或载人。

据记载，商部族的祖先王亥，曾赶着牛群到河北，与有易氏进行贸易，足见远古时代畜牧业之发

少昊 相传少昊是黄帝之子，是远古时义和部落的后裔，华夏部落联盟的首领，同时也是东夷族的首领。我国"五帝"之首，中华民族的共祖之一，为早期华夏文明奠定了坚实的基础，华夏文化传承自义和文化，义和文化是华夏文化的主要源泉。

殷商 也就是商朝，是我国历史上的第二个朝代，是我国第一个有直接的同时期的文字记载的王朝。夏朝诸侯国商部落首领商汤率诸侯国于鸣条之战灭夏后在商丘建立商朝。甲骨文和金文的记载是目前已经发现的我国最早的成系统的文字符号。在商时期的长江流域也平行存在着发达的非中原文明。

达。江西新干出土的商代铧犁，将有证可查的牛耕历史，从春秋提高到商代，牛用以耕田至少是3000年前的事了。

殷商甲骨文中，已出现"犁"字，其形颇似牛引犁头启土，可见牛耕已较常见。农业进入畜牧阶段，无疑是生产力的一次改革。牛耕至今尚未绝迹，在偏远山区间负重引车，可见牛还没完全脱离农事。

《周礼·地官》记养牛的官职是"牛人""凡祭祀，供其享牛"。当时的牛，主要用来做运输以及祭祀、食用。所谓"牛夜鸣则厝"，如果牛夜里鸣，那是牛生病了，肉会有臭味。《三国志·魏书·武帝纪》首次提到曹操破袁绍之后："授土田，官给耕牛，置学师以教之。"说明当时肯定已用牛耕田。

牛在我国文化中是勤劳的象征。古代就有利用牛拉动耕犁以整地的应用，后来人们知道牛的力气巨大，开始有各种不同的应用，从农耕、交通甚至军事都广泛运用。

■ 犁地彩绘砖

战国时代的齐国还使用火牛阵打败燕国。三国时

代，蜀伐魏的栈道运输也曾用到牛。在宋代，私自宰杀牛是犯法的，《宋史》曾记载天长县令包拯审判一盗割牛舌者又来告人家私宰耕牛的案件。

牛在农耕文化中所起的重大作用，推动了人类文明的发展。人类感谢与自己共同创造文明史的伙伴，因此牛崇拜由来已久。

早在战国时期，秦国就曾立怒特祠祭祀神牛。我国56个民族大多有牛崇拜的习俗，有关牛的神话传说更是不胜枚举。

■ 生肖牛像

纳西族、塔吉克族、维吾尔族、哈萨克族、柯尔克孜族、撒拉族及哈尼族，都有神牛创世的神话。塔吉克人认为，人类生活的世界由一头神牛顶着，人若干坏事，神牛会抖动牛毛或犄角发出警告，于是发生地震之灾。

维吾尔族传说，大地被一头公牛的一只角支撑着，公牛由一只特大的乌龟驮着，浮在水面上，牛感到劳累时，就把大地从一只角换到另一只角上，这时就会发生地震。柯尔克孜人也持此说，他们常常为牛祈祷，愿它永远强壮，少发地震。

苗族最大的天神"勾蒿"有两组群体神，一组是19个水牛天神，一组是15个黄牛天神，掌管着人间的吉凶祸福。苗族人对牛情有独钟，每逢过年的早上，

天神 指天上诸神，包括主宰宇宙之神及主司日月、星辰、风雨、生命等神。佛教认为，天神的地位并非至高无上，但可比人享有更高的福祉。天神也会死，临死前会出现衣服垢腻、头上花萎、身体脏臭、腋下出汗和不乐本座五种症状。

还要把酒淋在牛鼻上，表示与牛共度佳节。

土家族传说中的"牛王"，因帮人类多打了粮食，遭到天神的惩罚，被贬到地上终生吃草，帮人耕田种粮。土家族每年农历四月十八为牛王过生日，成为祭祀牛王的节日。

布依族的牛王节则在农历四月初八，这一天各寨举行隆重的祭典，家家用米酒、五色糯饭敬牛王、喂耕牛。

仡佬族的牛王节在农历十月一日，也称"敬牛节"。人们要杀鸡备酒敬奉牛王，祈求它保佑耕牛。这一天牛不劳作，吃好饲料，有的地方还放爆竹，给牛披红挂彩，像嘉奖劳动模范一样。

侗族每年农历六月六用美食供奉牛神，家家牵牛去河边洗牛，用黑糯米饭喂牛，是谓"洗牛节"。

淳朴浓郁的民风根源

在我国的传统文化中，牛的影响不仅限于农耕文明范围。远古时代葛天氏部族的音乐是"三人操牛尾，投足以歌八阕"，于是我国音乐史的第一章里，就写进了有关牛的段落。

我国古代伟大的思想家老子，骑着一头青牛出函谷关西行，为后人留下不朽的哲学名著《道德经》。有谁能想到，老子著作最后的构思和定稿，是在牛背上完成的。那头青牛不仅在哲学史上留下痕迹，还随着神化了的老子沾了几分仙气，在神话传说中永存。

阅读链接

牛与人类的关系实在密切，因而频繁地出现在我国民间传说中。比如流传最广的是牛郎与织女的爱情故事。在晴朗的夜空，我们可以看到在明亮的银河两侧，牵牛星与织女星遥遥相对。在牵牛星和织女星的两旁，还有他们的一双儿女。

据说每年农历七月初七的这一天，只要躲在葡萄架下，就可以听到牛郎织女一家人在诉说离愁别恨。人们对牛郎织女抱以无限同情的同时，也深深怀念那成全了牛郎织女的爱情，并牺牲了自己生命的老牛。

百兽之王的勇猛寅虎

　　传说中的西王母是半人半兽的形象，具有虎齿、豹尾、善啸的特征，可以猜测西王母是虎图腾与母系氏族社会部落女首领的合并。

　　西王母掌管人间的刑罚、瘟疫和灾难，俨然是最高的司法女神。她主死也主生，手中有不死之药，美丽的嫦娥就是吃了她的药，飞升到月亮上，成了那里永久的居民。

　　西王母在漫长的神话发展史中，逐渐演化为面目慈祥的王母娘娘，与玉皇大帝一起君临整个宇宙，而成为道教的最高女神。这时的她已不再主管刑杀，而是掌管生育、婚姻等，因而在民间

圆明园十二生肖虎首

淳朴浓郁的民风根源

酒器 用来盛酒用的器具。在我国古代，酿酒业的发展，使得各种不同类型的酒具应运而生，在商代时，由于青铜器制作技术的提高，我国的青铜酒器达到前所未有的繁荣。青铜酒器主要有爵、角、斛、觯、罕、尊、壶、卣、方彝、枓、勺、禁等。

香火很盛，女性对她更是礼拜有加。

西王母一直坚持的事业是掌管虎，借以伸张正义，噬食鬼魅。相传上古时，神荼、郁垒二神善捉鬼，然后将鬼喂虎。商代晚期的青铜器虎食人卣是一种酒器，其造型表现的正是"虎食鬼"的主题。虎有噬鬼镇邪的威力，所以古人在除夕时画虎于门，后来演变为门神画。

虎是义兽，于是有人召虎判案，有罪者虎噬，无罪者不顾。大约在西汉末年，弘农郡虎患严重，由于郡守理政为民，出现了政通人和的局面，据说虎群居然全体离境，以示对清官的支持。虎在这个故事里极富人情味。

■ 圆明园十二生肖虎像

清代小说家蒲松龄，在《聊斋志异》中讲的故事更动人：一老妪之子死于虎患，地方长官判虎为老人养老送终。此虎便每天送猎物奉养老人，老人死后，虎还到坟前嚎鸣致哀。

在我国，虎是传统文化的一个极其重要的组成部分，《周易·乾卦文》就有"云从龙，风从虎"的文辞。虎是远古先民的图腾之一，虎的声威和形象具有极强的震撼力，可以使人畏惧，也被人们加以利用，常作为权势的象征。因此，长期以来，虎被当作力量和权力的象征，为人们所敬畏和膜拜。

虎是一种将华丽与凶猛集于一身的生灵。它被认为是世上所有兽类的大王，素有"百兽之王"之称，其威猛、雄壮、阳刚的气魄可见一斑。

虎威风凛凛，奔走如风，尤其是在仰天长啸时，百兽躲避。古人认为"风从虎"，虎一出场甚至狂风大作，这恐怕是因为虎给人留下了最惊心动魄的感觉。

古代将军多用虎皮挂在帐中或铺于座上，是为了借虎威以壮军威。将军所在营帐是"虎帐"，将军的威风是"虎威"，骁勇善战的将领称"虎将"，勇士、壮士称"虎贲"。

■虎形面具

古代帝王用铜铸虎形兵符调动军队。虎符中分为二，两半铸有相同的铭文，右半留在君主手中，左半交给统兵将帅。需要调发军队时，君王遣使持虎符验合，以为凭证。

虎的威风不仅被人们借以壮大军威，还被人们用来丰富语言的表现力。

"狐假虎威"这一成语来自一则寓言：狐狸宣称自己是百兽之王，老虎当然不能同意。狐狸欺骗老虎说："你不信跟我走一趟，看看大家对我的态度就知道了。"老虎便跟着狐狸巡视山林，百兽看见老虎都吓得东躲西藏。老虎还以为是狐狸的王威，不知道是

《聊斋志异》
简称《聊斋》，俗名《鬼狐传》，是我国清代著名小说家蒲松龄创作的短篇小说集。作品成功地塑造了众多的艺术典型，人物形象鲜明生动，故事情节曲折离奇，结构布局严谨巧妙，文笔简练，描写细腻，堪称我国古典文言短篇小说之巅峰。

《水浒传》又名《忠义水浒传》，简称《水浒》，由江苏兴化籍作者施耐庵作于元末明初，是我国"四大名著"之一。《水浒传》也是汉语文学中最具备史诗特征的作品之一。是我国历史上最早用白话文写成的章回小说之一，对我国乃至东亚的叙事文学都有极其深远的影响。

自己的威风被狐狸借用了。"狐假虎威"常用来讽刺借助别人威势做坏事的小人。

此外，人们常用"虎穴""虎口"形容危险的境地。大难不死谓之"虎口余生"，冒险行动叫作"虎口探险""虎口拔牙"简直就是玩命。而施耐庵《水浒传》中的武松空手打虎，则成就了千古英雄佳话。

虎的图案，在我国古代生肖钱币上较为常见。生肖文化是我国劳动人民智慧的结晶，铸有生肖图案或文字的生肖钱币，是生肖文化的重要组成部分。

历代铸造的生肖钱币上，生肖寅虎自然是不可或缺的主题图案之一。比如唐代铸造的生肖钱，它以十二生肖属相作为题材，其中就有虎的形象。

流传下来的生肖虎钱有单枚成套的，正面为生肖虎的造型图案，穿上地支文字"寅"，钱背没有任何文字或图案，或有"寅"和"寅生"字样，或有一符

■ 调动军队的虎符

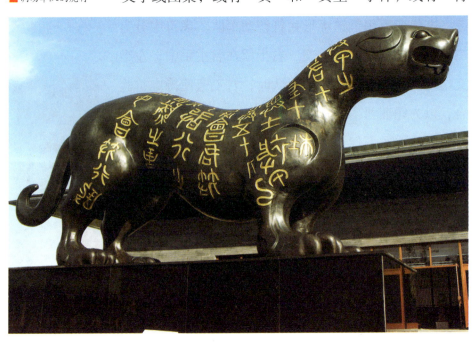

篆文字，或出现本命星官的图案。也有将包括虎在内的十二生肖合铸于一钱的。生肖虎钱品种众多，不胜枚举。

■生肖虎

除生肖钱币外，我国历代发行的流通钱币上很少出现虎形图案。元代顺帝至正年间，铸造有至正通宝钱，面文"至正通宝"四汉文，有的钱背穿上铸有八思巴文，即蒙古文字"寅"字，用以纪年。

铸有代表生肖虎年"寅"字的流通钱币，最著名、最珍贵的当属清代康熙年间，福建省宝福铸钱局铸造的"康熙通宝"背"寅"字生辰钱。

此后，每年三月逢康熙皇帝寿辰，宝福铸钱局都铸造发行一种背生肖文字生辰钱，如虎年铸"寅"字等。至1722年康熙皇帝驾崩共铸行10种，发行量极少，异常罕见。

在我国民间，还有关于虎的习俗，农历五月初五是端午节，旧时有悬艾虎、吃粽子、赛龙舟的习俗。艾叶可驱虫、治病，以艾作虎形，有驱病镇邪的功能。有的地方还用雄黄，在小孩子额上画上"王"字，模仿虎头花纹，当然也是借虎驱邪的意思。天真烂漫的孩子们犹如一群小老虎满街乱窜，给节日增添了欢乐的气氛。

驾崩 我国古代称呼帝王或皇太后、太皇太后的死为驾崩，有"皇驾崩塌"之意。古代皇帝有万民拥戴，有权力驾驭和支配臣民来维护江山的和平稳定，如果皇帝死了，人们的精神支柱也没有了，"驾崩"形容的正是江山少了支柱会崩塌的意思。

古老属相

十二生肖

陕西关中地区嫁女，必陪送一对特大的面老虎，过门时放在漆柜上抬着，走在送亲队伍的最前头，这或许是虎媒的遗风。

婚后生子，外婆要送一个泥老虎当满月礼。至于戴虎帽、兜虎围嘴儿、穿虎鞋、枕虎枕，则是全国性的育婴习俗了。这些虎形日用品寄托着父母的深情，希望虎娃、虎妮们茁壮成长。

我国崇拜虎的民族很多，彝族为最。他们的十二生肖以虎为首，他们认为宇宙万物是由虎尸解而成的。创世纪史诗《梅葛》说虎头做天头，虎尾做地尾，左眼做太阳，右眼做月亮，虎须做阳光，虎牙做星星，虎油成了云彩，虎肚成了大海，虎肠成了江河，排骨成了道路。古籍说，云南蛮人呼虎为"罗罗"，老则化为虎。彝族人就自称"罗罗"，并相信自己老时化虎。如果人真能转生为其他动物，应该说彝族人的选择是最壮丽的一种。

淳朴浓郁的民风根源

阅读链接

在中华民族几千年的繁衍生息中，布老虎就是一种古代就已广为流传的儿童玩具，是雅俗共赏的民间手工艺品。

在陕西，布老虎是一种吉祥物。小孩满月，外婆或送一只泥老虎，或送用黄布做成的布老虎以示祝贺，意思是祝愿小孩长大后，像老虎一样健康活泼，富于生命力。

在山西，小孩生日，舅家要送一只或一对布老虎，既当枕头，又当玩具，以示祝福。至于给小孩戴虎帽、兜虎围嘴儿、穿虎鞋、枕虎枕则是全国性的习俗。这些玩具和吉祥物，大都具有憨态可掬的童趣，件件都是精美的民间工艺品。

内涵丰富的谨慎卯兔

在繁星闪烁的夜空中，最引人注目的当然是那轮明月，它与太阳交替出现，将24小时划分为夜与昼。日月运行轨迹季节性的变化，月亮从盈到亏、再从亏到盈的轮回，指导着古人农耕文化和天文历算的发展。

太阳的黑子与月亮的阴影，使古人产生许多联想。他们认为太阳是一只三足的金色乌鸦，而月亮里有一只总在捣制长生不老药的玉兔。

西晋哲学家、文学家傅

十二生肖兔首

玄，在《拟天问》中发问：

月中何有？玉兔捣药。

从此，后世常把月亮称为"玉兔""兔轮""兔魂"，正像金三足乌鸦是太阳的化身一样，兔子也成了月亮的代表。

兔子是一种温顺安详的小动物，所以以十二生肖文化纪年的国家和地区的人们认为，兔年应该是个平和吉祥的年份。而兔年出生的人的性格是最好的性格。属兔的人往往特别温和，文静，谦谦有礼；潇洒，机敏，精细耐心；善良，纯朴，富有责任感。

"兔"与十二地支中的"卯"对应，汉代思想家王充《论衡》说："卯，兔也。"二者组成生肖"卯兔"。

"卯"的本字描画的是草木出土萌芽的形象。在十二时辰中，"卯"时是指早晨的5时至7时。因此，"卯"表示春意，代表黎明，充满着无限生机。

又因为卯居东，与酉相对东方是日，月初升之方位，故称卯为门。"卯"的字形就像门的形状，所以人们喜欢在卯时开张大吉。

兔子性情温和，惹人怜爱，因

妇好 商王武丁的妻子，我国历史上有据可查的第一位女性军事统帅，同时也是一位杰出的女政治家。她不仅能够率领军队东征西讨为武丁拓展疆土，而且还主持着武丁朝的各种祭祀活动。她去世后武丁追谥曰"辛"，后来人们尊称她为"母辛""后母辛"，司母辛大方鼎即是她的用器。

246

淳朴浓郁的民风根源

■ 圆明园十二生肖兔像

而也就难以神化，所以有关兔子的神话不太多。在我国神话中，兔子占有着一席之地。古人对于时间流逝的概念，就是从每天的"兔走乌飞"中得到的。

我国在很早以前就开始养兔，至少可上溯到3000年前的商周时期。殷墟妇好墓

247

玉兔画像铜镜

出土有玉雕兔，这两只玉雕兔毛色略呈褐黄，圆睁双目，长耳后抿，短尾上耸，躬腰曲体，仿佛正在向前跳跃，造型生动传神，工艺水平极高。而我国有关兔子的文化习俗内涵也十分丰富。

在我国，关于兔的最早记载出现在《诗经》中，在《小雅·瓠叶》中就有"有兔斯首，炮之燔之""有兔斯首，燔之炙之"的烹兔之法。

在古代，兔子一直被认为是瑞兽。而白兔十分罕见，各地发现白兔之后，多要载歌载舞献给朝廷，显示君主贤明、海内大治。

据记载，汉代在建平、元和、永康年间，边疆少数民族曾经三次向朝廷献白兔。在《后汉书·光武帝纪》中说："日南徼外蛮夷献白雉白兔。"唐代蒋防《白兔赋》有"皎如霜辉，温如玉粹。其容炳真，其性怀仁"的说法。宋代欧阳修的《白兔》也说："天冥冥，雨蒙蒙，白兔捣药嫦娥宫。"

在古代，兔子被当作皓月祥瑞之兆，广受赞誉

欧阳修（1007—1072），字永叔，号醉翁、六一居士，吉州吉水（今属江西）人。北宋政治家、文学家，且在政治上负有盛名。谥号文忠。后人又将其与韩愈、柳宗元和苏轼合称"千古文章四大家"。与韩愈、柳宗元、苏轼、苏洵、苏辙、王安石、曾巩被世人称为"唐宋散文八大家"。

淳朴浓郁的民风根源

■骑着麒麟的兔爷

和尊崇，中秋明月，普照九州，不管是皇帝的琼宫，还是穷人的茅屋，一视同仁。古人认为，中秋无月兔不孕、蚌不胎、荞麦不实，中秋有月，是岁多珠。

中秋夜祭月是一个重要日程，然而很久以前就有"男不拜月，女不祭灶"的规矩，这是因为月亮以及月中玉兔对女性具有特殊意义。女人拜月，未婚的祈求月神赐予佳偶，已婚的则向玉兔祈求多子之福。

旧时传说，八月十五是月亮娘娘的生日，月亮娘娘主人间婚姻，未婚男女常常在月下海誓山盟。姑娘们拜月，是对未来幸福的憧憬。

玉兔作为月神，兼有生殖神的功能。兔子是繁殖能力极强的哺乳类动物，所以崇尚"多子多福"的人们就认定兔神掌管生殖。

江浙一带有"走月亮"的风俗，中秋前后的夜晚，妇女皆盛装出游，笙歌彻夜。走月亮时，有"走三桥"的内容，桥连接两岸，象征婴儿由彼岸到此岸，越过阴阳界的降生过程。

拜月时少不得要拜兔神，据《帝京景物略》所说，明代中秋时节祭月，除必需祭果饼外，还要到纸店买月光纸，这里所说的"月光纸"，就是纸神马，即"月光马儿"。

《燕京岁时记》

清代满族人富察敦崇所著的一部记叙清代北京岁时风俗的杂记，按一年四季节令顺序，杂记清代北京风俗、游览、物产、技艺等，一共有146条。其中的很多关于民俗学的资料如耍耗子、鞬儿、油葫芦、丢针等，可以帮助我们了解当时的民风民俗。

月光马儿上部绘太阴星君，下部绘月宫桂殿及捣药的"兔儿爷"，彩画贴金，辉煌耀目。请回家后于月出方位祭拜，祭毕焚之。清代的京城里常有人团黄土做兔形，涂以各种油彩出售，这便是后来风行北方的"兔儿爷"的前身。

关于兔儿爷，《燕京岁时记》也有记载。旧时北京东四牌楼一带，常有兔儿爷摊子，专售中秋祭月用的兔儿爷。此外，南纸店、香烛店也有出售的。

这兔儿爷经过民间艺人的大胆创造，已经人格化了。它兔首人身，手持玉杵。后来有人仿照戏曲人物，把兔儿爷雕造成金盔金甲的武士，有的骑着狮、象等猛兽，有的骑着孔雀、仙鹤等飞禽。最常见的是兔儿爷骑虎。

大的高100厘米有余，小的10厘米左右。还有一种肘关节和下颌能活动的兔儿爷，俗称"吧嗒嘴

阴阳 源自古代中国人民的自然观。古人观察到自然界中各种对立又相连的大自然现象，如天地、日月、昼夜、寒暑、男女、上下等，以哲学的思想方式，归纳出"阴阳"的概念。早至春秋时代的《易传》以及老子的《道德经》都有提到阴阳。阴阳理论已经渗透到中国传统文化的方方面面，包括宗教、哲学、历法、中医、书法、建筑、堪舆、占卜等。

古老属相

十二生肖

■ 兔儿爷陶像

儿",更讨人喜欢。还有人做"兔儿奶奶",为兔儿爷配对,衣着与兔儿爷对应。

兔儿爷虽为祭月供品,但也是很多孩子们的绝妙玩具。有人曾提到过有一种1尺大小的玩具,是搭成葡萄架的样子,或者是天棚茶座的样子。架子下有小桌子椅子什么的,好些小小白兔子,都寸来高,兔客人进来坐在桌子一边,兔小二过来给倒水,兔掌柜的在另一边拨算盘。那一屋子里的泥塑小白兔儿全没有穿衣服,耳朵特别长,好玩得很。

实际上,这种玩具还有看杂耍的、看庙会的、烧香拜佛的、娶媳妇的、出殡的、办满月的,多至百余种,各有神态。

兔子其状可爱,其性温顺,绝无凶险之气,故常被视为吉祥之物。人们甚至还在兔子的故事中留下了许多哲理,如我国古代寓言《守株待兔》,告诫人们不要希图侥幸;成语"狡兔三窟",教人凡事要多做几手准备。

总之,小小兔子承载了众多的文化内涵,给兔年增添了不少乐趣和说不尽的话题。

阅读链接

兔子常被画家当作表现的题材。明代画家张路在《苍鹰逐兔图》中画了一只苍鹰正俯视野兔,准备捕捉。野兔意识到危机,眼神透露出急切和紧张,不顾一切地奔跑,有力的后腿和弓形的背部显示出紧张和速度。这幅画把逃避危机的野兔刻画得栩栩如生,形态十分逼真。背景中的芦苇随风飘动,既渲染烘托紧张气氛,又丰富了画面的层次感。

同时期的另一位画家周之冕的《松梅芝兔图》中的野兔极为可爱,少了些野性,多了几分宠物的乖巧。

浑身充满祥瑞的辰龙

相传很久以前，在滇南的哀牢山下住着一个名叫沙壹的少女。一次到河边洗衣服，看见一条鱼游来游去，她时玩心大起，就蹚进河水去抓它，不小心被河上游漂下来的一根木头撞了一下，回去后不久就怀孕了，后来一胎生下10个儿子。

孩子们在妈妈沙壹的抚养下，渐渐长大了。这天，沙壹带孩子们到河边戏水，忽见一条龙跳出水面，问她："你为我生的孩子就是他们吗？"沙壹点点头，叫孩子们过来，见见父亲。

孩子们被龙的怪样吓得一哄而散，只有最小的孩子不但

圆明园十二生肖龙首

凤凰 在远古图腾时代被视为神鸟而予崇拜。用于比喻有圣德之人。它是原始社会人们想象中的保护神，经过形象的逐渐完美演化而来。它头似锦鸡、身如鸳鸯，有大鹏的翅膀、仙鹤的腿、鹦鹉的嘴、孔雀的尾。居百鸟之首，象征美好与和平。也是古代传说中的鸟王，雄的叫凤，雌的叫凰，通称凤凰。

■ 圆明园十二生肖龙像

不怕它，而且还好奇地摸摸它的角，扯扯它的须，最后一屁股坐到龙背上。

龙很喜欢他，伸出舌头去舔。沙壹误以为龙要吃他，急得大叫坐在龙背上的孩子。哀牢话中的"背"字发音近"九""坐"字发音近"隆"，龙以为这是孩子的名字，就叫他九隆。

后来，九隆十兄弟娶了后山的十姐妹为妻，繁衍生息，自成一族。于是，族人共推九隆做了族长。

因为龙在古代人的心目中，代表着一种权威或势力，所以先民们希望成为其子孙，因而产生了这个美丽神奇的传说。

在十二地支中，十二种代表动物，只有龙是虚构的。自古以来，我国把龙、凤凰、麒麟、乌龟称为"四灵"，认为是最吉祥的动物。

龙具有马一样的面孔，蛇一样的身躯，背上并有81片鳞片，四肢则像鹰爪。既能在空中飞舞，又能潜水，神出鬼没，变幻莫测。而鳞片"81"这个数目，合"九九八十一"之数，具有吉祥的寓意。

龙在十二地支中代表辰，排在十二地支第五位，方位是南东方。若以时间来计算，是一天中早晨7时至9时。此时正是太阳增加光辉的阶段，仿佛万物清醒前的混沌状

龍

騰云霧入淵

升天

态。若以季节而论，辰代表四月。

通常人们认为，龙年出生的人，因有神龙般神秘变幻莫测的特质，所以个性令人难以捉摸，属于富有野心的梦幻家。喜欢冒险、追求浪漫的生活，同时性情淡泊、不拘泥于世俗之见，自然而然给人一种大人物的风范。

龙在我国是一种象征性的动物，有祥瑞的意义。人们将其视为吉祥与瑞兽、吉神。龙的各部位也都有特定的寓意：凸起的前额表示聪明智慧，鹿角表示社稷和长寿，牛耳寓意名列魁首，虎眼表现威严，鹰爪表现勇猛，剑眉象征英武，狮鼻象征宝贵，金鱼尾象征灵活，马齿象征勤劳和善良，等等。

在寺庙的建筑中，我们都可看到龙柱。其他如龙床、龙袍、龙船、龙门、龙颜、龙种、真龙天子等称呼，都与吉兆有关。在风水学上，有龙脉、龙穴、青龙、苍龙等说法。

■ 龙腾图

龙分多种，龙虽可腾云驾雾，也能兴风作浪，其穴主要在江河湖海。《易经·乾卦》有以龙代表六爻之位，如潜龙、现龙、惕龙、跃龙、飞龙、亢龙六种龙，表示六个阶段的地位、境界。

相传龙也是远古华夏氏部落的图腾。龙的体躯似蛇，再加上兽类的四脚、马的毛、鬣的尾、鹿的角、鹰爪、鱼的鳞和虾的须、眼。"辰"字为象形字，形若蜷曲状之肉虫。如一曲三折之龙形，即虫之放大。

龙为祥瑞之物，它是神化了的、象征性的瑞兽，其神力无所不在，天空里的飞龙、海洋里的蛟龙、陆上的行龙，都是威力无比，代表生气勃勃，精力充沛。

在我国的民俗节日中，有不少与龙相关者。这些节日的活动丰富多彩，富有浓郁的民族特色，散发着清新的乡土气息。

农历正月十五是汉族的元宵节，又称"上元节"。正月十五元宵节本与龙无关，但是灯节必要舞"龙灯"。宋代吴自牧在《梦粱录》中，有关于南宋龙灯的记述：

瑞兽 原始人群体的亲属、祖先、保护神的一种图腾崇拜，是人类历史上最早的一种文化现象。它们从远古时代一直沿存。我国古代有四大瑞兽，分别是东方青龙、南方朱雀、西方白虎、北方玄武，另外麒麟也是我国古代的一种瑞兽。

元宵之夜……草缚成龙，用青幕遮草

上，密置灯烛万盏，望之蜿蜒如双龙之状。

吴自牧所说的是静止观赏的龙灯。南宋龙灯亦有由人舞弄者，南宋大词人辛弃疾即有"凤箫声动，玉壶光转，一夜鱼龙舞"的诗句。

明清两代，舞龙灯之风更盛。舞龙灯的前身是汉代的鱼龙漫衍之戏。

端午节的一系列活动，如洒香汤，香汤以艾叶、菖蒲煮水沐浴；悬艾老虎素，就是用彩绸缝扎成粽子、辣椒、扫帚、布老虎等串以彩线挂于胸前；饮雄黄酒、挂钟馗像；等等，都以辟邪除祟为主旨。至于龙舟竞渡，当是祭神娱神祈获保佑的一种形式。

在我国的少数民族中，也有许多与龙有关的节日，不同民族节日的时间、内容与活动亦不尽相同。主要分布于我国中南地区的壮族、瑶族和西南地区的哈尼族，均有祭龙节。

壮族的祭龙节在农历二月间。祭时，由村中两户或数户人家轮流负担祭祀用的鸡、猪等祭品。壮族人认为，每年杀猪祭龙，可保人畜平安。祭祀之日，外寨人骑马或戴斗笠者，均不得通过寨心。

云南的普米族有龙潭祭节，

雄黄酒 用研磨成粉末的雄黄泡制的白酒或黄酒，一般在端午节饮用。雄黄酒需在太阳下晒，有的从五月初一晒到初五。作为一种中药药材，雄黄可以用作解毒剂、杀虫药。于是古代人就认为雄黄可以克制蛇、蝎等百虫。

■ 辰龙腾云驾雾

兰坪普米特的龙潭祭节在农历正月、二月，宁蒗普米族则在农历三月、七月。

普米族人各家均有自己的龙潭，大都在深山密林或山涧峡谷中。祭龙潭节时，全家同往自己的龙潭歇宿三日，用木棍、木板搭成高台称龙塔，龙塔前树百尺标杆，上挂7个用鸡毛麻线拴成的七角斗架，为龙神住处。

然后以酒、牛奶、酥油、乳饼、茶叶、鸡蛋等食物，祭于龙塔之上。请巫师登坛祭祀，求龙神保佑人畜兴旺、五谷丰登。祷毕，将涂有酥油的50个面偶投入龙潭。

云南河口大瑶山瑶族尚有龙公、龙母上天节。龙公上天节为农历八月二十，龙母上天节为农历七月二十。当日，当地瑶族百姓祭龙之后，还要举行龙公、龙母的升天仪式。

我国民族众多，与龙有关的节日不胜枚举，虽各具特色，但其本质含义却是一致的，即以龙为兴云布雨、掌管福祸之神，表达了人们希望风调雨顺、五谷丰登的美好愿望。

阅读链接

我国的龙，具有图腾的基本特征，它是各民族共同崇奉的图腾神。在《说文解字》中解："龙，鳞虫之长，能幽能明，能大能小，能长能短，春分而登天，秋分而入渊。"传说炎帝、黄帝、尧、舜和汉高祖刘邦的诞生及其形貌，都与龙有关，是龙种、龙子。古越人也以为自己是龙种，故断发文身，以像龙子。

我们常说"龙的传人"或"龙的子孙"，这些都是祖先图腾观念的影响。至于龙图腾神观念，更为普遍，大多数民族曾把龙视为自己的保护神。

代表兴旺与神秘的巳蛇

相传在很久很久以前，在河南鹤壁的黑山之麓、淇河之滨，有一个小村落，叫作许家沟村。许家沟所依的黑山，又名"金山""墨山"，古为冀州之地，是太行山的余脉之一。这里峰峦叠嶂，淇水环流，林木茂盛，鸟语花香，环境清幽，亚赛桃源。

早在魏晋时期，文学家左思就在《魏都赋》里记载了"连眉配犊子"的爱情传说，说犊子牵着黄牛，时常在黑山中游戏玩耍，时老时少，时靓时丑。后与连眉女结合，一同离开，人们不能追上。后来这一典故衍化为"白蛇闹许仙"故事，故事的女主人公也由"连眉女"演变为白蛇。

圆明园十二生肖蛇首

■圆明园十二生肖蛇像

淳朴浓郁的民风根源

白蛇闹许仙里的白蛇精，当年曾被许家沟村一位许姓老人从一只黑鹰口中救出性命。这条白蛇为报答许家的救命之恩，嫁给了许家的后人——牧童许仙。

婚后，白娘子经常用草药为村民治病，使得附近金山寺的香火变得冷落起来，也使黑鹰转世的金山寺长老法海和尚大为恼火，决心破坏许仙的婚姻，置白娘子于死地。于是引出了人们熟悉的"盗仙草""水漫金山寺"等情节。

白娘子因为水漫金山而触动胎气，早产生下儿子许仕林。法海趁机用金钵罩住分娩不久的白娘子，将其镇压于南山雷峰塔下。

通过此事，许仙心灰意懒，便在雷峰塔下出家修行，护塔侍子。18年后，许仕林高中状元，回乡祭祖拜塔，才救出母亲，一家团圆。

在我国苗族中，还有蛇郎和阿宜的故事。这些故事，不仅反映了人类和蛇的密切关系，而且通过这些故事，可以看到蛇图腾崇拜对后世之人的深刻影响。

蛇在十二地支中属巳，位于第六位。"巳"具有自己奋斗的意思。蛇与龙的形象相似，又称"小龙"。

巳时指9时至11时，取其中间数10时，正跟孕育

香火 指供奉神佛或祖先时燃点的香和灯火，来朝拜的人很多，香火就会很盛。古时候香火也指后辈烧香燃火祭祖，故断了香火就指无子嗣。古时有一说，不孝有三，无后为大，即没有后代传承香火是最大的不孝。

月份一致。用蛇来表示神秘蜷伏，孕育着美好希望。

巳的方位是南南东，若以四季来看，正是新绿艳丽的初夏五月。此时，水田中的秧苗等待着六月的到来好插秧，也是万物正欣欣向荣的时刻。

在十二地支中，马和蛇均属于"火"的性格。马为阳火，蛇为阴火。在冬季里暖炉中的火光和火炉中的炭火，都给人一种温馨舒适的感觉。

蛇的阴火性格，正具有光芒和温暖的含义。影射了蛇年出生的人都是精力旺盛的人。

其实，在我国的远古时代，蛇是古老的图腾崇拜物之一。在马家窑文化的彩陶上，发现有蛙、鸟的图像；在仰韶文化的陶器上还有蛇的图像；从半坡村出土的陶器上，也看到有人头、鸟兽的图像，这些图像有些可能就是当时的氏族图腾。

苗族 在我国古代典籍中，早就有关于5000多年前苗族先民的记载。苗族人民善于歌舞，歌舞形式丰富多彩，苗族舞蹈、鼓舞、芦笙舞令人叹为观止，因此，苗族被称为"歌舞的民族"。

■ 花丝镶嵌生肖蛇

■ 生肖蛇陶塑

图腾 是原始人群体的亲属、祖先、保护神的标志和象征，是人类历史上最早的一种文化现象。运用图腾解释神话、古典记载及民俗民风，往往可获得举一反三之功。图腾就是原始人迷信某种动物或自然物同氏族有血缘关系，因而用来做本民族的徽号或标志。

有趣的是，传说中的汉族祖先，亦有不少是蛇的化身。据《列子》中记载，疱牺氏、女娲氏、神农氏、夏后氏，均是蛇身人面，牛首虎鼻。在《山海经》里，还有"共工氏蛇身朱发"之说。在伏羲部落中有飞龙氏、潜龙氏、居龙氏、降龙氏、土龙氏、水龙氏、赤龙氏、青龙氏、白龙氏、黑龙氏、黄龙氏11个氏族，它们可能是以各种蛇为其图腾的氏族。

我国传说中的龙，恐怕就是蛇的神化，如古代居住于东方的夷族，他们一个著名酋长叫作太皞。据说他是人头蛇身，又说是龙身。

福建省简称为"闽"，"闽"字形则为门内供奉一条蛇，也是反映当地的崇蛇之风，是图腾崇拜的一种体现。

在福建省南平市闽江上游，有一座千年古镇樟湖，商周时就有居民生活，历史悠久，并有深厚的文化底蕴。东汉许慎在《说文解字》中说："闽，东南越，蛇种。"说明早在秦汉时期，生活在福建的闽越人就以蛇为图腾加以崇拜。

相传此地多有水患，一道士为解一方百姓之难，化身为蛇向王母娘娘求救，以后方圆上百里的百姓始得安居乐业。由此，蛇在该地成为古代人崇拜的图腾，从古到今一直备受推崇。

在樟湖，至今还保留着古朴的民间文化活动祭蛇。樟湖人崇蛇，是闽越人崇蛇文化绵延至今的遗风。该镇现在每年的农历七月初七，都举行赛蛇神活动。

樟湖人以蛇作为他们崇拜的图腾，他们不打蛇，忌食蛇肉，遇到蛇时还主动为其让路。

初七前夕，村民们将捕到的活蛇，存放在蛇王庙里的小口瓷罐或木桶中，养到初七这天，人们将大蛇装在香亭里，结彩挂花，众人持小蛇相随，场面甚为壮观。以此祈求风调雨顺、五谷丰登。游蛇结束，人们便将蛇放归自然。

北方的崇蛇习俗不及南方之盛，原因是北方人与蛇接触的机会远少于南方人，蛇在人们的生活中位置不那么重要。不过，同南方一

■生肖蛇石刻

样，北方不少地区也将蛇看作财神或财富的象征。

山西忻州、五台等地，以枣馍馍祭神，枣糕上要用面塑一圈小蛇。当地民众把蛇视为财神，枣糕上塑小蛇有招财进宝之意。

山东有些地方，春节祭祀神灵和祖先的供桌上，要摆上面塑的圣虫，有的圣虫礼馍重达10多斤，圣虫虎头圆形，身体成盘蛇状。有的地方还将圣虫做成刺猬和蛇的形状，口含铜钱或红枣，大的供在财神、灶神的祭案上，小的放在米缸、面缸、粮囤、钱柜和衣橱里，以祈求财物增多，取之不尽。

有些农村地区在农历二月二要贴龙、蛇剪纸。也有的地方用灰撒成龙蛇状。清代咸丰年间的《武定府志》中说，二月二这天，民俗取灶灰围屋如龙蛇状，名曰"引钱龙"，是为招福祥到家，表现了人们祈求富裕吉祥的心理。

淳朴浓郁的民风根源

阅读链接

蛇是我国古越人的重要图腾之一，后来演化为神。清吴震方《岭南杂记》说："潮州有蛇神，其像冠冕南面，尊曰游天大帝，龛中皆蛇也。欲见之，庙祝必辞而后出，盘旋鼎俎间，或倒悬梁椽上，或以竹竿承之，蜿蜒纤结，不怖人又不螫人，长三尺许，苍翠可爱……凡祀神者，蛇常游其家。"

江苏宜兴人将蛇分为家蛇和野蛇，分别称之为"里蛮"和"外蛮"。所谓家蛇，指生活于住宅内的一种蛇，常盘绕于梁、檐、墙缝、瓦楞、阁楼的一种无毒蛇，通常约3尺许。人们认为家蛇会保护人，家有了家蛇，米囤里的米就会自行满出来而取不空。

象征精神力量的午马

　　传说中的龙马是龙头马身的神兽，它身居黄河，驮图出河，献给伏羲，伏羲凭此而演绎八卦。

　　无论是虚拟的天马、龙马，还是现实的骏马，它们都象征着中华民族自强不息、奋发进取的民族精神。

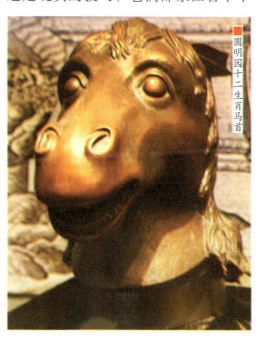

圆明园十二生肖马首

　　龙马是黄河的精魂，是黄河文明的产物，是华夏民族始终坚守的主体精神的化身，人们将之概括为"龙马精神"。

　　马在十二生肖中位居"六畜"之首，在中华民族传统文化中占据极高的地位，这与它积极进取的文化象征意义是密不可分的。

淳朴浓郁的民风根源

赵武灵王（？—前295），我国战国中后期赵国君主，嬴姓，赵氏，名雍。赵武灵王在位时，推行"胡服骑射"政策，赵国因而得以强盛，灭中山国，败林胡、楼烦二族，辟云中、雁门、代三郡，并修筑了"赵长城"。他是我国历史上一位很有作为的君主。

高昂的马首、颀长的脖颈、飘逸的马鬃、健壮的四肢、洒脱的马尾、光滑的马皮、高大的身躯，充分展示出一种气势强劲、彪悍雄武的精神和气质。正因为如此，马才具有了神性，它才能上天入水，驰骋纵横。

马在十二地支中代表午，排在十二地支的第七位。方位正南方。若以一天的时辰来看，午是代表正午11时至13时，此时正是太阳光最强的时候。若以季节而言，午代表六月，正是农人忙着耕种的月份。一切都显得充满活力。

马是与太阳荣光共处一处的幸运动物，因此马年出生的人，也具有比常人倔强一倍的崇高精神。

马是精神力量的象征，也是温驯忠诚的形象。考古资料证明，四五千年以前的龙山文化时期，野生的马已被驯养。它们一方面不失其勇武豪迈之气，另

■ 项羽坐骑乌骓马墓

一方面又增添了通晓人性之情。自此以后，马成为人类生死相依的亲密伙伴。

性情温驯的马善解人意，甘为人类负重驾辕、效力沙场，成为古代主要的交通运输工具。如春秋时期，齐桓公之贤臣管仲，利用"老马识途"的特点走出困境。后人以此比喻经验丰富的人熟悉情况，能找到解决问题的正确途径。

■ 生肖马雕刻

战国中期，赵武灵王进行军队改革，提倡"胡服骑射"，以一人一骑为单位，较之战车作战，灵活自如，为军队快速取胜铺平道路。

马任劳任怨、赤胆忠诚之举，常常受到人们的褒扬。在古代文献中，不乏记载着人和马之间所建立的深厚情意的感人故事。

《三国演义》有赤兔马，它原是吕布的坐骑，毛色赤红，神骏威武，时人咏叹："人中有吕布，马中有赤兔。"后被曹操所得，赠予关羽。从此，赤兔马伴随关羽南征北战，战功显赫。关羽被害后，赤兔马也抑郁而死。

刘备的坐骑，也是一匹善解人意、挽救主人的宝马良驹。《三国演义》中描写了一个惊心动魄的马跃檀溪的故事。

在《史记·项羽本纪》中，记载楚霸王项羽的坐

管仲（前723或前716—前645），名夷吾，史称"管子"。生于春秋时期的颍上，即今安徽省西北部，淮河北岸。周穆王之后代，谥号"敬仲"，故又称"管敬仲"。春秋时期著名政治家和军事家。他凭借自己的才能，辅佐齐桓公成为春秋第一霸主。有"春秋第一相"之誉。

骑为乌骓马。当他兵败垓下，大势已去时，不禁慷慨长叹。所以，即使虞姬自刎而别，项羽也不忍让乌骓马与自己同归于尽。当他逃至乌江，穷途末路之际，便将爱马托付给亭长，无奈地说："我骑此马已经五年了，所当无敌，此马曾经一日行千里，我不忍杀之，就赐给你吧。"

这些可歌可泣的人不愿舍马、马不忍离人的故事，在历史上比比皆是。这种情节在古乐府诗《爱妾换马》，以及梁简文帝萧纲，刘孝威、庾肩吾和唐代张祜等作品中，皆有所表现。

在少数民族文化中，也流传着许多人与马之间感人至深的故事。如蒙古族马头琴传说，满族民间故事《花莫利》。故事说的是一匹名为花莫利的骏马，为人们建立战功的动人事迹。即使是性能低下的马，也能凭借着锲而不舍的执着精神，为人立下汗马功劳。

在我国古代，马还是能力、圣贤、人才、有作为的象征。古人常常以"千里马"来比拟贤才。千里马是日行千里的优秀骏马。

相传周穆王有八匹骏马，常常驮着他巡游天下。八骏的名称：一个叫"绝地"，足不践土，脚不落地，可以腾空而飞；一个叫"翻羽"，可以跑得比飞鸟还快；一个叫"奔霄"，夜行万里；一个叫"超影"，可以追着太阳飞奔；一个叫"逾辉"，马毛的

圆明园十二生肖马像

266

淳朴浓郁的民风根源

马头琴 是一种两弦的弦乐器，有梯形的琴身和雕刻成马头形状的琴柄，为蒙古族人民喜爱的乐器。其历史悠久，是从唐宋时期拉弦乐器奚琴发展演变而来的。相传有一牧人怀念死去的小马，取其腿骨为柱，头骨为筒，尾毛为弓弦，制成二弦琴，并按小马的模样雕刻了一个马头装在琴柄的顶部，因以得名。成吉思汗时已流传民间。

色彩灿烂无比，光芒四射；一个叫"超光"，一个马身十个影子；一个叫"腾雾"，驾着云雾而飞奔；一个叫"挟翼"，身上长有翅膀，像大鹏一样展翅翱翔九万里。

有的古书把八骏想象为八种毛色各异，分别有很好听的名字：赤骥、盗骊、白义、逾轮、山子、渠黄、骅骝、绿耳。其实，骏马的神奇传说都是在形容贤良的人才，切莫真的相信神话。周穆王的八骏，其实比喻着他的人才集团，才华卓越，本领非凡，各自用特殊的能力，在共同辅助周天子的天下大业。

以马喻示人才的事迹，还有著名的"千金买骨"的典故。战国时期，各国的君王竞相争夺招揽人才，以求邦国的稳固长久。燕昭王也不例外，准备以谦恭虚心的姿态和优厚的报酬来招聘优秀人才。

燕国有个叫郭隗的臣子，他向燕昭王讲了一则从

■伯乐相马

燕昭王（前335—前279），战国时期燕国第三十九任君主，汉族，姬姓，名职，燕王哙之子，太子平之弟，简称"昭王"或"襄王"。前312年至前279年在位。他本在韩国作为人质，燕王哙去世后，燕人立其为燕昭王，派乐毅伐齐国，连克七十余城。

267

古老属相

十二生肖

■ 古代马刀

土地神 又称"土地爷"，在道教神系中地位较低，专有名称为"福德正神"。在民间信仰极为普遍，是民间信仰中的地方保护神，流行于全国各地，旧时凡有人群居住的地方就有祀奉土地神的现象存在。土地神崇奉之盛，是由明代开始的。土地神的形象大都衣着朴实，平易近人，慈祥可亲，多为须发全白的老者。

前关于千里马的寓言：从前有个君王想花千金求一匹千里马，3年过去了，一直未能如愿。门人便主动请缨，表示可以弄到千里良马。国君派他去，3个月内就找到千里马的下落，但是马已经死了。门人拿出五百金买下了马的骨头，回来交差。

国君生气地说："我要的是活马，你怎么花五百金去买回一堆枯骨？"门人答道："是啊，今天我替大王花五百金买下千里马的骨头，那一匹活生生的千里马就不知多昂贵了。天下人由此知道大王这样看重千里马，还愁别的千里马不纷纷而来吗？"果然，不到一年，"千里马"们纷纷投奔而来。

郭隗讲到这里，话题猛然一转，说道："今天，大王要是真心求贤招才，那就先重用我吧。连我这样不怎么杰出的人都受到重视，那些比我强的真正贤才呢？千里马一旦打算投奔谁，再远也会自动来。"

这则出自《战国策》的故事，向我们展示了求贤若渴的道理。正因为马象征着人才，所以善相马的人又被喻为善识才、善举才者。像战国时期赵国的王良、秦国的伯乐和方九堙等，都是相马专家。人才的埋没或缺乏表现的沉闷局面，就被叫作"万马齐喑"。

在我国，有很多有关马的习俗。在山东章丘龙山镇城子崖发现，自父系氏族公社时起，人们就开始驯化马。许多古籍中有"相士作乘马"的记载，作乘马就是用四匹马驾车，作为运载的工具。

我国自古就有祭马的民间风俗。春祭马祖，夏祭先牧，秋祭马社，冬祭马步。马祖是天驷，是马在天上的星宿；先牧是开始教人牧马的神灵；马社是马厩中的土地神；马步为马灾害的神灵。

汉族民间信仰马王爷，农家于农历六月二十三祭祀，祭品为全羊一只。

蒙古族有马奶节和赛马节的传统节日，每年农历八月末举行，为期一天。这天，牧民们穿上节日服装，分别骑着马，并带着马奶酒，赶到指定地点，然后准备节日食品。

太阳升起时，开始赛马，参赛的马匹为两岁小马。比赛

《战国策》 一部国别体史书。主要记述了战国时期的纵横家的政治主张和策略，展示了战国时代的历史特点和社会风貌，是研究战国历史的重要典籍。西汉末刘向编定为33篇，书名亦为刘向所拟定。

■ 蒙古族牧民驯马

结束后，人们分别入席，在马头琴的伴奏下，纵情歌唱，开怀畅饮，一直到夜色降临，人们才载着余兴纷纷散去。

佤族过春节时，要喂马吃糯米饭，并观察马在厩中的姿态以占吉凶，以为头朝东方为幸运年，朝向西方是不吉利的兆头。

在湖北，传说新娘出嫁时，本家历代亡灵都会跟从前往，途中可能会撞着各种煞神附身，会给男家带来不利。所以，在迎亲的这一天，男方会请方士一人，在门外设一香案祭告天地和车马神，并杀鸡以驱鬼。祭毕，抓米撒在新娘的彩轿上，表示打掉煞神。新郎也同时向花轿四周行礼，礼毕方可入内。

在东北地区，有汉、满族踏马杌的婚俗，新娘下车后，足踏马杌，脚不沾地，以避邪祟之扰。

贵州苗族有背马刀提亲的婚俗。青年男女相爱，经男女双方家中议婚三次之后，就要背马刀前往正式提亲。

这些不同民族关于马的民俗，都体现了人们对马的重视与爱戴。

阅读链接

我国有着丰富多彩的马文化，在画马方面，历代人才辈出。由历代画马的艺术，就可以知道马的价值与当时国力的强盛兴衰。

如唐代国富兵强，唐人画马因此有华贵和优美的倾向。宋代重文轻武，宋人画马不重彪悍，也避去华丽，南宋末年的龚开画的瘦马，乃借马比喻亡国之遭遇，都与文人的画潮有关。清代郎世宁《百骏图》中的马散游在草原里，姿态神情各不同，或坐、或立、或卧，远近繁简，各尽其宜。

代表吉祥与和谐的未羊

羊是一种温驯的动物，喜欢成群，故亦是团结的动物。羊的可爱，在于它的形象温顺，求乳必跪，旧时就有被比喻为孝道的说法，因而寓意丰富。

羊在十二地支属未，甲骨文的"羊"字，明显地勾勒出羊角、羊嘴，尤其是上半部的一对美丽羊角。古字"羊"通"祥"，羊也是吉祥的象征。

阳与羊同音，人们常说"三阳开泰"的吉祥话，《易经》中的《泰卦》，上卦为地，下卦为天，天地能通气，故曰"泰"，乾为3个阳，坤为3个阴，乃三阳开泰，应用于民间的年书画题材叫"三羊

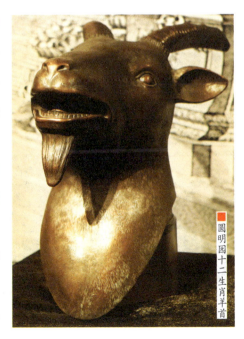

圆明园十二生肖羊首

五谷 古代所指的五种谷物。"五谷"在古代有多种不同的说法，最主要的有两种：一种指稻、黍、稷、麦、菽；另一种指麻、黍、稷、麦、菽。两者的区别是：前者有稻无麻，后者有麻无稻。古代经济文化中心在黄河流域，稻的主要产地在南方，而北方种稻有限，所以五谷中最初无稻。

开泰"。

"羊"即"祥"，古代宫廷中小车多称"羊车"，即取意吉祥。古人把羊与祥通用，"大吉羊"即为"大吉祥"。用羊做装饰的图案中就有吉利、祥瑞的意义。

在我国民俗中，"吉祥"多被写作"吉羊"。羊，儒雅温和，温柔多情，自古便为与我国先民朝夕相处的伙伴，深受人们的喜爱。

明清时期，民间传说曾把青阳、红阳、白阳，分别代表过去、现在和将来。民间喜用的三阳开泰是一种吉祥语，它表示大地回春，万象更新的意义；也是兴旺发达，诸事顺遂的称颂。图案以3只羊，谐音"阳"，在温暖的阳光下吃草来象征。

"三羊开泰"是吉语，那么五羊呢？在我国南方就有一座城市，得五羊之吉。相传，羊是给广州带来吉祥的五谷之神。

■三羊开泰工艺品

据明末清初著名学者屈大均在《广州新语》中记，古时南海有五仙人，各穿不同颜色的衣服，分别骑着不同颜色的羊，他们来到广州，将六出的谷穗赠给人们，并祝愿永无饥荒。随后，五仙人腾空而去，五羊化为石。5个仙人5只羊，带来五谷丰登的祝福。广州称

"羊城"，简称"穗"，均源于五羊传说。

祝福五谷丰登的羊，还被想象为雨工，即随龙布云播雨的神物。这见于唐代传奇小说《柳毅传》。小说涉笔成趣地讲到雨工，说龙女牧羊，所牧并非凡羊，而是随龙司水的精灵。这样的想象以龙主雨水为逻辑起点，倒也显得顺理成章。

羊是六畜中性情最为温良随和的动物。因此，自古以来，羊始终被视为美好吉祥、和谐神异的生灵，受到人们的喜爱。

牛羊为辽阔美丽的大草原增添了活力和生机。北朝民歌《敕勒歌》写道：

■ 圆明园十二生肖羊像

> 敕勒川，阴山下，天似穹庐，笼盖四野。天苍苍，野茫茫，风吹草低见牛羊。

这些描写和叙述，展现了人与天地自然和谐相处的美妙图景。而在这个和谐共生的状态中，羊是不可或缺的重要因素。

羊是和谐的象征，也是美的象征。"美"字本义与羊有关，但具体的造字根据为何，共有3种说法。

一是羊大则味美，从中抽象出美义。羊在"六

《柳毅传》 唐代传奇小说，收入《太平广记》419卷，本篇故事富于想象，情节曲折，而结构谨严，柳毅的正直磊落，龙女的一往情深，钱塘君的刚直暴烈，性格刻画颇为鲜明。对龙女和柳毅的心理描写，尤细致真切。其文体在散行之中夹有骈偶文句和韵语。文辞亦颇华艳。

■生肖羊剪纸

畜"中主膳，美与善同意。

"羊大则味美"。这是由味觉感受引申出来的美的观念。在漫长的狩猎、畜牧和农耕时期，人们认为饮食对象肥大，就可以满足更多人的物质需求。所以，美是一个由物质的满足，到审美意识形成的质的飞跃。羊既然"主膳"，能够满足人们的口腹之欲，也就自然而然地成为"美"的来源。

二是羊人为美。戴角是许多原始民族的习俗，起初先民们在狩猎时伪装戴角，以诱惑野兽而猎取之，其后逐渐演变为一般的流行装饰。但有的氏族在庆祝节日跳舞时，才戴上双角冠以为盛装；有的氏族的酋长或贵族妇女们以戴角为尊荣；有的氏族的巫师在作法礼神时，才戴上双角冠以示恭敬；有的氏族对于所崇拜的神祇塑造为形象时，也饰以戴角以示尊严。

还有一种图腾说，对"美"字结构的分析结果与此说相同。持此见解的人认为，甲骨文中"美"字的几种写法，都是头戴羊角图腾的人的形象。远古先民对羊的崇拜，使羊成为本氏族的图腾。如汉字中的"羌"，本指中国西北部一支古老的原始部落。后来，羌人的羊图腾文化融入到华夏的龙文化之中。

"羊人说"与"图腾说"，都反映了羊与人的紧密关系。

三是美的观念产生于古人对女性的生殖崇拜。有学者认为，古人以羊象征女性，而对女性的生殖崇拜使先民产生了美的概念，大量岩画就可以证明。

以上3种解说，各自从羊和人的不同层面的关系来解释美，分物质

淳朴浓郁的民风根源

的美和精神的美两方面。这与人类社会的发展步调相一致，物质需求的满足可以使人产生美的意识。同样，精神的愉悦和满足也能使人产生美感，而且是更高层次的美的体验。可见，羊与美的观念有着一定的源流关系。

羊温良和善知礼，它虽然头上长角，但从不乱用动武，与好仁爱之人相似；被抓被杀之时，从不哀鸣挣扎，与英勇就义的人相似；吃母乳时，一定跪着吸吮，与知礼者相似。羊温和随从、善良安分的秉性，在十二生肖中最为突出。

唐代诗人杜甫在《杜鹃》一诗中，赞美了羊的知礼：

> 鸿雁与羔羊，有礼在古前。
> 行飞与跪乳，识序如知恩。

羊羔食母乳时，前腿跪下，好似通晓人间的礼节似的。

山羊颔下有胡须，行走时常昂首前视，步履优雅，恰似饱学儒士

■古代羊石雕

■ 生肖羊

淳朴浓郁的民风根源

温文高贵，故又名"长髯主簿"。晋代崔豹在《古今注》已有此名。晋人卫玠风姿秀美，有"玉人"之称，常驾羊车游于洛阳集市，引人注目。黄初平化石为羊，苏武牧羊保汉节。此诗多用典故，赞美羊"跪乳能知报母情"。

即使在不毛之地，羊群也能在领头羊的带领下，温顺地随人前行，具有极强的忍耐力和吃苦精神。

羊的慈善温顺，令人对它的怜爱之情油然而生。宋人黄庭坚《戏答张秘监馈羊》诗：

细肋柔毛饱卧沙，烦公遣骑送寒家。
忍令无罪充庖宰，留与儿童驾小车。

从诗中可以看出，诗人对友人所送的羊不忍宰杀，但又不能退还，因此只好送与小儿驾车玩耍了。此时，羊的和善与人的慈爱产生了共鸣，相互依存，一幅自然和谐的景象呈现在世人的面前。

在我国还有很多有关羊的习俗。伏羊节，原本是徐州当地的一种民俗。每逢暑期到来，百姓都会吃羊肉、喝羊汤，以此强身健体，滋阴补气。因此，民间早有"彭城伏羊一碗汤，不用神医开药方"之说。

据历史典籍记载，在宋代之前，我国宫廷宴席

黄庭坚（1045—1105），字鲁直，自号山谷道人，晚号涪翁，又称"豫章黄先生"。生于唐代洪州分宁，即今江西省修水县。北宋书法家、诗人和词人。在书法方面，他与苏轼、米芾、蔡襄并称为"宋代四大家"。是北宋书坛杰出的代表，一代行草书风格的开拓者，对当时乃至后世影响深远。

上都是以羊肉为主。到了元代，羊肉在宫宴上更是占到了重要地位，占全部菜肴的2/3还要多。从汉字构造看，"示羊"为"祥""羊大"为"美""鱼羊"为"鲜"等，无不启迪着人们对美好生活的祝福和对烹饪美食的研究。

徐州人吃伏羊历史悠久，地处丘陵地带，青山绿水，青草茂盛。从青草发芽至入伏前，山羊肥壮，鲜嫩可口，肥瘦相间，膻味极小。加上徐州特有的精制辣椒油，佐以青蒜、香菜、各种香料烹制，其味香醇，汁厚不腻，汤色美白，令人胃口大开。

伏羊节，已成为徐州民间一项独特的民俗美食文化节庆活动。

河南省汤阴县及周边安阳、林州等县市，自古就有送羊的习俗。每年夏季麦收刚过，出嫁的姑娘便会

典故 原指旧制、旧例，也是汉代掌管礼乐制度等史实者的官名。后来一种常见的意义是指关于历史人物、典章制度等的故事或传说。典故这个名称，由来已久。最早可追溯到汉朝，《后汉书·东平宪王苍传》中记载："亲屈至尊，降礼下臣，每赐宴见，辄兴席改容，中宫亲拜，事过典故。"

277

古老属相

十二生肖

■蒙古烤全羊

带着礼物回娘家瞧娘，当地有句俗语：

割罢麦子打完场，谁家闺女不瞧娘。瞧娘不是瞧娘，是让娘家去送羊。

一进农历六月，家里有外孙或外甥的村民，便开始蒸羊送羊了。

所谓"送羊"，就是指外公、外婆或舅舅蒸面羊送给外孙或外甥。一份羊，包括3只面羊、8个馍和几个小耍物。

送羊的时间一般是在农历的六月二十之前，二十之后送的羊称为"瘸羊"。有的只送3年，有的送到外孙或外甥结婚后，有的只要外孙或外甥在就一直送。

送羊习俗，是取"羊羔跪乳"之意，教育外孙或外甥长大成人要孝敬双亲。如外祖父母已故，由舅父、妗子送羊，民间有"妗不倒，羊不了"之说。

淳朴浓郁的民风根源

阅读链接

春秋时期，晋国宰相狐偃居功自傲，气死了亲家赵衰。赵衰之子，即狐偃之婿，想在六月就除掉狐偃。其妻知道后，不忍杀害父亲，偷偷回娘家告知狐偃。因狐偃在放粮中，目睹自己的过失给老百姓造成的灾难，于是幡然醒悟，决心向女婿认错。此后，每年逢六月六都请女儿女婿回家，蒸新麦面馍，熬羊肉汤热情款待，相互加深感情。

这一做法在民间被广为效仿，成了消仇解怨，和谐共处的热烈景象。还有一句话："六月六接姑姑，女婿外孙一大屋。"也说明了这种亲情相融的场面。

机智而又灵巧的申猴

战国时期，宋国有一个养猴子的老人，他在家中的院子里养了许多猴子。日子一久，这个老人和猴子竟然能沟通讲话了。

老人每天早晚都分别给每只猴子4颗栗子。几年之后，老人的经济越来越不充裕了，而猴子的数目却越来越多，所以他就想把每天的栗子由8颗改为7颗，于是他就和猴子们商量说："从今天开始，我每天早上给你们3颗栗子，晚上还是照常给你们4颗栗子，不知道你们

圆明园十二生肖猴首

■ 十二生肖猴像

孙悟空 我国明代小说家吴承恩的著作《西游记》中的角色之一。孙悟空，译名行者，是唐僧的大徒弟，猪八戒、沙悟净的大师兄。他保护唐僧西天取经，历经九九八十一难，取回真经终成正果，被封为斗战胜佛。代表了古代我国人民善良、正义、不阿的情怀和追求。

同不同意？"

猴子们一听，都认为早上怎么少了一个？于是一个个就开始吱吱大叫，而且还到处跳来跳去，好像非常不愿意似的。

老人一看到这个情形，连忙改口说："那么我早上给你们4颗，晚上再给你们3颗，这样该可以了吧？"

猴子们听了，以为早上的栗子已经由3个变成4个，跟以前一样，就高兴地在地上翻滚起来。

正是因为猴子的好奇心特别重，这是它的优点，也是它的缺点，所以人们常利用这个弱点来设计猴子。自古以来，人猴之间，不知道发生了多少逸事。

在十二生肖中，最有灵性的动物非猴莫属。猴在地支中属申，五行属金。孙悟空神通广大，称"金猴"，正缘于此。猴子好动，总是左顾右盼不安静，自古猴子就被视为聪明伶俐的动物。

孙悟空就是我国传统文化中的一个亮点，汇聚了猴的典型品性和丰富的象征意义，其声名长盛不衰，体现出人们对猴注入了美好的理想和情感。

猴体态轻便，动作敏捷，攀缘自如，通达人性，是机智灵巧的象征。"猱升猿引"，就是形容猴在攀登时灵活轻捷之状。

宋人陈允平《观猿》，描写了林中猿矫健的身姿：

挂石攀云日半斜，乱山深处绝烟霞。

所以，人们常用猿猴类比武艺高强的勇士。

司马迁在《史记·李将军列传》中，描述飞将军李广身材高大，用"猿臂"来形容。三国魏曹植在《白马篇》以"狡捷过猴猿"，来赞美游侠儿的神奇和英勇。

明人沈德潜在《万历野获编》中，记载了猴子使用火枪击退倭寇的奇闻逸事。嘉靖年间，日本倭寇经常入侵我国东南沿海一带，浙江参将戚继光训练兵马，准备应战。由于士兵们常在山中练习施放"鸟铳火鼠之术"，因此被群猴模仿。

一次，敌我交锋，寡不敌众，戚继光让士兵把一些火器丢在山路上，以诱敌入林。不料群猴拾到火器，见倭寇披发光脚，以为怪物，便用自学的本事向敌射击。埋伏着的戚家军乘机冲锋，大获全胜。

也许正是因为猴子的灵性十足，所以被人们夸张为变化多端的精灵。

在我国的传统文化中，猴文化也十分丰富，并且还深具内涵。猴子不仅曾当过图腾，而且还是一种吉祥物。猴之吉祥在于它与"侯"同音。

生肖猴彩陶

■ 花丝镶嵌十二生肖猴像

淳朴浓郁的民风根源

教化 是一种政治、道德和教育三者有机结合的统治术。它把政教风化、教育感化、环境影响等有形和无形的手段综合运用起来，既有皇帝的宣谕，又有各级官员面命和行为引导，还有立功德碑、竖牌坊、传播通俗读物等多种形式，向人们正面灌输道理，还注意结合日常活动使人们在不知不觉中达事明理。

侯是古代爵位，《礼记》云：

王者之禄爵，公、侯、伯、子、男凡五等。

古人希望升官封侯，猴便成了象征升迁的吉祥物。为此人们还创造了许多吉祥图案。比如一幅猴子骑马的画，被人们寓意为"马上封侯"。再如一幅一只猴子骑在另一只猴子的背上的图画，则寓意为"辈辈封侯"。还有一幅猴子向枫树上挂印图画，寓意是"封侯挂印"。

有一幅《三猿图》的画，画中有3只猴子，一只捂耳，一只掩嘴，一只蒙眼，代表"非礼勿听，非礼勿言，非礼勿视"。构图与含义为相当好的教化。这些图案常见于古代官府屏、壁之上，也见于画稿、文具、什器、玉雕上。

古书上说，养马的人在马厩中养一只猴，能防止马群得病。我国西南高原上的行商，驱赶马帮长途贩运时，也常带一只猴子同行。

据说，猴对骡马的疾病很敏感，常能帮人发现病马，以防瘟疫扩散。住店前先让猴子嗅一遍，无疫情方安置马匹。于是，民间也有猴能避马瘟之说，猴也得了"避马瘟"之别号。

《西游记》中玉皇大帝封孙悟空为"弼马温"，

就是取"避马瘟"之谐音,让孙悟空掌管天马,应该说是"专业对口"。但猴子是防止瘟疫的吉祥物,确是事实。

台湾高山族卑南人有"猴祭",那是男孩十二三岁时的传统祭仪,通常在农历十一月间晚稻收成后举行。祭礼上要牺牲一只猴子,旨在培养少年的尚武精神。贵州省荔波、独山一带的布依族有"猴节"。

农历二月初二这一天,人们带着节前准备的"香藤粑",拥上山顶唱歌狂欢,孩子们像山猴一样满山乱窜,山野沸腾起来。妇女们还要晒种、选种,男人们检修农具,猴节一过就要下地忙农活了,所以猴节又称"动土的日子"。

我国古代有许多娱乐性质的舞蹈,其中就有老猴

《西游记》又名《西游释厄传》,我国古典"四大名著"之一,作者吴承恩,主要描写了唐僧、孙悟空、猪八戒、沙悟净师徒四人去西天取经,历经九九八十一难的故事。《西游记》在思想境界和艺术境界上都达到了前所未有的高度,可谓集大成者。

■生肖猴石刻像

舞。老猴舞又称"猴鼓舞"，当地称之为"剥泽格拉"，意即模仿老猴跳舞。

相传，很久以前，一位瑶族老汉在山地敲打皮鼓，驱赶偷吃黄豆的猴群。开始，猴群被鼓声吓得不敢下山。后来顽猴却趁着他熟睡后，悄悄地击鼓玩耍。

老汉醒来后，看见猴子打鼓觉得奇怪，看着看着，不禁被猴子击鼓，边跳边舞的动作所吸引。于是他暗暗记住了这些动作，回家后模仿起老猴打鼓，于是便有了这猴鼓舞。

主鼓手一边以鼓点指挥铜鼓演奏，一边跳起老猴舞，以舞姿表现众人的愿望，让死者的灵魂登天，驱散众人心头悲伤的阴影，消除灾难。他左跳右跳，双腿并拢微曲，然后双槌击鼓，手中的小木槌则有规律地从头顶、两耳、双肩、大腿、小腿等部位，相向互击，或左或右地绕皮鼓转圈。

老猴舞的舞姿动作，似老猴攀缘、摘果，也似农事劳动的挥锄、挖地、点种，让人从中看到后人对前人艰辛创业的深深敬意。

跳老猴舞时，那牛角号的低沉、铜鼓声的铿锵、皮鼓声的凝重浑厚，久久地回荡在山中，带着众人对先人的缅怀之情，响彻云天。

阅读链接

在我国，画猴的历史可以追溯到宋代，因为"猴"与"侯"同音，所以古代吉祥画常把猴子与蜜蜂或枫叶和马画在一起，取"马上封侯"之意。

不过，在清代以前的猴画大多有烦琐的背景，猴的造型本身并不出色。最有代表性的就是新中国连环画奠基人，被誉为"当代画圣"的刘继卣画的《西游记》连环画中的猴子，那真是形神兼备，惟妙惟肖。从造型、线条、色彩、人物的情绪到面部猴、神、人三者的结合几乎达到完美的境界。

既报晓又驱灾的酉鸡

　　相传在尧帝时期，友邦上贡一种重明鸟，据说能驱灾辟邪。大家都欢迎重明鸟的到来，可是贡使不是年年都来，人们就刻一个木头的重明鸟，或用铜铸重明鸟放在门户，或者在门窗上画重明鸟，吓退妖魔鬼怪，使之不敢再来。

　　因为重明鸟样类似鸡，以后就逐步改为画鸡或者剪窗花贴在门窗上，也即成为后世的剪纸艺术的源头。我国古代特别重视鸡，称它为"五德之禽"。

　　《韩诗外传》说，它头上有冠，是文德；足后有距能斗，是武德；敌在前敢拼，是勇德；有食物招呼同类，是仁德；守夜不失时，天明报晓，是信德。所以人们不但在过年时剪鸡，而且也把新年首日定为鸡日。

圆明园十二生肖鸡首

■生肖鸡雕刻

淳朴浓郁的民风根源

《玄中记》 产生时期较早的志怪小说代表作。它上承远古传说，从《山海经》所载的殊方绝域、飞禽走兽、奇花异木、山川地理的神话演化而来，广罗天下奇闻逸事；它下启六朝志怪，书中内容所载多为后代志怪小说所借鉴。由于它在撰述体例上的特殊形式，被划归为地理博物类志怪小说。

在我国古代的风俗中，正月初一叫作"鸡日"，这一天不杀鸡，门上贴鸡画，表示可以驱邪祈平安的意思。大概是"鸡"与"吉"的音相近。

古时候，春节在门窗上画鸡来驱鬼怪邪气。东晋文学家郭璞著的志怪小说《玄中记》里，讲到了度朔山上的这只天鸡，说是当太阳刚刚升起，第一道阳光照到这株大树上时，天鸡就啼鸣了。它一啼，天下的鸡就跟着叫起来了。所以春节所剪的鸡，其实就是象征着天鸡。

古人对婚礼是异常重视的，所以婚礼中的每一个礼节都是很有讲究的。婚礼中的抱鸡风俗，也不是偶然的，而是赋有许多特定的意义。鸡与"吉"谐音，抱鸡有大吉大利的意思，而且鸡自古以来就象征吉祥，能驱鬼辟邪。

抱鸡其实只是一种仪式，并不是真的抱着鸡，而是在结婚时，在男方迎亲的车中，须有一只红色的大雄鸡（装在蒙着红布的笼子中）和负有抱鸡责任的10岁左右的男性儿童。

女方也须有抱鸡人，不过抱的是一只母鸡，并且在成亲三日后，母鸡必须卖掉。这就是结婚时必不可少的抱鸡礼俗，亦称"鸡礼"。

自周代至今，虽历数千年，社会制度几经变化，社会文化不断发展，婚姻六礼不断改革、简化。然而，由于鸡礼有许多的重大意义，因此抱鸡风俗得以沿袭。

鸡作为十二生肖中的动物，最显著的象征意义就是守信、准时。公鸡报晓，意味着天将明，再进一步引申，则象征着由黑暗到光明的解放。

鸡在我国传统文化中被视为吉祥物，鸡鸣报晓，鬼怪避之，鸡吃毒虫，剪除"五毒"。在我国山东、河北、山西一带，每至除夕夜仍贴大公鸡画于门户上，以求避邪除凶、驱恶趋吉。

鸡在十二地支属酉。"酉"为象形字，象酒器。雄鸡报晓，旭日东升。雄鸡一啼，都不会误时的。

鸡守夜报晓，对于古人来说意义非常大。古代的计时工具非常简陋，如漏壶，它虽可计时却不可能按时叫醒人们。没有后来的闹钟，睡梦中的人们不知道到了什么时候。这时金鸡报晓，告诉人们天快亮了，应该起床准备工作。

人们常说"日出而作，日落而息"，但起床却不能等到日出而起，何况太阳并非天天都出来，阴雨天气便失去了观察太阳以定时间的依据。而鸡不管酷暑寒冬，还是阴晴雨雪，它都守信报晓，绝不偷懒。可以说，正是因为有了鸡在黎明时的打鸣报

五毒 民间传说中的"五毒"指蛇、蜈蚣、蝎子、蜘蛛和蟾蜍五种动物。谷雨节流行尽杀五毒的习俗。谷雨以后气温升高，病虫害进入高繁衍期，为了减轻虫害对农作物及人的伤害，农家一边进田灭虫，一边张贴谷雨帖，进行驱凶纳吉的祈祷。

■ 圆明园十二生肖鸡

晓，人间才开始有了新的一天的烟火和生机。

鸡在日常生活中，几乎随处可见。它的繁殖能力强，成活率高，对环境没有什么特别的要求，无论何地都可以饲养。

鸡作为飞禽，其飞行能力大大退化。比不上其他的飞鸟，能够自由自在地翱翔蓝天；在地上行动奔跑，比不上马狗的迅疾灵巧，所以鸡显得很平凡。它也因此具有平凡、大众化和柔弱的象征意义。

雄鸡能勇斗，见敌敢战，古人便想象其具有避邪的神力。古人常用鸡来驱邪和祭祀。杀鸡驱邪是一种巫术，也就是一种迷信。早在先秦时期，就有用鸡和鸡血驱邪的活动。古人认为，鸡和鸡血具有驱鬼邪去灾祸的作用。

古人对祭祀非常重视。在众多的祭祀用牺牲中，鸡就是其中之一。用鸡祭祀祖宗，一直都盛行在我国的一些地区。

鸡还用于判案。景颇族就有用鸡鸣作为神判的方式。争讼双方各携一只活公鸡到约定地点，先由巫师念经，念毕双方纵鸡，视约鸣叫以决胜负。先叫者败诉，后叫者或不叫者胜诉。

阅读链接

古人认为，雄鸡守夜不失时、天明早报晓，极具信德，加之头上有冠、足后有距、敌前敢拼、不享独食，兼具文、武、勇、仁、信之德，故冠之以"五德之禽"的美名。

鸡在很多神话里还是拯救世人的神物。如《西游记》里，唐僧师徒被蝎子精围困时，二十八宿之一的"昴日星官"下界捉妖，他现出公鸡本相，长鸣两声即令蝎子精当场毙命。

汉代奇人东方朔在其所撰的《神异经》里更是夸张地描述了神鸡的威力。东方朔称：大荒东极的扶桑山上有玉鸡，玉鸡鸣则金鸡鸣，金鸡鸣则石鸡鸣，石鸡鸣则天下之鸡鸣，悉鸣则潮水相应，东方渐明。

象征忠诚而善良的戌狗

　　三国时候，住在襄阳的李信纯曾经到城外饮酒，大醉，在回家的路途中倒在草中酣睡。当时正值太守烧荒围猎，火焰四起。李信纯身旁的家犬"黑龙"见势不妙，用嘴不停地拉拽李信纯。可是主人醉得很厉害，一点反应都没有。

　　于是，黑龙就跑到三五十步远的溪水里沾湿全身，返到主人身边，把身上的水甩落在主人身边的草上。如此反复多次，最后主人得救了，而黑龙却累死了。

　　当李信纯酒醒后，发现狗舍身救己后，就告知太守。太守感慨道："犬的报恩甚于人。人不知道报恩，还不如狗啊！"于是为此狗修了一座义犬冢。

圆明园十二生肖狗首

旧时，晋代文学家陶潜的《搜神后记》卷9有《杨生狗》一则，描述了狗救主人杨生的故事。

杨生夜行不慎落入井中，狗彻夜狂吠，引来一人，此人要以狗为回报方能施救杨生。杨生不许，狗却向他点头示意，杨只好应允。当杨生出井后第五天，狗乘黑夜返回到杨生家中。

狗善解人意，能忠诚守信地送信引路。《太平广记》卷94引南朝梁文学家任昉《述异记》载，文学家陆机家有一犬名黄耳，此犬机敏聪慧，能理解人的语言。陆机在洛阳做官的时候，很长一段时间得不到家中的音讯，于是便问黄耳："你能帮我送封书信吗？"

黄耳一听主人让它送信，非常高兴，不停地摇动尾巴叫着，算是对主人的回答。

陆机便将信装进竹筒，系在犬颈。黄耳奔跑了十几天，终于把信送到千里之外的江南家中。它口衔着竹筒，又作声表示要家人回信。家人看完以后，又以同样的办法让黄耳给陆机带回信。黄耳不负主人

花丝镶嵌生肖狗

的期望，不辞辛劳，把信带回了洛阳，这令陆机大为欣喜。这就是典故"黄耳寄书"的出处。宋代大诗人黄庭坚为此还作诗《伯氏到济南》，称颂此事：

西来黄犬传佳句，
知是陆机思陆云。

由于狗的信实聪慧，忠勇护主，所以一直以来都有

很多义犬助人、救人的感人故事。自从狗成了人类的朋友，它就始终表现得忠诚效力，尽职守信，成为忠诚守信的象征。

狗在十二地支中属戌。戌时为夜的开始，古人认为狗守夜，所以主"戌"。狗是人类患难与共的朋友，被认为是通人性的动物，它对人类特别忠诚，因而具有忠贞不渝的意义。

狗是人类的朋友，由狼驯化而来。史前时代即为人们饲养，在中华文明发展的长河中，狗曾扮演一定的角色。

在我国古代，狗是"六畜"之一。从我们祖先留传下的岩画、陶瓷、剪纸、刺绣上，可以生动地印证它和人类相处的风貌。通过这些图片，让我们更了解人类与狗的关系，从而善待狗与其他的动物，让人类社会与自然界和谐发展。

瓷塑狗玩具，在我国有悠久的历史。在我国西安半坡村仰韶文化遗址的儿童墓葬中，曾出土有很多陶狗，后经考古学家、历史学家、民俗学家考证，认为这些小狗就是最早的儿童玩具。

在我国甘肃、青海马家窑、马厂文化遗址，出土有彩陶时期的各种狗的器物模型。到了汉代，早期青瓷中出现了瓷质的狗玩具。随后的唐宋之际，是中国古代玩具大发展的鼎盛时期。

■ 圆明园十二生肖狗像

信 古代称作"尺牍"。古人是将信写在削好的竹片或木片上，一根竹片或木片约在1尺到3尺之间，所以叫尺牍。"信"在古文中有音讯、消息之义，如"阳气极于上，阴信萌乎下。""信"也有托人所传之言可信的意思。在我国古代的书信中，最著名的是秦朝李斯的《谏逐客书》。

生肖狗石刻

明清以后，陶瓷玩具逐渐被泥质、木质、布质、竹质、银质的各种民俗玩具狗所取代，而用陶瓷表现的那种古朴憨厚、稚拙可掬的狗的韵味，也就随着时光的推移而远逝了。

民间工艺品"泥泥狗"，是我国自古流传下来的最古老而优秀的泥塑艺术品。泥泥狗反映了古老母系社会的生殖崇拜观念等文化内涵。不仅保留了古代玩具的风貌，还蕴含了很多民间神话传说。泥泥狗代代相传，寄托了人们对人类祖先的缅怀和崇拜。

泥泥狗代表着吉祥安康、辟邪消灾。泥泥狗是原始艺术的延续和拓展，记录了人类文化发展的轨迹。

阅读链接

《太平广记》记载，古时有个叫华隆的年轻人热衷打猎，他还专门养了一只猎犬。

有一次，华隆追赶猎物到江边时，突然遭到了一条巨蛇的伏击。巨蛇裹缠攀附在华隆身上，越缠越紧，华隆又惊又怕，当即昏厥倒地。猎犬猛冲上前，与巨蛇激烈博斗，终于咬死了巨蛇，但华隆仍僵卧在地毫无知觉。猎犬见状立刻狂奔回家，在家人面前仓皇泣嚎，又在路间往返狂奔。家人见狗举动反常，便跟随它一路赶去，到江边时才看到闷绝在地的华隆。

代表幸福和富足的亥猪

相传，自唐代开始，殿试及第的进士们相约，如果他们中间的人在今后任了将相，就要请同科的书法家用朱书即红笔题名于雁塔。因"猪"与"朱"同音，"蹄"与"题"谐音，所以猪成了青年学子金榜题名的吉祥物。

每当有人赶考，亲友们都赠送红烧猪蹄，预祝赶考的人朱笔题名。后来，这种习惯逐渐扩大，人们在新年时互赠火腿，因为火腿是用猪蹄烤制而成的。

民间还认为肥猪拱门吉祥，肥猪俨然成为一个传送福气的使者。所以，有俗语说："猪是家中宝，粪是地里金。"猪是聪明的动物，它并不笨，也非本性爱脏，而是后天环境使然。猪

圆明园十二生肖猪首

圆明园十二生肖猪像

是可以训练的，可见它是有智慧的。

"猪"与"诸"同音，常被借用为诸事吉利，佳年诸吉。所以在我国的传统文化中，猪一直都有吉祥如意的寓意和象征。

猪作为人的生肖属相之一，猪和十二地支中的亥相配，称为"亥猪"。虽排在第十二位，但在古代人的心目中，却有着很重要的地位。

在我国，"生肖十二个，人人有一个"，因此，生肖猪被人们赋予聪明才智和寄予良好的祝愿，成为人们喜爱的灵性吉祥之物。

猪又名"印忠""乌金""黑面郎""黑爷"。古称"豕"，又称"彘""豨"，别称"刚鬣"。《朝野佥载》说，唐代洪州人养猪致富，称猪为"乌金"。

在华夏的土地上，早在母系氏族公社时期，就已开始饲养猪、狗等家畜。浙江余姚河姆渡新石器文化遗址出土的陶猪，其图形与现在的家猪形体十分相似，说明当时对猪的驯化已具雏形。

汉字的"家"字部首是"宀"，象征房屋，下半部是"豕"，也就是代表猪的"豕"字。因此有此一说，房屋加猪等于家，豕即财富。在农业社会中，如果家里没有养猪，就不成为"家"了。

作为家猪，猪又是那样的憨厚老实，安分守己，从不去加害于任何人，并为人们带来了经济上的富足，成为百姓们的聚宝盆。

在上古的时候，猪的文化意义不含有任何的贬义，相反，猪是衡量勇敢的尺码。不但"家"的含意是在房屋内养猪，就连当时的社会

淳朴浓郁的民风根源

活动，也以与猪有关的事为中心。

例如甲骨文"事"字，做双手举长柄网捕捉猪或野猪之状。而人的素质，也以猪为坐标来衡定，如"敢"字，有徒手捉猪以示勇敢之意，那么不能捉猪便视为怯懦。

家猪显得温驯老实，那是因为长期被人类驯养，与大自然隔离而丧失其本性。而野猪性情凶暴，善于搏击，于是基于这一特点，猪便有了勇往直前的意思。

在我国古代，人们认为猪是一种灵物，受到社会普遍崇拜。在古代人看来，猪是聪明、智慧、威仪、刚烈、勇猛、繁殖力强的象征。

古代人对猪非常崇拜。西汉末年的王莽，还把他的精锐部队取名"猪突勇"，意思是野猪勇猛、精锐。在魏晋南北朝时期，有人把战舰命名为"野猪"，以表示勇猛和必胜。

在民间艺术中，猪象征着自力更生、勤劳致富。而年画中的"肥猪拱门"更是深入民心，它表示丰收吉庆，福气财气齐聚。

在天津、河北等地，有"肥猪拱门"的节日窗花，是用黑色蜡光

■生肖猪石刻

纸剪成的。猪背上驮一聚宝盆，张贴时左右各贴一张，表示招财进宝之意。

陕西一带有送猪蹄的婚俗。结婚前一天，男方要送4斤猪肉、一对猪蹄，称"礼吊"，女方将礼吊留下后，还要将猪前蹄退回。婚后第二天，夫妻要带双份的挂面及猪后蹄回娘家，留下挂面，后蹄退回，俗称"蹄蹄来，蹄蹄去"，表示以后往来密切。

云南西双版纳的布朗族，在婚礼的当天，男女两家要杀猪请客。除请客外，还要将猪肉切成小块，用竹竿串起来分送各家，以示骨肉之亲之意。

云南佤族有猪胆卦的占卜风俗。杀猪后，根据猪胆判断吉凶。如果胆纹上下行，胆内水分多，为吉卦；胆纹左右行，胆内水分少，为隐卦。一般在举行重大活动时使用，由巫师卜卦。

此外，猪和婚姻爱情还关联在一起。比如在湘西侗族地区，流行猪耳朵定亲的习俗。土家族则流行猪尾巴催亲的习俗。

自古以来，猪是富足吉祥的象征，它的憨态可掬让人喜爱，它是兴旺家业的聚宝盆，让世人的心中贮满了发财致富的梦想，只要勤劳肯干便能成为现实。

阅读链接

对于猪的形象，我国在很早以前就有人工塑造。比如考古工作者在河姆渡新石器文化遗址中，曾经发掘出土过陶猪，与现在的家猪形体十分相似，说明当时的猪已近驯化。

猪憨厚老实，安分守己，从不去加害于任何人，并为人们带来经济上的富足。唐代洪州人养猪致富，称猪为"乌金"。家猪从头到尾，都是人们百吃不厌的美食，被农家视为"聚宝盆"。所以我国民间有"贫不丢书，富不丢猪"的说法。

古人说："六十花甲子，七十古来稀。"就古代生活条件和医疗条件而言，老人能活到六七十岁已属不易，子女们庆幸自己的双亲长寿，必然要有一番很热闹的祝贺活动，盼望生命之树常青，寿禄之神常临，老人健康长寿，颐享天年。

古人还创造了吉祥人物寿星，时常加以寿礼；把寿字用许多形体写出来，组成"百寿图"；择定许多长寿的象征物，入诗入画，借以寄托长寿愿望。所有这些都构成了我国传统寿诞礼俗的丰富画卷，而其中寿礼最为突出。

祝福双全

寿诞礼俗

鹤发童颜的老寿星彭祖

我国古代地方志《华阳国志》中记载，四川眉山彭山镇有一位名叫彭祖的人。古人把他视为天上的寿星，是因为他保持着最高长寿纪录767岁。这种说法来自东晋葛洪的古代志怪小说集《神仙传》。

彭祖像

767岁高龄自然不可信，这是以当时66天为一年的纪年方法所指的年纪，是古时彭山一带"小花甲计岁法"的结果。小花甲计岁法源于"六十甲子日"，就是古代所传50个星宿神依次值日一圈的时间。

民间崇拜上天星宿，凡人寿命皆与星宿对应，便以60个星宿神轮流值日一周的时间为一岁。如果按后来365天作为一年记，彭祖的实际寿命为159岁。

767岁的高寿虽假，但历史上彭祖似乎确有其人。《史记·楚世家》记载了他的显赫出身，他是"五帝"之一颛顼的孙子。而有关他的长寿故事早在秦汉以前就已流传。战国时期楚国诗人屈原的长诗《天问》中就曾提到他，孔子和庄周在自己的著作中也都将他视为长寿的典范。

彭祖像

彭祖虽然不是天上星官，但人们确信他掌握了一套养生的方法，是真实生活中靠修炼获得长生不老的成功者。这也是人们将他与寿星合二为一的原因。

可以活到767岁，这是怎样一种长生不老的养生术。《庄子·刻意》中有记载：

吐故纳新，熊经鸟伸，导引之术，彭祖寿考者好之。

"吐故纳新"是说用意念调节呼吸，熊经鸟伸和导引又是怎么回事呢？所谓"熊经"，是指模仿熊攀缘的动作，所谓"鸟伸"，是指模仿鸟类尤其是鹤展翅引颈的姿态。由此可知，彭祖的导引术实际上是一种模仿动物形体动作的健身体操。

先秦道家认为，天地是不朽和永恒的，天地化生万物、孕育生命，这是天地至仁至善之大德。人们认为天是仁慈的，本来在赋予生命的同时也教给人们长寿之术。可是后来人们沉浸在各种物欲功利带来的肤浅快乐中不能自拔，于是渐渐失去了长寿本能。但还是有补救办法，那就是道家主张的"道法自然"，向自然界的动物们学习。

■ 彭祖塑像

模仿熊，是因为熊能在冬眠期长达数月不进食，养生家认为这是因为他通晓食气辟谷之术。模仿鹤的理由似乎是看中鹤的优雅和扶摇升空时自在逍遥，或许人们想象自己得道成仙那一刻，也应当像仙鹤那样优哉游哉。

魏晋以来，道教的养生理论渐成体系，托名彭祖的著述多达数十部，有《彭祖养性经》《彭祖摄生养性论》及《彭祖养性备急方》等。除了导引气功、炼丹术、中医中药等养生疗病理论以外，还涉及烹饪饮食和房中术。

道教经典中早就谈到人的这两种生理需求，"食、色，性也"，认为这是人与生俱来的欲望。与儒家视之为洪水猛兽的态度截然相反，彭祖养生术不避讳谈食谈色，并将其作为重要的修炼内容。

所谓"食"，是指饮食烹饪术。过去厨师行业将

炼丹术 又称为"金丹术""炼金术""点金术"或"黄白术"，是炼制"神丹"的方法。我国古时有"成仙"的说法，古人认为人的肉体可借助某种神奇的药物而获得永生，而冶金术被古人认为是制作这种"神丹"的唯一方法。

彭祖作为祖师爷，因为彭祖是有记载以来的第一位美食家和技艺高超的厨师。早在屈原的《天问》中，就提到彭祖调制野鸡汤献给尧帝的著名典故：作为当时部落首领的尧帝指挥治水，由于长期心怀部落和部众安危，尧帝积劳成疾，卧病在床。数天滴水未进，生命垂危。

就在这危急关头，彭祖根据自己的养生之道，立刻下厨做了一道野鸡汤。汤还没端到跟前，尧帝远远闻到香味，竟然翻身跃起，食指大动，随后一饮而尽，次日容光焕发。此后尧帝每日必食此鸡汤，虽日理万机，却百病不生，此事被传为美谈并流传下来。

雉鸡当时并不罕见，配料也无玄机，关键就在彭祖的另一秘方上。古籍《彭祖养道》上曾记载："帝食，天养员木果籽。"一碗普通的鸡汤能够有点水成药的养生功效，其实是来自这枚小小的茶籽。

因此后人认为，彭祖正是知道茶籽的养生功效，才会一招中的。尧帝在位70年，终于118岁仙寿的秘密也尽在这茶籽之中。

寿星图

彭祖烹饪手艺之高超，居然可以治愈厌食顽症，那么吃出健康长寿的观念也就很容易被人们接受。饮食烹饪术随即被纳入养生理论，并与导引健身相辅相成。

模仿长寿动物的形体动作可以长生不老，而另一种更直接的方法是把它吃下肚去。于是所谓长寿动物如乌龟、鹿、鳖都成了长寿滋补品，借助导引体操和烹饪美食达到健身长寿目的，可谓双管齐下。

关于彭祖的传说故事有很多。

■ 陈抟画像

传说原来彭祖和陈抟老祖两人，都在天宫玉皇大帝身边主事。一个管着诸神的生死簿，一个管着功德簿。有一天，陈抟对彭祖说："我劳累过度，想好好睡一觉。如有要紧事，你把我叫醒。"彭祖答："好，你尽管放心睡觉去吧！"

彭祖一见陈抟去睡觉，想乘此机会到凡间游玩一番。他代陈抟更换生死簿名单，发现他的名字也在上面。彭祖一想：不好，如果我到凡间被玉帝发现了，就会很快派人把我召回。

彭祖灵机一动，把生死簿上写有"彭祖"名字的那一页纸撕了下来，捻成纸绳订在本子上。从此，这个生死簿上，再也找不到彭祖的名字，他才放心地下凡去了。

彭祖流落人间，做了商代士大夫。他先后娶了49个妻子，生了54个儿子，都一一衰老死亡，而彭祖依然年轻力壮，行动洒脱。当他娶了第50个妻子后，就辞官不做，到处游山玩景，直到这第50位妻子由当年的黄花闺女变成老太婆时，才定居到宜君县一个小山村。这时彭祖已经800岁了。

有一天晚上，夫妻俩睡在床上聊天，妻子问他："我是快死的人了，我死后你再娶妻不娶？"彭祖毫不介意地说："当然还要娶，不然谁陪伴我！"妻子又问："你怎么一直不会衰老呢？难道生死簿上没有

士大夫 古时做官吏或较有声望、地位的知识分子。从隋朝开始，我国所独有的人事体制为通过竞争性考试选拔官吏，因而形成了一个特殊的士大夫阶层，即专门为做官而读书考试的知识分子阶层。士大夫出现于战国，在我国历史上形成一个特殊的集团。

你的名字吗？"

彭祖哈哈大笑回答说："我永远不会死的！生死簿上有我的名字，他们就是找不着。"妻子接着问："那你的名字在什么地方？"彭祖一时得意说出了实情。妻子这才明白彭祖一直不死的奥秘。

这位妻子死后，脱下凡胎肉体回到天宫，向玉皇大帝诉说了此事。玉帝听后恍然大悟，命差神赶快去叫陈抟老祖。谁知陈抟这时还没有睡醒，玉帝只好另派二位差神下凡去找彭祖。

由于年代久远，下来的差神根本不认得彭祖，找寻许久毫无音讯，又不敢轻易地回到天宫交差，只好遍跑人间，四处打听。

一天，两位差神来到宜君县彭村，乘木匠吃饭之际，偷走解板大锯，到打麦场上使劲地锯一个碌碡，一下招来很多乡亲围着看稀奇。

这时，彭祖也前来观看。人们七嘴八舌，议论纷纷，彭祖也因自己年事高，经历广，趁机讥笑说："我彭祖活了800岁，没见过有人锯碌碡。"

话音刚落，二位差使把锯一扔，当场就锁住了彭祖。这天夜里，彭祖就去世了，享年800余岁。

阅读链接

据说，由于汉武帝崇尚仙道，西王母便在汉武帝生日期间，派使者告知汉武帝，自己某时某刻会来。七月七日夜漏七刻，西王母乘云车来到了汉武帝宫殿的西侧。西王母的左右有3只青鸟侍立。

西王母走到汉武帝面前，赐给他5个大桃，并告诉他说："这是三千年才结一次果的仙果。"由于西王母赠桃暗含了赠寿的意思，所以，今天的人们在给老人过生日时就摆寿桃、赠寿桃，其寓意就是祝老人家长寿、高寿。

道教大脑门儿的拄杖寿星

拐杖寿星木雕

寿星，一说寿星原是二十八宿中的角亢星，为东方苍龙七星，即角、亢、氐、房、心、尾、箕之一。每年五月初的傍晚，寿星便带着长寿的吉祥之光出现在东方。

还有一种说法，认为寿星即是老人星，亦即南极老人星。《史记·封禅书》司马贞索隐：

寿星，盖南极老人星也，见则天下理安，故祠之以祈福寿也。

可见汉代时已认为寿星就是

南极老人星，而天空中只要出现寿星，天下便平稳安定，所以当时人们祭拜它，以祈祷福寿。唐代时将角、亢与南极老人星都当作寿星，并设坛合祭，从此两种寿星崇拜遂合而为一。

寿星的人神化与祭祀风俗有关。东汉时每到仲秋之月都要举行敬老与祭祀寿星的活动。

《后汉书·礼仪志》中记载说：

寿星戏孩青釉

仲秋之月，年始七十者，授之以王杖，哺之以糜粥。八十、九十，礼有加赐。王杖者九尺，端以鸠为饰，鸠者，不噎之鸟也，欲老人不噎。是月也，祀老人星于国都南郊老人庙。

"王杖"即鸠形手杖。传说鸠是一种胃口常开的"不噎之鸟"。老人使用鸠杖，寓有进餐可防噎的意思。

由于祭祀寿星与敬老活动相结合，寿星遂定格为一位拄长杖的老人形象。南宋时的寿星像是"扶杖立""杖过于人之首，且佶曲有奇相"。明代，寿星长头短身的形象逐渐突出，所描绘的寿星形象是：

手捧灵芝飞蔼绣，长头大耳短身躯。

由于道教养生观念的融入，也使寿星形象发生相应的改变。最突出的要数他硕大无朋的脑门儿了，这是山西永乐宫壁画，可能是存世

山西永乐宫的寿星壁画

最古老的寿星形象。在永乐宫上千位神仙中，我们一眼就能将他认出，就是因为他那超级大的脑门儿。

关于大脑门儿的来历，有多种猜测，有人认为大脑门儿来自返老还童现象，老人和小孩有诸多体貌特征上的相似。比如初生婴儿头发稀少，老年人也是一样。而头发少自然额头就显得很大。

寿星的大脑门儿，也与古代养生术所营造的长寿意象紧密相关。比如丹顶鹤头部就高高隆起。再如寿桃，是王母娘娘的蟠桃会上特供的长寿仙果，传说是三千年一开花，三千年一结果，食用后立刻成仙长生不老。或许就是因为这种种长寿意象融合叠加，最终造就了寿星的大脑门儿。

我们都知道，在寿星的手中有一柄手杖。《后汉书·礼仪志》记载，汉明帝在位期间，曾主持一次祭祀寿星仪式，还安排了一次特殊的宴会，与会者是清一色的古稀老人，普天之下只要年满70岁，无论贵族还是平民都有资格成为汉明帝的座上客。盛宴之后，皇帝还赠送酒肉谷米和一柄做工精美的王杖，王杖也称"鸠杖"。

魏晋以后，寿星的手杖产生了变化，其政治教化功能逐渐被削弱，原来象征特权的雕有斑鸠的王杖，换成一柄桃木的手杖。据说桃木能祛病强身，延年益寿。

民间传说在大地的东北方是恶鬼居住的地方，有一道大门，称为

"万鬼之门"，将恶鬼拒之门外。据说这道大门就是天帝用桃木做的。为了保险起见，在门前还栽种两棵桃树，来镇鬼驱邪。

有趣的是，后来人们通过研究发现，桃树的汁液的确含有某种抑制细菌生长的特殊成分。在过去中药里桃树枝也是一味药，并且人们相信朝向东北，也就是朝向鬼门方向的桃枝药力最佳。过去象征特权的王杖，成了寿星手中祛病强身的长寿吉祥物。

年画《寿星图》是民间喜爱的吉祥物，图上那位慈眉善目的寿星老人满足了人们对健康长寿的美好祈望，人们看到他便心旷神怡，从中得到一种心理的满足和精神的安慰。

在《寿星图》的四周还点缀有松、鹤、龟、桃、灵芝、葫芦等表示长寿吉祥的动植物，这就更增添了吉祥的气氛，突出了长寿的主题。还有些年画将寿星与福、禄二星画在一起，表现出既求长寿，又求官运、福运的意思，被称为"福禄寿图"。

后来，道教基于当时人们对于星辰的自然崇拜，便按照自己的意愿，衍生出了福、禄、寿三星。福、禄、寿三星高照，人们常用"福如东海，寿比南山"来祝愿长辈幸福长寿。

阅读链接

寿星的形象随着时间的流逝变得更具有喜庆色彩，最突出的是那长而大的光秃秃的脑门儿，民间称为"寿星头"。

关于寿星的特号大脑门儿，还有一则传说：寿星母亲怀上寿星9年，尚不能分娩，母亲十分着急，竟然问腹中的孩子："儿啊，你为什么还不出来？"寿星在娘胎中说："如果家门口的石狮双眼出血，我就要出生了。"这话被隔壁的屠夫听到了，就用猪血涂在石狮双眼中，结果寿星就急急忙忙从母亲腋下钻了出来。由于未足年份，寿星的头就变得长而隆起了。

献酒上寿开启寿礼先河

早在春秋战国时期，我国上层管理集团中已经出现了"献酒上寿"的原始形态的祝寿活动。《诗经·豳风·七月》云：

九月肃霜，十月涤场。朋酒斯飨，曰杀羔羊。跻彼公堂，称彼兕觥，万寿无疆！

■ 精美的寿酒

就是说，九月开始下霜，十月打扫场院，等到一年农事活动结束后，人们便杀羊饮酒，来到主人公堂，举杯祝他万寿无疆。《诗经·小雅·天保》又说：

如月之恒，如日之升，
如南山之寿，不骞不崩。
如松柏之茂，无不尔或承。

■ 寿宴上的糕点

这是臣子祝颂主人的话：您像月亮一样持久，像太阳一样永恒，像南山一样长寿，像松柏一样四季常青，人们没有谁不拥护您。

这些诗句表明，早在春秋战国时期、在一些欢乐、喜庆的场合中，地位较低的人举起酒杯为地位较高的人庆贺祝福的祝福语。

当然，春秋战国以后的献酒上寿活动虽然并不一定与特定的生日有关，但由于活动本身具有"为人上寿"的特点，因此仍然可以说是祝寿礼仪的源头。

到了唐代，唐玄宗李隆基任用姚崇、宋璟等贤相，励精图治，开创了大唐的极盛之世，而李隆基本人也是琴棋书画、声色娱乐无所不能。729年，他的丞相源乾曜、张说等上表，请将唐玄宗的生日定为"千秋节"，并且说：

《小雅》为《诗经》的一部分，共有74篇。《小雅》中一部分诗歌与《国风》类似，其中最突出的，是关于战争和劳役的作品。这些诗歌大都从普通士兵的角度来表现他们的遭遇和想法，着重表达对于战争的厌倦和对于家乡的思念，读来倍感亲切。

著之甲令，布之天下，咸令宴乐，群臣以是日献甘露醇酎，上万岁寿酒。

当时唐玄宗亲笔批复：

当朕生辰，卿等请为令节，上献嘉名，自我作古，是为美事，依卿来请，宣付所司。

■ 青花童子祝寿图插屏

如唐武宗寿辰叫"庆阳节"，唐宣宗寿辰叫"寿昌节"，唐昭宗寿辰叫"嘉会节"，唐肃宗寿辰叫"天成地平节"；宋太祖寿辰叫"长春节"，宋太宗寿辰叫"乾明节"，宋真宗寿辰叫"承天节"，宋仁宗寿辰叫"乾元节"，宋英宗寿辰叫"寿圣节"，等等。

庆贺生日这一习俗的基本核心还是思亲娱乐，与儒家孝亲观念的大方向是一致的，再加上对当事人祝吉祝寿的祈祥成分，因此，除皇帝以外，在唐宋时期的许多官绅学士中也已普遍盛行祝寿活动。宋代"豪放派"大文豪苏轼曾作诗祝贺弟弟苏辙生日：

但愿白发见，年年作生日。

豪放派 宋词风格流派之一，与"婉约派"并为宋词两大词派，代表是苏轼、辛弃疾。"豪放派"的特点大体是创作视野较为广阔，气象恢宏雄放，喜用诗文的手法、句法写词，语词宏博，用事较多，不拘守音律。

宋代著名词人辛弃疾十分喜爱比他年龄小得多的妻子，在老年时经常为妻子做寿，厅堂上挂起寿星图，桌上摆置寿酒，儿女们还纷纷在她面前叩首跪拜。在宋代，赠送寿礼的风气已开始盛行。

唐宋时期已流行以诗词祝寿。专门为祝寿而写的诗歌大概从唐玄宗立"千秋节"算起。上表请立千秋节的名臣张说，曾为千秋节的祝寿乐典配写过6首《舞马词》和3首《舞马千秋万岁乐府词》。

在敦煌文书中，也发现了不少以长短句形式为玄宗千秋节所写的祝寿颂圣词。此风一开，便一发而不可收。据统计，《全宋词》中为祝寿而写的颂词竟约占了全部作品的九分之一，作者占了全部作者的四分之一。由此足见宋代寿礼中诗词所占比重之大，亦可见宋代祝寿礼仪活动之盛。

我国的祝寿礼仪发展到明清时期，其意义已突破了单纯的祈寿求祥，而与人们的娱乐、享受、炫耀等

《全宋词》是我国近百年来最重要的古籍整理成果之一。宋词和唐诗均为我国古典诗的艺术高峰。清代所编的《全唐诗》是家喻户晓籍，又编出《全宋词》，堪称我国文学的双璧。全书共四册，荟萃宋代300年间的词作。

祝福双全

寿诞礼俗

■ 祝寿风俗泥塑

紧密地结合在一起。寿礼的规模越来越大，费用也越来越高。

皇帝们的寿庆活动自然较前更为隆重。当时，皇帝的寿圣之日统称为"万寿节"，皇后的寿诞则统称为"千秋节"。

民间祝寿的排场也越来越大，贺礼赠送的规格也越来越高。明清时期祝寿活动中演戏唱曲之风很盛。皇帝万寿节时的戏剧演出活动最为隆重，京城内要搭设三层高的戏台，几百名儿童和演员分别扮作仙童、寿星、八仙等上台表演，有时还会扮成各种珍禽异兽登台亮相，渲染祝寿的喜庆气氛。

王公贵族人家做寿时也经常请戏班来演戏唱曲，上演一些具有吉祥喜庆意义的剧目。常演的戏曲有《五女拜寿》《郭子仪上寿》《寇莱公思亲罢宴》等。

总而言之，祝寿的准备是非常重要的，这代表了每一个人的祝福之心和过寿人对祝寿之人的感激之情。

淳朴浓郁的民风根源

阅读链接

历史上也有皇帝并不赞成为自己的寿辰设定节日、举行庆祝活动的，如唐太宗李世民就反对属下为自己举行做寿活动。

据《唐实录》记载，646年十二月某日为唐太宗寿辰，但他没有像其他皇帝那样兴师动众地大办寿礼，反而十分感伤。在生日这一天，他想到父母因生育自己而付出了极大的辛劳，自己没有理由去吃喝玩乐、庆贺生日。

这显然是儒家的孝亲思想在起作用。儒家认为，越是遇到生日，越是要想到父母把自己生下来的艰辛。

贺寿堂充满浓浓厚意

在我国，每逢家中有人要祝寿了，往往要精心将寿堂布置一番。寿堂一般设在家中，平时的客厅或客堂就是祝寿时的寿堂。

厅堂四周要张灯结彩，陈列各种古玩、画轴与文物，厅堂中央的

■古代贺寿堂

■ 龟龄鹤寿灯

案桌上，摆满寿桃、寿糕和吉祥植物等物品。案桌的中间置放着一个大香炉，内插长达1尺、宽至数寸的寿香，香体盘成一个大大的"寿"字。香炉旁边是一对蜡扦，上面插着重达1~3斤的蜡烛，烛体上绘有金色的"寿"字与各种彩色的吉祥图案。

厅堂正面的墙壁上，一定是一幅充满喜庆吉祥色彩的寿星图，图中的老寿星头部隆起，笑容可掬，一手拄拐杖，一手捧仙桃。如果是为妇女祝寿，也有挂年轻貌美、手提花篮或捧着仙桃的麻姑图像的。

有时，也挂上一幅书有一个大大的"寿"字图案。厅堂两侧还有高挂各种寿幛、寿联与寿屏的，大都为金色或红色的纸质、布质条幅，色彩极其艳丽，上面书写有各种祝贺长寿的文字。厅堂的正前方是案桌，供有各种寿礼。案桌的旁边还有两把沉重的太师椅，这是专为寿公寿婆准备的。到拜寿之时，寿公寿婆分别坐于东西两侧的太师椅上，接受堂前儿孙们的依次叩拜。

旧时北京地区的寿堂非常讲究气派，大户人家的堂上正面高悬红缎彩绣的"百寿图""一笔寿"，还有用"八仙"图案拼成的巨型"寿"字中堂，两旁是寿联，正中供一尊寿星或福、禄、寿三星，案前摆一副圆形蜡扦，高点寿烛。

太师椅 我国古代家具中唯一用官职来命名的椅子。太师是官名，是尊贵、高雅的象征，古人认为，在同时代的椅类家具中，能被尊称为"太师椅"的，一定是椅类家具中的翘楚，也象征着坐在太师椅上的人的地位尊贵、受人敬仰。

另有一对梅花鹿形的花筒，用以插花。香炉顶盖上卧一头梅花鹿，嘴叼一枝灵芝，谓之"百年草"。若是给女寿星做寿，堂上正面须悬挂绣有彩色或金色"五蝠捧寿"图案的红缎，前边供一尊麻姑，谓之"麻姑献寿"。

案上摆的蜡扦是一对对称的仙鹤，嘴叼一朵莲花，花芯中出一根扦子，上插寿烛，谓之"仙鹤灯"。香炉顶盖上也有一只单腿独立的仙鹤叼一灵芝。供案的桌围子多为红地大金圆寿字或鹤、鹿、青松等彩色图案。

此外，按季节另设鲜桃、面鲜、点心各5碗，上插金寿字供花。还要在一对蜡扦底下各压一份黄钱、元宝、千张，下垂供案两旁。案前设红地毯或红毡子及拜垫。

一般小户人家的寿堂，则只是到香蜡铺请一份木

鹿　在古代被视为神物。古人认为，鹿能给人们带来吉祥幸福和长寿。作为美的象征，鹿与艺术有着不解之缘，历代壁画、绘画、雕塑、雕刻中都有鹿。现代的街心广场，庭院小区矗立着群鹿、独鹿、母子鹿、夫妻鹿的雕塑。一些商标、馆驿、店铺匾额也用鹿，是人们向往美好，企盼财运兴旺的心理反应。

315

祝福双全

寿诞礼俗

■ 古人拜寿蜡像

刻水色印刷的"本命延年寿星君"的神像，夹在神纸夹子上，还要摆上寿桃、寿面，点上一对"大双包"红蜡，压一份敬神钱粮。

前往祝寿的亲友至寿堂行礼，照例是两揖三叩，主人则谦让一番。祝贺人如是晚辈，必须跪拜，并说些祝愿的吉祥话。受贺的座位设在供案旁边，照例是男左女右。

如遇平辈，受贺人则站起，做用手搀的动作，表示请对方免礼。对未成龄的小孩前来叩拜，还须适当给些喜钱。受贺者的晚辈八字排开，站在两旁，对往贺跪拜者逐一还礼。

在寿宴及堂会结束以后，"寿星"及其眷属亲友们还要齐聚寿堂，祭祀福禄寿三星或麻姑。在每个灯盘上放一盘用彩色灯花纸捻成的灯花儿，蘸上香油点燃。

灯花儿的数目按"寿星"的年龄计算，一岁一盏，但要多增加两盏，如60岁用62盏，70岁则用72盏，增加的两盏，一盏谓之"本命年"，一盏谓之"增寿年"。

首先由"寿星"上香，然后由子女及众亲友依次行跪拜礼，最后参加寿礼的每人托一灯盘，列队"送驾"，也叫"送灯花"，至大门外，将神像、敬神钱粮焚化，庆寿典礼始告完成。

阅读链接

自古鹤都是公认的寿仙，长寿的象征，故有"仙鹤"的称呼，仙鹤也是道教神仙人物的坐骑。鹤，性情雅致，形态美丽，被称为"一品鸟"。除此之外，在我国传统文化中它跟仙、道、人的精神品格有着密切的关系。

鹤，雌雄相随，步行规矩，情笃而不淫，具有很高的德行，故古人多用翩翩然有君子之风的白鹤，比喻具有高尚品德的贤达之士，把修身洁行而有声誉的人称为"鹤鸣之士"。后世常以"鹤寿""鹤龄""鹤算"作为祝寿之词。

寿运的长寿面和寿宴

传说汉武帝有一次与大臣们开玩笑说，人的寿命长短与人中穴有很大关系，谁的寿命长，那么他的人中一定也很长。这时，东方朔便接口说，那么彭祖活了800多岁，他的人中一定很长，他的面孔更是不知有多长了。

此说本是讽刺汉武帝的戏言，但经过长期流传以后，人们却真的以为人中长、面孔长的人寿命也一定很长。

由于"面孔"的"面"与"面条"的"面"为同一字，于是民间便以为吃了面条就会使人

老寿星图

淳朴浓郁的民风根源

■ 雕花牛角酒杯

长寿。还有一种说法，是因为面条形状绵长不断，"面"与"绵"两音相谐，容易使人联想到长寿。《清稗类钞》中记载说：

馈人以米面及炒热之面，面条长，取其绵绵不断长寿之意也。

做寿之日吃面条的习俗，也就这样流传下来了。一碗热气腾腾的寿面，金灿灿，黄腾腾，吃在朋友的肚子里，喜在寿星的眉梢上。

在我国，凡遇到生日，不论是大生日还是小生日，吃上一碗寿面，已是最常见也是最普通的祝寿礼仪。其实，生日吃寿面的习俗起源很早。在《新唐书》上曾载有这么一则逸事。

说在开元年间，唐玄宗的王皇后恩宠渐衰，颇不自安，某日向玄宗哭诉说："陛下独不记阿忠脱紫半臂易斗面为生日汤饼耶？"

《清稗类钞》
关于清代掌故遗闻的汇编。从清人、近人的文集、笔记、札记、报章、说部中，广搜博采，仿清人潘永因《宋稗类钞》体例，编辑而成。记载之事，上起清顺治、康熙，下迄清光绪、宣统。全书分92类，1.35万余条。

这里的阿忠指王皇后的父亲，半臂是唐时妇女的一种服装，汤饼就是面条。这句话的意思是说，过去王父曾经用女儿的衣服换来一斗面粉做面条，给唐玄宗做生日。这则逸事说明唐代已经盛行过生日吃面条的习俗了。

旧时寿面还经常被作为馈赠生日的最佳礼品。一些富裕人家凡遇亲友大寿，便要专门派人用竹筐抬送寿面到其家中。寿面的长度多在3尺以上，分量重达10余斤，一般还要凑成双数。

摆放寿面时先要将寿面装成一束束的面束，盘成高高的塔形，给人以高耸的感觉，然后在顶上插上寿字，外面再罩以红绿缕纸拉花，隐喻做寿者福星高照，寿运绵长。

经过这样装束的寿面送到做寿人家，除了送上馈赠者祈祝长寿的一片心愿之外，自然也为整个寿庆增添了一种隆重热烈的气氛。

寿酒是祝寿或寿宴上所用之酒。"酒"与"久"谐音，"祝酒"也就是"祝久"，有祝人长寿之意。以酒祝寿，在我国早已有之。《诗经·豳风·七月》中曾说众人跻身公堂，举起牛角酒杯，祝主人

古代酒令牌

万寿无疆。这是先秦时期以酒祝长寿的习俗。宋代黄庭坚诗云：

欲将何物献寿酒，天上千秋桂一枝。

可见宋代是以桂花酒当作寿酒的。

在寿宴中，往往还有行酒令的习俗。酒足诗多，已逐渐形成一种寿诞文化，并在清代达到高潮。

后来，寿酒和寿宴连在一起举办，"吃寿酒"便是出席寿宴的俗称。逢十整数的寿宴，人们都会进行隆重的庆贺，而且寿数越高，寿宴也就越隆重。到了寿辰这一天，家庭成员以及亲朋好友都要携带上各种寿礼，欢聚一堂，大家笑语连连，为寿星祝寿。

寿宴上的菜谱名目和数量也有一定的规矩。菜点的总数要取9或是9的倍数，菜点的名目则多用"三仙""六合""九子"等吉祥词语，借此祝愿寿星长寿。

也有不少菜名是暗切三、六、九的，如"三鲜猴头""挂炉烤鸭""韭黄鸡丝""罗汉大会""重阳寿糕"等。还有一些菜名，如"八仙过海""麻姑献寿""鹿鹤同春""寿星罗汉"等，祈吉求祥的意蕴更为明显。

阅读链接

俗语说"人生有三面"，即"洗三面""长寿面""接三面"。婴儿降生后三日有洗三仪式，吃洗三面祝愿婴儿"长命百岁"；过生日时照例吃"长寿面"，谓之"挑寿"，寓意"福寿绵长"；人死三日的初祭谓之"接三"，以"接三面"招待来宾并表示对亡者的悼念之情悠悠不断。

我国传统寿诞及汤饼筵所食之面条，寓长命百岁之意。民间寿礼，请寿星吃长寿面，体现晚辈祈福寿星福寿绵长的孝道，是我国优良的传统之一。

生日与祝寿的礼仪习俗

　　生日是人来到世上的纪念日，对本人具有特别的意义，因而庆贺生日颇为流行。而向别人祝寿，则成为社交活动的一项内容。

　　在我国为别人祝寿，即"上寿"的风气开始很早。金文中就有多种写法的寿字出现，可见商周时期已有了祝寿的活动。但当时祝寿并

■福寿三多年画

淳朴浓郁的民风根源

《十驾斋养新录》 清代史学家、汉学家钱大昕所著的学术札记，涉及经学、小学、史学、官制、地理、姓氏、典籍、辞章、术数、儒术等诸多领域。其考镜源流，匡辨伪讹，索微烛幽，"皆精确中正之论"，为后人称赏，被学者视为典范。

不是固定在出生纪念日。

据清代钱大昕《十驾斋养新录》卷19考证，封建帝王确定在生日举行大型祝寿活动始于唐代。

729年农历八月，唐玄宗置酒宴招待群臣，庆祝自己的生日。宴会后，尚书左丞相源乾曜、右丞相张说率文武百官上表，请以玄宗生日八月五日那天为"千秋节"。

唐代自唐玄宗始，每逢皇帝生日全国都休假3天举行庆祝活动，"朝野同欢"。在京城，群臣向皇帝祝寿，献上甘露、醇酎和"万岁寿酒"。各道节度使为博得皇帝欢心，则献上大量珍物宝玩。京城以外的官吏百姓也要"作寿酒宴"，庆贺皇帝的生日。

据《宋史·礼志》载，1012年11月，宰相王旦生日，宋真宗赐羊30头、酒50壶、米面各20斛，允许摆宴、奏乐，大加庆贺。除宰相外，宋代亲王及皇帝宠爱的官僚每逢生日，皇帝都赏赐礼物以示

■宋高宗《宴会清河王府图》局部

宋高宗《宴会清河王府图》局部

祝贺。

　　由于封建帝王的倡导，上行下效，各级官僚借送生日贺礼之机拉关系、交权贵，在宋代成为普遍的风气。南宋李心传的《建炎以来系年要录》载，在奸臣秦桧擅权时，"四方皆以其生日致馈。其后州郡监可率受此礼，极其僭侈"。以至于1156年，为刹僭侈之风，宋高宗还曾下诏，禁止在职官吏过生日收贺礼。但从各种文献记载看，这道禁令并没有起太大作用，其后送生日贺礼之风仍然盛行。

　　宋代除生日送财物外，还有生日献诗词的风气。大文学家苏轼《东坡全集》中就有多首祝贺生日的诗，如《表弟程德孺生日诗》等。明清时期，还有以绘有寿星的画轴作为生日贺礼的。不过，据清代学者钱大昕《十驾斋养新录》卷19载，当时风气是"只受文字，其画却回，但为礼数而已"。而且画轴常常并不打开就退回，故而还出现了"无寿星画者，但有它画轴"，就用"红绣囊缄之"以滥竽充数的现象。

　　《十驾斋养新录》就记有这样的事例。当时有一名叫王安礼的州官过生日，其属吏依照礼节送上许多画轴。王安礼忽然心血来潮，命令将所有的画轴均启封，展开挂在厅堂中，以显示生日之隆重。但当他兴高采烈地率领众来宾参观这些礼品时，才发现画轴中有画着佛像的，有绘着鬼神的，更有甚者图上竟是两只猫，真是令人哭笑不得。

祝寿一般是在生日当天，家属及宗族、戚友都要行拜礼并颂念祝贺言辞，故又称为"拜寿"。也有在前一天晚上就去贺寿的，称为"预祝"。如有人在生日的第二天前往贺寿，则叫作"补祝"。

还有一种特殊的情况，古代还盛行为已经去世的祖父母或父母在他们诞辰纪念日"称觞祝寿"，叫作"冥寿""阴寿"或"冥庆""阴庆"。据清代廉吏范祖述《杭俗遗风》载，冥寿之礼，大体如同为生者做寿。凡在家中做冥寿，子孙要身穿彩服，设置寿堂，宗族及亲友登堂拜祝。

冥寿礼品不得送对联，可送寿屏、寿轴。送寿轴者，上书"仙山不老，佛国长存"等字样，也有单写一个"庆"字的。如送桃、糕、烛、面之类，须加纸元宝10副、糖茶2杯，而不送鞋袜。

淳朴浓郁的民风根源

古代寿堂

家中冥庆不拜忏，酒席荤、素均可，以素席为多。如在寺院做冥寿，则必须拜忏，或一日、或三日、或七日不等，以圆满之日为正日。更为隆重者，要拜水陆道场，由49个和尚拜忏七七四十九天。

事毕，阴寿者牌位可放入寺院中的根本堂，以承受香火。做冥寿表达了人们对已故先人的怀念。其习俗一直延续下来。

寿诞礼仪的基础，源于较独特文化信仰传统。我国古代所谓"五福"，讲的是五种人生理想。民间的说法是福、禄、寿、喜、财。

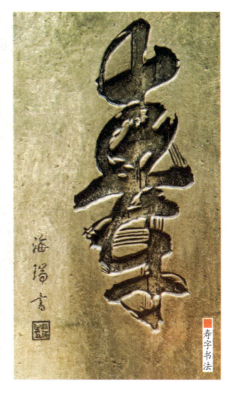

寿字书法

在古籍中，"五福"说法略有不同，寿排在五福之首。我国最早史书《尚书·洪范》说：

> 五福，一曰寿，二曰福、三曰康宁、四曰攸好德，五曰考终命。

不仅寿居首位，而且其他几福也多与此有关，比如康宁、考终命。古人解释，考终命为"皆生姣好以至老也"，与此有一定关系。

可见，人的一生，寿是至关重要的。正是基于上述观念，古人都十分重视寿龄。在古代文献资料中，这方面的记载不计其数。人们不仅在现实生活领域千方百计地寻求、实践长寿之道，也苦心孤诣地在信仰、礼仪生活里创造、应用长寿之术。

淳朴浓郁的民风根源

　　首先，人们创造了祝福、庆贺长寿的礼仪，这就是寿礼。其次，人们根据社会价值观等赋予一些行为以特定的意义，比如拣佛头儿上寿，对人弄刀折寿，等等，从而趋利就福、远祸避患。最后，人们还创造了寿星这样一位吉祥人物，时常加以寿礼，并把寿字用许多形体写出来，组成"百寿图"。还择定许多长寿的象征物，入诗入画，借以寄托长寿愿望。所有这些都构成了我国传统寿诞礼俗的丰富画卷，而其中寿礼最为突出。

　　寿礼也叫"过生日"，此外还有"做寿""祝寿""庆寿""贺寿"等名称。特定年龄又有特定称呼，如"庆八十""贺六十""古稀之寿"等。

　　传统寿礼有一套仪规。先要设寿堂，摆寿烛，挂寿幛，铺排陈设，张灯结彩，布置一新。到了生日那天，寿堂正中设寿星老人之位，司仪主持仪式，亲友、晚辈都要来上寿。辈分不同，礼数有别。平辈往往只是一作揖，子侄辈则为四拜。有的并不设寿翁，客人只是到寿堂礼拜，而由儿孙辈齐集堂前还礼。

当然平常人家也有不设寿堂，只设寿案的。旧时北京的寻常百姓家，多是到香蜡铺请一份木刻水印的"本命延年寿星君"的神马儿，夹在神夹子上，头前摆上寿桃、寿面，点上一对红蜡，压一份敬神钱粮而已。

寿筵是寿礼的重要一环，主家往往大开宴席，款待来客。宴席的馔肴不外乎鸡鸭鱼肉、山珍海味，但少不了的是面，俗称"长寿面"。

贺寿的来客都要携带寿礼，诸如寿桃、寿糕、寿面、寿烛、寿屏、寿幛、寿联、寿画、寿彩、万年伞等。这些礼品中但凡能缀饰、点画图案的，一般都要加上一些象征长寿的图案等。

寿诞礼仪的许多仪式是建立在民间信仰基础上的，了解这些俗信，对于理解寿诞仪式有着不可忽视的作用。关于人的寿命的俗信很多，诸如：一些地区小孩10岁的生日由外婆家给做，称"爱子寿"；青年20岁的生日由岳父家做；"做九不做十"，即逢整十时在虚岁数九的那年做寿；有的地方"男不做十，女不做九""十""九"和当地方言"贼""鸠"谐音，故不做；40岁不做，因"四"与"死"谐音。

人们相信行善积德延年益寿，扶贫济弱、修桥补路都可以积德。不过，这做起来并不容易，所以就产生了可以积寿、增寿的象征性行为，诸如诵经礼忏、焚香祷告、庙

作揖　我国古人见面时的一种行礼形式，两手抱拳高拱，身子略弯，表示向人敬礼。据考证作揖大约起源于周代以前。作揖的正确手势是：右手握拳，左手成掌，对右拳或包或盖，在胸前右下侧上下移动，同时略作鞠躬的姿势。这种礼节在京津地区，直到20世纪五六十年代依然保存，在年节、祝寿等庄重场合使用。

327

祝福双全

寿诞礼俗

■寿堂寿桃寿幛

■ 刺绣寿幛

淳朴浓郁的民风根源

焚香 我国焚香习俗起源很早，古人为了驱逐蚊虫，去除生活环境中的浊气，便将一些带有特殊气味的植物放在火焰中烟熏火燎，这就是最初的焚香。在古代有原始崇拜与巫术等崇神信奉，认为一切都是神的恩赐，对神极度敬仰和崇拜。久而久之焚香就被神化了，随后焚香变得既庄严又神圣。

观施舍、放生动物、抄写经卷等。

民间信仰认为，寿命在天，寿数有定，该活多大年纪就能活多大年纪。因此，寿数就像个人财产一样可以出借和转让。"借寿"仪俗就建立在这种信念基础之上的。凡家人有病，医治无效，深知没有活命可能的时候，人们便认为此人寿到，只能借寿给他，以求延寿。

出借寿数的多是病人的子女或亲戚挚友，并且必须自觉自愿，否则不会灵验。借寿时，出借寿数者要斋戒沐浴，虔诚拜祷，祈求老天爷允许借寿。如果病人出乎意料地转危为安，人们就认为老天已经准许借寿，因此要焚香许愿，答谢苍天。

我国民间习惯以百岁为上寿，80岁为中寿，60岁为下寿。从60岁开始，各地风俗每逢五、逢十，或者逢九就为当事者举行祝寿活动。

按照旧俗，每个人并不是生下来就可以有资格做

寿的，做寿是一件极其重要而慎重的事，所以第一次做寿就更是慎之
又慎。

在许多地方，第一次做寿都是由丈母娘来操办的。在四川西部，
这叫作"开寿"；在福建、浙江一带则叫作"女婿寿"。大体情况
是，在女婿婚后第一次过生日或女婿满30岁生日时，岳父岳母带着礼
品到女婿家去贺寿。所带礼品有黄鱼、猪肉5公斤，米酒2瓶，面条5公
斤，衣服2套以及桂圆、枣子、橘子等。

这些礼品各有各的含义：鱼象征"富贵有余"，米酒象征"粮食
充足"，面条象征"长命百岁"，衣服象征女儿"有依靠"，桂圆、
枣子寓意"早生贵子"，橘子象征"大吉大利"，等等。女婿收到礼
物后，要以长寿面和果品、糕饼等回敬岳父岳母，敬祝岳父岳母健康
长寿。传统做寿礼俗很多。

花甲寿是指60岁时做的寿。人们认为，活满一个甲子，就相当于
过完了天地宇宙和人生的一个完整周期。所以，民间特别重视庆贺花
甲寿诞，礼仪比普通的寿礼更为隆重。

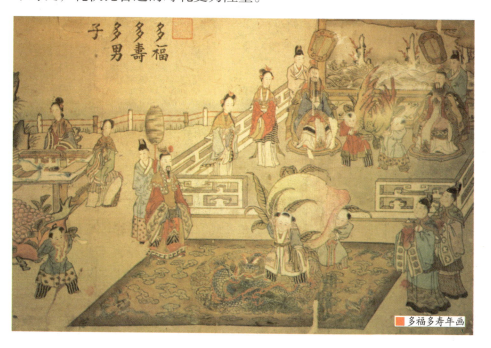

多福多寿年画

古稀寿特指70岁时的寿诞，因为唐代大诗人杜甫《曲江》诗里有"酒债寻常行处有，人生七十古来稀"的诗句，所以人们把70岁叫作"古稀之年"，把70岁生日做的寿诞叫作"古稀寿"。

过大寿是指从60岁生日开始，凡逢整十如60、70、80岁生日时举行的寿礼，都叫"过大寿"，同时也特指老人80岁生日时举行的寿礼庆典，所以又叫"庆八十"，是流行在大多数地区的一种寿诞风俗。

人活到80岁，便被人们誉为老寿星，80岁做生日是大庆，届时子女亲友都来贺寿，送来寿幛、寿烛、寿桃、寿面、寿联等，同时设寿堂，张灯结彩，接受晚辈和亲友的叩拜、祝贺。礼毕，共享寿宴。

淳朴浓郁的民风根源

阅读链接

过生日源于一个民间传说：有个少年家境贫寒，和年过七旬的老母亲相依为命。一次，少年突然得了一种不知名的重病，家里无钱医治。眼看奄奄一息之际，有人告诉了他一个方法，称某月某日，"八仙"将路过此地，可备上酒水以求他们帮助。少年依计行事，果然见到了"八仙"，治好了怪病。

"八仙"临别时告诉少年说："今日是你再生之日，此后每年今日予以庆祝，定可长寿。"消息传开后，过生日置酒请客逐渐成为了一种习俗，流传开来。

代表长寿的吉祥物件

　　相传战国时期的孙膑18岁离开家乡到千里之外的云蒙山拜鬼谷子为师学习兵法，一去就是12年。那年的五月初五，孙膑猛然想到："今天是老母八十岁生日。"于是向师傅请假回家看望母亲。师傅摘下一个桃送给孙膑说："你在外学艺未能报效母恩，我送给你一个桃带回去给令堂上寿。"

　　孙膑回到家里，从怀里捧出师傅送的桃给母亲。没想到老母亲还没吃完桃，容颜就变年轻了，全家人都非常高兴。

　　人们听说孙膑的母亲吃了桃变年轻了，也想让自己的父母长寿健康，便都效仿孙膑，在父母过生日的时候送鲜桃祝寿。但是鲜桃的季节性强，于是人们在没有鲜桃的季节里，用面粉做成

黄地粉彩寿桃纹碗

淳朴浓郁的民风根源

■ 面制寿桃

"寿桃"给父母拜寿。

　　送寿桃是我国的传统习俗之一，象征着晚辈对老前辈的孝敬，每当老年人过生日时，做儿女的都要送寿桃给老人，以祝老人健康、长寿、幸福。而旧时人们认为老人吃了寿桃会变年轻进而长寿。

　　为什么桃子在贺寿之时居于如此重要的地位呢？这大概同古人对桃树的信仰及西王母的神话传说有关系。据志怪小说集《神异经》记载：

《拾遗记》 志怪小说集。又名《拾遗录》《王子年拾遗记》。作者东晋王嘉，字子年，陇西安阳人，《晋书》第95卷有传。流传于后世的传本大约经过南朝梁宗室萧绮的整理而成。

　　东方有树，高五十丈，名曰桃。其子径三尺三寸，和核美食之，令人益寿。

　　可见，桃树是神树仙木，其果实可以益寿。《拾遗记》也记载说：

> 螃蟆山去扶桑五万里，日所不及。地寒则桃树千围，其
> 花青黑色，万岁一食。

这螃蟆山上的桃树"万岁一食"，吃了人当然可以延年益寿。
唐人徐坚的《初学记》卷28引《典术》说：

> 桃者，五木之精也。故压伏邪气，制百鬼，故今人做桃
> 符著门以压邪。此仙木也。

这里已经正式承认桃树是仙木，既然称"仙"，那当然有了长寿
的含义。

寿桃在明代南京人中并不叫寿桃，而叫"龟桃"。"龟桃"，是
从"面龟""面桃"演化而来的。《祭物志》说，古代以面制龟，以面
制桃，用以祈寿，后来简而为一，明代中期始称"龟桃"。

■翡翠寿桃

在我国古代的传说中，在西王母的蟠桃园里，三千年一熟的仙桃，人吃了成仙成道，体健身轻；六千年一熟的仙桃，人吃了霞举飞天，长生不老；九千年一熟的仙桃，人吃了与天齐寿。

传说东方朔曾3次偷吃仙桃，寿命至少在一万八千岁以上。还传说西王母每逢桃熟，都要在西天瑶池设下蟠桃会，大宴各路神仙。

正因桃是神话中的仙物，在民间自然成了长寿之物。各地百姓每逢亲友寿诞之日，总喜爱用寿桃作为礼物来相互馈赠。

但是由于桃不易储存，在民间出现了用面粉或米粉做成的寿桃，其形状为下圆上尖，酷如桃形，颜色大多为红色，桃嘴上还点上一个红点。寿桃的里面有时还包有一些豆沙、松子、百果等甜馅。

赠送寿桃的数量也有一定的讲究。有的地方赠送寿桃的数量必须为9枚，其寓意是一桃象征寿，其余八桃象征八仙。有的地方是8枚，以表八福长寿。

也有的地方是按寿者的年龄来赠送寿桃的，例如60岁寿诞便送60枚，70岁寿诞便送70枚。赠送寿桃时还要把它们层层相叠，堆成宝塔

动物寿糕

形，顶上还要插上大红寿字。这样的摆放方式，有祈祝寿者寿高命长、洪福齐天的含意。

寿糕也称"定胜糕"，是我国传统社会中一种典型的祝寿礼品。在汉语语音中，"糕"与"高"谐音，有高兴、高升、抬高等吉祥寓意，因此糕是民间十分喜爱的食品，并成为用来表示祈祝长寿、吉祥的馈赠礼品。

寿糕大都是用面粉或米粉制成的，其形状如同一个绕线板，用两块梯形的糕对叠粘搭而成，颜色为粉红或深红。赠送寿糕和寿桃一样，也必须将它们叠成高高的宝塔形，上面插上一些彩色的寿字。

较为讲究的，还要插上一些粉捏的吉祥人物塑像，如八仙、寿星、王母等，以增加喜庆的色彩。

鹤被视为羽族之长，民间称之为"一品鸟"，仅在凤凰之下。传说鹤寿量无限，被视为长寿之王。龟因其长寿也被人们视为长寿象征。松树终年常青，是斗严寒抗风霜，生命力极强的植物，其树龄很长，可达数千年，民间也常用松树代表长寿。

■ 万寿无疆盘

鹤 寓意延年益寿。在古代是一鸟之下，万鸟之上，仅次于凤凰。明清一品官吏的官服编织的图案就是"仙鹤"。同时鹤因为仙风道骨，为羽族之长，自古就被称为是"一品鸟"，寓意第一。鹤代表长寿、富贵。鹤独立，翘首远望，姿态优美，色彩不艳不娇，高雅大方。

这一类常见吉祥物常搭配在一起表示长寿。松鹤在一起叫"松鹤长寿""鹤寿松龄""松鹤延年""松鹤遐龄"。鹤与龟画在一起，叫"龟龄鹤寿""龟鹤齐龄""龟鹤延年"。如果画众仙仰望寿星跨鹤，叫"群仙献寿"。画鹤、鹿、梧桐叫"六合同春"，而鹤立岩石边叫"一品当朝"。

我们常在寿星图或有关长寿的图案中见到上述三种动、植物。只要有它们，就代表长寿。

"五瑞图"是象征长寿的一种图，五瑞指椿树、萱草、芝兰、磐石和竹。椿树代表高寿，《庄子》中记载上古有大椿，以八千岁为春，以八千岁为秋。后来人们把椿树看作长寿象征。萱草又叫忘忧草。据说能使人忘忧。芝兰是一种种于庭阶的家养植物，比喻子孙是养于家中而不是野生。磐石是又扁又厚的大石头，放在地上屹然不动。古人诗中有"君当作磐石，妾当作蒲苇；蒲苇韧如丝，磐石无转移"的诗句。后人们就用磐石表示稳固。又因磐石坚实、长久不坏，有"寿石"雅号，也被人们视为长寿象征。竹子象征平安，古人以竹板作纸写信回家，说在外百事咸宜，就称"竹报平安"，后人又在信笺上印有竹枝或竹叶，以代语"平安"。

如果家里挂上一幅"五瑞图"，象征着这家长寿无忧，子孙昌隆，家基稳固，百事平安。因此，我国的民间把"五瑞图"作为自己的家庭吉祥物，以此使家庭得到庇护。

寿本来是一个极为普通的汉字，但由于人们长寿的观念使它远远地超越了一般的汉字，不仅字义延伸丰富，而且字体变化多端，在寿的文字图像上人们也大做文章而把它图案化、艺术化了，变成了一种长寿吉祥物。

据统计，寿字有三百多种图形，包括单字表意

吉祥物 是人类原始文化的产物，是原始的人类在同大自然的斗争中形成的人类原始的文化。在这种同大自然的斗争中，面对不可预知的未来，我们的祖先创造了许多用以祈求万事顺利的象征物，而这些向往和追求幸福美好的事物，便称"吉祥物"。

337

祝福双全

寿诞礼俗

■百寿图屏风

的图案，如字形长的叫长寿，字形圆的叫圆寿；多字表意的图案，如"百寿图""双面寿图""五蝠捧寿"等。这些寿字图案广泛地应用在日常生活中，家具、建筑、器皿也常常绘有"寿"字图案。

上了年纪的人常穿有寿字的衣服，枕绣有寿字的枕头，盖的是织有寿字的被，旧时农村的炕围画中也常绘寿字，房子的橡头图也有寿字，等等。所有这些都反映了中华民族追求健康长寿，希望用"寿"这一吉祥护符来保佑自己的美好愿望。

在我国的传统观念中，五福的第一位就是寿。据《尚书·洪范》中记载："五福，一曰寿。"古人认为，人在一切在，因而追求生命的长久，在寿字上做文章是很自然的。《辞源》中对"寿"字义的解释有七项，除一项之外，其余都与长命有关。在汉语中以寿为主题组成的词汇很多，如寿元、寿安、寿恺、寿康、寿乐等。

许多事物也被冠以寿字，如菊称为"寿菊"，桃称为"寿桃"，天空里的老人星被看作是"寿星"，祝寿的酒被称为"寿酒"。还有专门用来祝寿的文字，如万古长青的松柏，寿有千年的龟鹤，食可延年的灵芝、仙桃、枸杞、菊花等。

阅读链接

在我国传统社会中，最为常见的寿礼形式是寿桃、寿糕与寿面等物品，它们大多具有祝吉祈祥的色彩，反映了我国人对于生命持久、寿运永继的强烈欲望和迫切心愿。

献寿桃习俗由来已久。相传先秦时，有一次周文王寿诞之日，他的臣子命厨师特意制作了一枚大寿桃。将此桃剖开，里面露出99枚精美的小桃，这当然是暗寓文王子孙满堂、多寿多福的意思。后来，这种百子寿桃便经常被大臣们作为贺礼，在皇帝寿诞之日奉献给皇帝。

淳朴浓郁的
民风根源

婚事礼俗

嫁娶礼俗与结婚喜庆

婚姻制度

在人类社会发展的初期，虽然有两性的结合，但这种结合的目的是为了人种的自然繁衍，纯属一种自然现象。所以，这种两性之间的结合，严格来讲不能称为"婚姻"。

随着社会的发展，男女之间的结合不仅渐渐形成一定的规范，而且逐步产生了相应的婚姻制度和某些特定的婚俗。这时的男女结合，是以得到社会的许可为特征的。有关婚姻法律的出现，将男女之间构成婚姻的原则，用条文的形式固定下来，使婚姻不仅得到社会的认可，而且受到法律的承认和保护，这是人类婚姻的一个巨大进步。

一夫一妻制度的形成

在远古时候，我国西北有一个华胥国，国内有个大湖泊名叫雷泽，是雷神居住的地方。雷泽岸边为雷河，华胥国的人民都聚居在雷河两岸。

华胥国有个叫华胥氏的女人。有一次，华胥氏来到水波荡漾的雷泽湖边游玩，观赏着美丽的湖光山色，姑娘沉醉了。漫步之际，她忽然看见水泽边绿茵茵的草地上，有一个巨大的人的脚印，觉得很好奇，就欣然用自己纤细的小脚去踩那巨人的脚印。

刚踩上去，华胥氏就感到一股暖流流过丹田，一种幸福的感觉使她久久不愿离去。她哪里知道，当那巨大的足印向她身上注入幸福的热流之后，她就怀上了雷泽之主雷神的儿子，也就是后来的伏羲。

不久，华胥氏就生下了伏羲。伏羲长大后推演天地万物的变数，画成八卦，乾、坤、坎、离、艮、震、巽、兑，并教山民用八卦符号记事，方便了当时还没有文字的山民相互间的沟通交往。

后来，伏羲娶妹妹女娲为妻，生儿育女，创造了人类，开辟了世界。由于伏羲结绳为网、钻木取火、以八卦记事等功绩，被后来的人们誉为上古"三皇"之一，尊称他为"人祖爷"，并认为他是渔猎文明时代的文化英雄。

这个故事，体现了我国古人在原始状态下的一种婚姻形式，也就是"感生说"，反映了当时的人们对生育原理的最初认识。

由于当时的人们群居野处，没有固定的伴侣，两性的交往也无任何习俗和理性的约束，常常"知母不知父、无亲戚、兄弟、夫妻、男女之别"，因此不可能构成家族。

■ 伏羲女娲图

随着原始经济的缓慢发展和原始人生活经验的积累，特别是学会了利用火，于是，在血缘家族的内部，开始产生了婚姻禁例，开始排斥亲子通婚，只允许同辈男女发生婚姻关系。这就是我国古代的第一个婚姻形式，称为"血族婚"，也叫"血缘婚"。

这种同辈血缘婚制，在我国古文献中多有记载，如南朝刘宋的史学家范晔编撰的《后汉书·南蛮传》中，就记述了高辛氏之女和盘瓠结合，生育六男六女，其子女相互婚配的传说。

东汉泰山太守应劭著的《风俗通》中说，女娲是伏羲之妹，后世出土的汉墓石刻上，伏羲、女娲为"人首蛇身，两尾相交"的造型，"两尾相交"即夫

《后汉书》 南朝刘宋时期的历史学家范晔编撰的纪传体史书，记载东汉时期历史。它与《史记》《汉书》《三国志》合称"前四史"。书中记载了从光武帝刘秀时起至汉献帝时止的195年的历史。

■ 嫁女盘瓠犬

盘瓠 相传上古时高辛帝麾下有一只神犬，名叫盘瓠。帝尝守信嫁女盘瓠犬，盘瓠与辛女在一起生下了六对儿女。盘瓠死后，"其后滋蔓，号曰蛮夷"，成为中族，大家都遵奉他们共同的祖先。后"盘瓠"音转为"盘古"，成为中华民族的祖先。

妻的象征，表明女娲、伏羲既是兄妹，又是夫妻对偶神。我国少数民族的民间传说中，兄妹通婚的故事也流传甚广。

还有苗族的《伏羲姊妹制人烟》、彝族的《梅葛》、布依族的《姊妹成亲》、壮族的《盘古》、纳西族的《创世纪》等史籍中，都有兄妹通婚的记述。这类传说虽多主观虚构的成分，但反映的却是原始社会血缘婚的普遍现象。

后来出现了族外婚，也称"亚血族婚"或"普那路亚婚"。族外婚是继血族婚后出现的婚姻形式。

在这种婚姻形式下，本氏族的兄弟姊妹已不能通婚，必须在相互通婚的对方氏族的女子或男子中寻找配偶。同样，对方氏族中的兄弟或姊妹，则在本氏族中的女子或男子中寻找配偶。这样，父亲是集体父辈，母亲为集体母辈，成为共夫或共妻。

男子去世后，都要葬在各自出生的氏族墓地，而不能和本氏族的姊妹同墓合葬。所生的子女属于女方氏族，去世后与母亲同葬，不能与父亲合葬。

考古发掘中也发现了新石器时期男女分区聚集埋葬的墓地。山东兖州王因村有男性同葬墓10座，女性同葬墓7座。华阳县横陈村，有妇女与幼儿合葬墓。这正是族外婚在葬俗上的反映。

到了原始社会后期，由群婚制变为对偶婚制，即一男子在许多妻子中择一女为"主妻"，即正妻，其余为副妻。而一女子在许多的丈夫中择一男为"主夫"，即正夫，余者为副夫。

对偶婚仍以女子为中心，女娶男嫁，实行族外婚，夫从妻居，从而改变了过去子女"知其母而不知其父"的状况。婚制的变化，使生父的身份得以确定，这就从血缘结构上为父系氏族和一夫一妻制的出现创造了条件。

随着氏族社会的发展，族外婚的配偶范围逐渐缩小，异姓同辈男女，在或长或短的时期内对偶同居，便成为对偶婚。其间，与长姊配偶的男性，有权把她的达到一定年龄的妹妹也娶为妻，叫"妻姊妹婚"。

对偶婚的男女，分别在自己母系氏族生活，成年男子到异姓女了氏族过着"暮合朝离"的同居生活，两性的结合并不固定，知其母不知其父的情况仍然存在。世系仍按母系计算，女子在家庭和社会中享有崇高地位。

对偶婚的男女实行长期同居，逐渐形成一夫一妻的个体婚。这种社会转变相传完成于虞舜、夏禹之际。我国古代传说中的舜娶尧之二女和象企图谋害舜，说明此时尚未脱离对偶婚的遗习。

《尚书·舜典》的敬敷五教即父义、母慈、兄友、弟恭、子孝中，尚未提出夫妻的伦理道德规范，说明夫妻关系尚不稳定。到了禹娶涂山氏之女而生启时，夫妻关系才正式固定下来。

一夫一妻制具有两个特点：一是产生了爱情的萌芽，爱情具有专一性和排他性，这是排斥群婚的一大进步；二是夫妻共同经营家庭经济，使个体家庭从母系氏族中分离出来，成为现实。

奴隶制时期的"婚姻"概念，可以这样来理解。"婚"即黄昏的"昏"，封建时代的"娶妻以昏时"，就是它的遗意。"姻"同"因"。曹魏时的古汉语训诂学者张揖的《广雅释诂》说："因、友、爱，亲也。"意思是说，男女在黄昏时约会，结成亲密的伴侣。

进入阶级社会后，男子居于绝对领导地位，择妻制度被保留下来。至夏商时期，一元化的一夫多妻的婚姻制度正式形成。然而，夏商两代国王的多妻使得王子甚多，因其母不分嫡庶，众子均有王位继承权。所以，在王位交接时，众王子之间常常产生矛盾冲突，甚至祸起萧墙，流血拼争。

周代吸取了夏商时期的教训，通过实行一夫一妻多妾的婚姻制度，确定了王位的归属，成功地解决了王位继承的难题。

西周时期的宗法制度规定，从天子到诸侯、百姓，一个男子只能有一个妻子，即正妻，也称"嫡妻"，正妻必须经过聘娶大礼迎娶。

阅读链接

在《华阳国志》中有一则这样的记载，说在云南的哀牢山上有一个妇人，名叫沙壹，以捕鱼为生，过着自给自足的生活。有一天，沙壹和往常一样前往河边捕鱼，但是她刚挽起自己的裤腿下到河里，忽然在水中触到一沉木，遂感而有孕，生下了10个男孩。与此同时，在哀牢山下又有一对夫妇，生下了10个女孩。

沙壹的孩子和另一对夫妇的孩子长大以后，他们就互相婚配，这才开始有了世间的人们。这也是一个"感生说"的神话传说。

从夫居与从妻居的斗争

　　当一夫一妻制家庭成为个体经济单位，它便从母系氏族公社中分裂出来，男女结合由从妻居逐渐变为从夫居，家长由女性变为男性。这是一个历史性的转变，而从夫居与从妻居的转变过程显得特别激烈。

　　在母系氏族社会，男子习惯于从女方居住，女方是家长，男子是伴宿的过客。到了一夫一妻制时期，丈夫成了家长，妻子从夫居，处于从属地位。因此，便出现了女子抵制出嫁，新婚之夜，新娘不与新郎同房，而由送亲的妇女与新娘伴宿的风俗。

普米族人偶

　　新娘在第二天给夫家挑几挑水，又回到娘家，仍过自由的生活。有了身孕后，丈夫才把她接回去"坐家"，不准再有外遇。

　　南方有的少数民族女子有三回九转的婚俗，说明结婚次数很多。只有在第四次结婚

普米族情侣画像

淳朴浓郁的民风根源

时才算数。因此，新娘从第一次结婚到夫家去"坐家"，少则两三年，多则十几年。还有的少数民族女子要举行两次婚礼。第一次在新娘家中举行，新娘仍住在娘家。过了三年，新娘去男家举行第二次婚礼，才算正式夫妻。

赘婚也是夫从妻居的一种婚姻形式。它是在有子无财的贫户与有女无儿的富户之间发生的婚姻关系。贫困之家缺乏给子弟娶媳妇的聘财，只得让子弟到女家从事一定期限的无偿劳动，以达到娶到妻子的目的。这就是古书中说的"家贫无有聘财，以身为质"的意思。

入赘的男子在女家劳动，要受女子和女家的监督，并经受各种艰苦的考验，以证明自己有养家糊口的能力，才能成为赘婿。否则，就会被女家撵走。《诗经·小雅·我行其野》中，便描写了一个赘婿被女家驱逐后，在野外奔波的心情。

抢婚与逃婚的斗争也是一夫一妻制时期的一个习俗。抢婚一般发生在男女相爱之后，因结婚受到女方家长的阻挠，他们为了达到结婚的目的，便与所爱之人私下约定抢婚的时间和地点。

届时，男子邀约伙伴前来抢亲，女子假装哭叫，表示拒绝，引起女家亲属和邻居赶到出事地点，男方一行人便挟持女子设法逃走。然后由男方家长派媒人到女家求亲。双方取得一致意见后，女子到男家举行正式的结婚仪式。

有些少数民族规定，在娶第一个妻子时，可以在联婚中给中意女子的家长送财礼，然后把她抢走。有些少数民族中保存着女子在婚前哭嫁的习俗。反映出她们留恋母家，对陌生的夫家心怀恐惧的矛盾心情。如汉魏乐府民歌《白头吟》：

凄凄复凄凄，嫁娶不须啼。
愿得有心人，白头不相离。

乐府 汉族民歌音乐。乐府最初始于秦代，到汉时沿用了秦时的名称。公元前112年，汉王朝在汉武帝时正式设立乐府，其任务是收集编纂各地民间音乐，整理改编与创作音乐，进行演唱及演奏等。后来，"乐府"成为一种带有音乐性的诗体名称。

女子之所以伤心啼哭，就是因她所嫁的不一定是"有心人"。此外，在原始社会的婚姻中，还存在着女子血缘是从父系还是从母系的不同观念。

比如在子女命名的问题上，由父子连名代替原先的母子连名，我国的基诺族、布朗族尚保留着这种遗俗。再如产翁制，子女本是母亲生育的，做父亲的为

■ 独特的风俗审新娘

了夺取子女的所有权，便在妻子分娩后，装作生育的样子在床上"坐褥"，接受亲友的祝贺，而让产妇下地干活，哺乳婴儿。据史书记载，我国的仡佬族、壮族、傣族和苗族，都长期盛行产翁制婚。

"审"新娘是普米族特有的一种婚俗，普米族实行父权制下的一夫一妻制。在"审"新娘的活动中，便体现出夫权意识。

当新娘来到夫家，先由村里的老人向新娘交代规矩，然后把新娘带到无男人的地方谈心，劝新娘交代出她从13岁成年后，在娘家交过多少朋友，有什么隐情，都要在这个时候讲清楚，告诉新娘这样做对本人、对新郎、对全家都有好处。

新娘如实讲出来，表示与过去划清了界限。通过这种方式，妻子迁到丈夫的氏族来居住，变从妻居为从夫居。从此以后，世系便依父系计算，财产按父系继承。

在父系制的早期阶段，往往还保留着妻方居住婚的残余。随着一夫一妻婚个体婚制的确立，夫方居住婚即成为主要的婚姻形式。

淳朴浓郁的民风根源

阅读链接

生活在海南岛黎族的对偶婚称"放寮"，异姓青年男女可以到对方的寮房自由地结交伴侣。纳西族称对偶婚为"阿柱婚"，对内称"主子主米"，即最亲密的伴侣。该婚俗也称"走访婚"。从对偶同居，发展为一夫一妻制婚，夫妻不再称"阿柱"，称丈夫为"寨叔巴"，称妻子为"楚米"。在称谓上反映出婚制的改变。

对偶婚虽然是男女双方自愿选择结合，但在同居期间，双方仍享有交结新欢的权利，互不干涉。由于它是介乎群婚与一夫一妻制之间的过渡性婚姻形态，随着母系氏族社会日趋衰落，原来不是很固定的对偶婚，逐渐转变为一夫一妻制。

西周礼制下的婚姻礼俗

传说在远古时期，洪水经常泛滥，几乎所有的人和动物都被淹死了，只剩下了伏羲和女娲兄妹。太白金星叫他们结婚，生育后代，但他们认为两人是兄妹，便不肯答应。太白金星告诉他们说，如果不这样的话人类就会灭绝。

伏羲和女娲提出条件说，如果能将割成许多段的竹子再接起来，就可以结婚。后来果真把竹子接上了，而且有许多竹节。两人还是不愿答应。

伏羲和女娲又提出条件说，从两座山上往下滚两盘石磨，如果石磨能滚合到一起，就可以结婚。但是当石

被人格化的太白金星

■ 蒙古抢婚雕塑

淳朴浓郁的民风根源

布帛 古代一般
以麻、葛之织品
为布，丝织品
为帛，因以"布
帛"统称供裁制
衣着用品的材
料。布帛不仅可
以制作衣物，而
且由于它具有比
较稳定的价值，
汉代时民间还将
它作为价值尺度
和支付手段，赋
予它一定的货币
功能。

磨又合在一起后，他们仍然不肯答应。

这时，女娲又出了一个主意，如果伏羲能够追上自己，就可以成婚。结果，伏羲始终追不上女娲。后来，一只乌龟教伏羲从山的另一面沿着相反的方向追赶。女娲没有防备，被伏羲追上。就这样，两人只好成婚。

由于伏羲、女娲的成婚，才传下了后世的人类。而伏羲追女娲，也成为了我国最早的婚礼仪式。

在氏族社会，男女之间的婚配，大都实行氏族外婚或部落外婚。男子成婚，必须要到另外一个氏族或部落去寻找配偶。在当时女性比较少的情况下，男子要得到配偶，是非常困难的事。一旦得到配偶，哪怕是抢来的，全氏族或部落的人都要为此而庆贺，有时还要设宴欢庆。这就是婚礼的原型。

蒙古族是我国北方的游牧民族，很久以来就实行氏族外婚。由于居住地域辽阔，部落之间相距很远，给通婚和贸易带来很大的困难。所以，在古代蒙古族中，姑娘远嫁和抢婚现象是很普遍的。一旦成婚，必然饮酒作乐，表示庆贺。

此外，婚礼的功能还在于通过一定的形式向族人和社会宣告婚姻的成立，以便得到社会的认可。

据北宋刘恕的《通鉴外纪》记载，在上古时候，男女无别，从太昊开始才设嫁娶之宜，以俪皮，即成双的鹿皮为礼。从此，俪皮就成了经典的婚礼聘礼之一。之后，除了俪皮之礼外，还必须先禀告父母。

在一夫一妻制时期，婚姻以男女互爱为基础，但必须征求父母的意见，父母不能专断。如游牧在额尔古纳河畔的鄂温克族，在男女因相爱订婚前，必须经家长表示意见，男方家长要向女家赠送驯鹿、酒和灰鼠皮作为聘礼。结婚时，双方家长要给新婚夫妻赠送驯鹿，作为他们共同生活的物质资料。

儒家典籍《仪礼》中的《婚礼》篇规定，用雁、俪皮作为婚礼物品，与鄂温克族以驯鹿作为聘礼是相通的。说明送雁与俪皮是古老婚俗的遗习。

进入阶级社会后，婚礼改用布帛、金银及牛马等大牲畜，男子娶妻所用的聘礼，更显得大气而庄重。

古代祭祀神媒，表达了人们"联婚姻、通行媒"的美好愿望。而在缔结婚姻的过程中，媒人占有特殊的地位。

媒人是在一夫一妻制形成后才出现的。这时的媒人，大都是本氏族中享有威信的长者。他们受男方家长的嘱

蒙古族 我国北方主要民族之一，也是蒙古国的主体民族。13世纪初，以成吉思汗为首的蒙古部落统一了其他部落，逐渐形成了一个新的民族共同体，"蒙古"也就由原来的部落名称变成为民族名称。

■ 西周时期的玉牛

■西周时期少女玉俑

宗法 指调整家族关系的制度,它源于氏族社会末期的家长制,依血缘关系分大宗和小宗,强调前者对后者的支配以及后者对前者的服从。在历史上还是西周的重要政治制度,这种宗法制是以血缘关系为基础,核心是嫡长子继承制。这种制度起着维护西周政治等级制度和稳定社会秩序的作用。

托,为青年男女的婚事奔走,认为这是成人之美。在两家遇到麻烦时,媒人也积极想办法从中斡旋,从而受到人们的尊敬。

西周时期,奴隶主贵族在很大程度上保留了血缘关系的氏族组织,并在此基础上建立起血缘关系、政治关系高度一致的宗法政治制度。以政治、血缘双重标准构建"家""国"一体的宗法政权体制。

"家"是西周社会的基本组成单位。以血缘上的亲疏和血统上的嫡庶为标准,整个社会被划分成不同层次的"大宗""小宗"。在西周典型的宗法政治体制下,婚姻制度具有明显的宗法特征。

根据西周宗法制度,婚姻的目的在于延续血脉,《礼记·婚义》中记述婚姻"合两性之好,上以事宗庙,下以继后世"。宗法制度注重亲疏、嫡庶的区别,为明确嫡庶,西周实行一夫一妻制。

据《礼记·曲记》记载,西周时期,"天子有后,有夫人,有世妇,有嫔,有妻,有妾""恭候有夫人,有世妇,有妻,有妾"。明媒正娶的嫡妻只有一个,不得以妻为妾,也不得以妾为妻。

同时,婚姻关系的成立,必须得到家庭与社会的认可。就家庭而言,首先必须经父母同意,没有父母同意,男不得婚,女不得嫁。就社会而言,男女缔结婚姻，必须经媒人说合。"娶妻如之何，必告父母""娶妻如之何，匪媒不得"，这一原则，为后世沿用，并逐渐形成制度。

古代的婚姻礼仪指从议婚至完婚过程中的6种礼节，即纳采、问名、纳吉、纳征、请期、亲迎。这一娶亲程式，周代即已确立，最早见于《礼记·婚义》。

古时男家去女家迎亲时，均在夜间。并且迎亲的人均穿黑衣，车马也用黑色。此俗与后世白天迎亲、穿红色服饰的婚俗迥然不同。

"六礼"的名称和仪式，在古代婚姻制度发展史上影响十分深远。以后各朝婚姻成立的形式要件，虽不一定经过六道礼仪程式，但"六礼"的名称却一直相传下来。

古代对刚入门新妇的姿态也十分的讲究。西周时期，要求男方要先到女方的家庙拜祭其祖先，然后再用车接女方到男家。将女方迎进男方家门后，还要举行夫妇同器共餐、共饮交杯酒等仪式。次日尚须留在家中以谒见舅姑。如舅姑先已去世，则3个月后在家庙祭奠舅姑，此称为"庙见之礼"。庙见完成后，该女子便正式成为家族成员。至此婚礼始告完成，婚姻最终成立。

在我国古代，解除婚姻关系也形成了一套完整的制度，称为"七出三不去"。

"七出"又称"七去"，是西周时确立的男方家可以休妻的七项条件。《大戴礼》中记载"妇有七去：不顺父母，去；无子，去；淫，去；妒，去；有恶疾，去；

周代礼器

口多言，去；盗窃，去。"只要女子有其中的任何一条，夫家就可以合礼、合法地解除婚姻关系。

解除婚姻关系也有一些限制性条件，按西周的礼制，女子在三种情况下，可以不被夫家休弃，即所谓"三不去"。具体为"有所娶无所归，不去；与更三年丧，不去；前贫贱后富贵，不去"。意思是说，女子被休弃时娘家已无亲人的，不能休妻；女子嫁入夫家后与丈夫一起为公婆守孝三年的，不能休妻；女子嫁入夫家时贫贱，以后变得富贵的，不能休妻。

按照礼制的要求，"妻者，齐也"，夫妻应为一体，贫贱时娶之，富贵时休之，义不可取，故不能休妻。对男家任意出妻的限制性规定，虽是出于维护宗法伦理秩序的需要，但也反映了我国古代婚姻制度中人道主义精神的一面和对妇女合法权益的特别保护。

"七出""三不去"的影响也极为深远，汉唐乃至明清，各代法律中关于解除婚姻的条件和限制的相关规定，大体均未超出其范围。

淳朴浓郁的民风根源

阅读链接

据《周礼》记载，周朝管理婚姻事务的官职为媒氏。媒氏负责书写颁发婚书。《周礼·地官·媒氏》："媒氏掌管万民之判。"郑玄注曰："判，半也。得耦为合，主合其半，成夫妇也。"清代学者俞樾认为，这里的判即是判书。周朝时的婚书，一般写在一片竹简或木简上，然后把它分开，男女双方各拿一半，作为婚姻的法律凭证。

婚书分官方婚书和民间婚书。民间婚书又叫私约，是指男女双方缔结婚姻，未去上报官府，只是双方与中间人私下签署的婚约。对待私约，各代朝廷态度不一。有的明令禁止，不予承认。有的较宽容，承认私约有效。其实在民间，私约婚书一直盛行不止。

初成规模的秦代婚制

公元前221年，秦王嬴政统一了六国，自称为"始皇帝"，也就是秦始皇。秦始皇在中央创建皇帝制度，实施三公九卿，管理国家大事。

秦始皇在治国过程中，充分认识到健全的法制对于国家富强的重大意义，奉行法家学派的法治、重刑理论。由此，秦代在婚姻制度上就较少受儒家礼教观念的影响，与其前后朝代婚姻制度相比，颇具特色。

秦代百姓人物俑

秦代法律在关于婚姻的成立条件、婚姻的形式、夫妻双方的权利义务，以及婚姻的解除，等方面，都做了较具体的规定。

秦代法律规定，婚姻成立首先是要达到成婚年龄。

淳朴浓郁的民风根源

■《秦律十八种》竹简

秦代把男子身高6尺5寸作为成年的标准，举行冠礼。冠礼之后就具有了结婚的条件了。

秦代把女子身高6尺2寸作为成年的标准，女子成人才"许嫁"，也就是具有结婚的条件了。这仅仅是一般的规定，在执行上并不严格。秦简中有女子"小未盈六尺"而"为人妻"的事例。

在成婚之前，首先要经官府登记。在秦简中记载，结婚只有到官府登记，婚姻方始成立。《法律答问》载：

有女子甲为人妻，去亡，得及自出，小未盈六尺，当论不当？已官，当论；未官，不当论。

意思是说，女子甲为人妻，私逃，被捕获以及自首，年小，身高不满6尺，应否论处？答曰：婚姻曾经官府认可，应论处；未经认可，不应论处。可见，凡是经官府登记的婚姻，是受到法律保护的。

在秦代法律中还规定了夫妻双方的权利义务。女子结婚后有到丈夫家生活的义务。丈夫是一家之主，如果丈夫犯罪被处以流刑，妻子必须随丈夫到流放地共同生活。结婚后的家庭财产包括妻子陪嫁的财产在内，都是由丈夫来支配的。妻子犯罪服刑，其一切财物归丈夫所有。《法律答问》中也有相关记载。

秦代法律保护妻子的人身不受丈夫侵犯。丈夫殴打妻子属违法行为。如秦代法律中明确规定，丈夫不得任意伤害妻子，即使妻子凶悍，也不准将其殴打致伤，否则丈夫将受耐刑的处罚。耐刑就是强制剃除鬓毛胡须而保留头发。

秦代法律还非常注重维护夫妻关系的稳定，夫妻间需相互忠诚，男女通奸法律上双方都认定是犯罪。

妻子有控告丈夫犯罪的权利。秦代法律规定，"夫有罪，妻先告"，可以不被籍没为官府奴婢，其陪嫁奴婢、衣物也可以不被没收。从中可以看出，妻

《法律答问》

出土秦简法律答问部分，是秦法律形式之一，是由官方对秦朝的某些律文、术语和律义以答问的形式所做的解释。这对正确运用法律，更有效地贯彻立法意图，具有重要作用。是研究秦的诉讼制度的重要材料。

359

推陈出新

婚姻制度

■秦代陶牛车

在家庭中的地位，较后世略高。

在秦代法律中也制定了婚姻关系解除的律令。秦代法律规定，解除婚姻须经官府登记认可，否则，将构成"弃妻不书"罪，男女双方均要处罚。《法律答问》记载了丈夫如果休妻不向官府登记，夫妻双方都要被处以"赀二甲"即罚货两箱的刑罚。

秦代法律中还规定，由于夫或妻的一方死亡，婚姻就在事实上解除，生存的一方有权再婚。但是，这种再婚权，仅仅适用于生存者是男子一方的情况下，并不完全适用于生存者是女子一方的情况。也就是说，有儿子的妇女必须与死去的丈夫在法律上继续保持夫妻关系。

秦代法律保护丈夫有休妻的权利。如果妻子对婚姻不满，仅有狭窄小路可以走。至于弃妻的条件是否是"七去之条"，出土的秦简没有反映。不过，"七去之条"在当时已经形成，这就是："不顺父母，去；无子，去；淫，去；妒，去；有恶疾，去；多言，去；窃盗，去。"

此外，秦代法律虽然对夫权有所限制，对妇女人身权利的保护，也超过后世的历代王朝。

淳朴浓郁的民风根源

阅读链接

古代成婚的年龄，各朝代并不相同。春秋时期，男子20加冠，女子16及笄，即可结婚；又谓"男30而娶，女20而嫁"，是为不失时。《汉书·惠帝纪》中就明文记载："女子年15以上至30不嫁，五算。""五算"就是罚她缴纳五倍的赋税。

其实，我国古代早婚的现象也很严重，宋代曾有"凡男年15，女年13，并听婚嫁"的规定。《后汉书·班昭传》中就记载：班昭"年十有四，执箕帚于曹氏"。《汉书·上官皇后传》中甚至有"月余遂立为皇后，年甫6岁"的记载。但一般都是在20岁前后。

汉唐律令对婚姻的维护

汉代和唐代，是我国历史上最能代表"中国"的两个朝代。由于汉代确立的儒家思想的影响范围之大和时间之久，汉唐时期在婚姻律令的建设上，各自体现出鲜明的时代特色。

两汉的婚姻制度，原则上沿袭西周以来的传统。但随着儒学独尊地位的确立，使两汉的婚姻立法更具有纲常伦理色彩。

汉惠帝时期，朝廷鉴于人口锐减的事实，提倡早婚，于是在公元前189年，汉惠帝诏令女子15岁至30岁以内不出嫁，要出五倍的算赋，一算一百二十钱。这是经过秦末战乱之后，治国者为恢复和发展生产，需要增加劳动力而采取的一项措施。

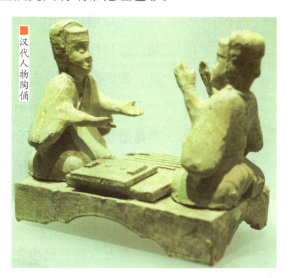

汉代人物陶俑

■ 汉代妇女俑

汉惠帝 （前210—前189）刘盈，西汉的第二个皇帝，刘盈16岁即位后实施仁政，减轻赋税，提拔曹参为丞相，萧规曹随，政治清明，国泰民安。与民生息的政策，推动了经济的繁荣。在思想和文化方面，他废除了秦时禁锢，使黄老哲学代替了法家学说，打开了各种思想发展的大门。

根据汉惠帝的诏令，女子年15至30岁以内不嫁，便采取多收口赋的办法进行惩罚。因此，两汉时期盛行早婚。

两汉婚姻重视生子延嗣，这是宗法制度所要求的。另外，汉初为解决人口锐减造成的户籍萧条问题，国家也鼓励生育子嗣。由于早婚多育是国家需要，更是延嗣继世的需要，所以汉律虽然确定婚姻关系为一夫一妻制，但无后嗣者，纳妾当然为合法。

汉律仍以"七出""三不去"为弃妻的基本原则。关于离婚后的财产问题，汉律规定，由丈夫提出离婚，允许女方将出嫁时从娘家带来的财产带走。

在经过三国、两晋、南北朝三四百年的分裂割据后，我国进入了封建社会的鼎盛时期，即隋唐时期。

唐代关于婚姻的成立，强调以下几方面：

一是确认尊长对卑幼的主婚权。即使卑幼在外地，已自行订婚，只要尚未结婚，也必须服从尊长安排，如违反尊长意志者，依律"杖刑一百"。

二是把婚书和聘财确定为婚姻成立的要件。婚书是指婚姻成立的书面合约，包括男方尊长的通婚书和女方尊长的答婚书。前者是男方尊长向女方尊长致书礼请，提出婚约的建议，后者则是女方尊长答书许讫，予以承诺。

在女方尊长已事先得知、认可男方的情况下，如男方年龄偏大，或身有残疾，身为养子、庶子、妾生子、婢生子、奸生子等不宜明载婚书的特殊情况，即以私约的形式对婚书的内容进行补充。

聘财是婚姻成立得到法律确认的关键要件。聘财无论多少，只需表现为一定的钱财即可。女方尊长只要收下聘财，即使没有聘书，仍视为婚约成立并有效。如果女方尊长悔婚，依律处杖六十，且婚姻关系依然有效。

三是婚姻缔结的限制。结婚年龄，唐太宗执政的第一年，即627年，定为男20岁，女15岁。唐玄宗时的734年，为了增加人口，将婚龄降低到男15岁，女13岁。

唐律严格禁止同姓为婚，违者各徒二年，非同姓但有血缘关系的尊卑间不得为婚，违者以奸论；严禁与逃亡之女为婚，监临官不得娶监临之女为妾，良贱不得为婚，违者均处以刑罚。

唐律还规定，婚期已到，不得有违，若期约已至而男家无故五年不娶，有司给据改嫁。婚期未到，一

杖刑 古代刑罚之一。用荆条或大竹板拷打犯人。杖作为刑种始自东汉。南朝梁武帝定鞭杖之制，以荆条制成，分大杖、法杖、小杖三等。北齐北周，将杖刑列为五刑之一。其后相沿直至清末。

363

推陈出新

婚姻制度

■ 汉代婚庆画像砖

■唐代烹饪仕女俑

淳朴浓郁的民风根源

出妻 即男子强制休妻，是我国古代社会最主要的离婚方式。我国古代的"礼"和"法"为男子休妻规定了七种理由，这就是所谓的"七出"。为维护封建道德，古代婚姻制度又规定了三种丈夫不得休妻的法定事由，就是所谓的"三不去"。

般不得强娶。

唐律在婚姻的解除上，夫对妻的特权尤为突出。婚姻解除的方式主要有两种，即"出妻"和"和离"。出妻简称"出"，即男方单方面解除婚姻，休弃妻子。其条件即西周以来传统的"七出"。

提出"七出"的不仅是丈夫，也可以是丈夫的父母，执行"七出"也无须得到官府的判决。相反，妻妾绝对没有单方面解除婚姻的权利。

唐律规定，妻妾违背丈夫擅自离开，处徒二年，因擅自离开而改嫁的，处徒三年。

对于"七出"的限制有两种：一是妻无"七出"之状，丈夫仍要出妻，丈夫处徒一年半。但"七出"原是一些简单的原则，很容易被丈夫找到出妻的借口。二是西周已有的"三不去"。虽有"七出"，但同时有三不去情形而出妻者，杖一百，婚姻仍然维持。"七出""三不去"原为西周礼制，唐律移植为法律规范。

和离制度，是我国封建社会一种允许夫妻通过协议自愿离异的法律制度。唐律令允许夫妻双方因关系不和谐而和离。和离及出妻，都必须制作书面的出妻书。出妻书由丈夫亲手书写，女方有这些书面解除婚姻的证据，才可重新结婚。

断离即由官府判决解除婚姻。一般有两种情况：一是在违律为婚或嫁娶违律的情况下，由官府断离，并对关系人各处以刑罚。二是义绝，即指夫妻一方对另一方或一定范围的亲属，或双方一定范围内的亲属有殴打、通奸、杀伤等情况下，经官府判决强制解除婚姻关系。不执行者判决徒一年。

义绝的具体条件是夫殴妻之祖父母、父母，杀妻之外祖父母、伯叔父母、兄弟、姑、姊妹；夫妻双方的祖父母、父母、外祖父母、伯叔父母、兄弟、姑、姊妹之间有相杀情节；妻欲谋害丈夫，殴打或詈骂夫之祖父母、父母，杀伤夫之外祖父母、伯叔父母、兄弟、姑、姊妹，及妻与夫之缌麻以上亲属通奸；夫与妻母通奸；等等。

如果妻欲害夫，夫对妻之亲属须有殴打杀伤杀害才构成义绝，而妻仅詈骂、殴打夫之亲属就构成义绝。

此外，将妻妾嫁给监临官、夫出卖妻妾，也构成义绝。这些规定反映了封建夫妻关系上的不平等，也是"夫为妻纲"这一儒家纲常原则在法律上的体现。

总之，在婚姻方面，唐律进一步确认家长与子女、丈夫与妻子、良人与贱民之间的不平等，用以维护封建社会秩序。

阅读链接

在我国古代，人们认为形成的婚姻是前世姻缘和命中注定的，充满了偶然性。这一观念得到了大多数人的认同，这里面有着深厚的文化积淀。

在《世说新语》中记载了这样一个故事，说太尉郗鉴派门生到丞相王导家寻求佳婿，王导让他到东厢遍观子弟。门生归，对郗鉴说："王氏子弟哪一个都不错，听说了选婿之事，都很矜持，只有一人，在东床坦腹而食，好似未知选婿之事。"郗鉴说："此人正是佳婿。"一问原来是王羲之。于是郗鉴将女儿嫁给王羲之。这个故事说明了婚姻的偶然性。

宋代婚姻立法及嫁娶

宋代婚姻的立法，大体沿袭唐制，但对婚姻的缔结方面，规定禁止五服以内亲属结婚，但对姑舅两姨兄弟姐妹结婚不加禁止。

宋律还规定，诸州县官人在任之日，不得与部下百姓交婚，违者虽会被赦免但仍要分离。其州县佐以上官员及县令，于所统属官亦

宋代妇女画像

同。如果其订婚在前，任官居后，及三辅内官门阀相当情愿的，并不在禁限之内。

对女方不许悔婚的情况有例外，即订婚后，男家无故三年不娶，女方在告之官府，并退还聘礼的前提条件下，可以主动解除婚约。

两宋关于婚姻离异的规定，完全承袭唐律规定，

以传统的"七出""三不去""义
绝"为条件。关于"七
出""三不去""义绝"
的含义，与以前的朝代
没有区别，只是关于
无子的条件，作了进
一步界定。

　　依据法律规定，
在宋代已婚妇女在49岁
之前，是不能被夫家以无
子条件赶出家门的。关于"三
不去"的例外，是妻若有恶疾或与人通奸，体现了宋
律维护宗祀继承的真正用意。

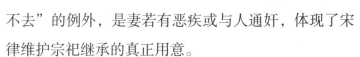

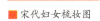
■ 宋代妇女梳妆图

　　"七出"是法律赋予丈夫单方面所享有的休妻的
特权，"义绝"是法律规定的对男女双方实行强制离
婚的条件。在婚姻的解除问题上，妇女始终处于被动
地位。

　　随着社会的发展，特别是两宋商品经济的繁荣，
人们的思想观念受到冲击。表现在婚姻制度上，宋代
妇女在特定条件下，具有一定的法定离婚权。

　　首先，夫出外三年不归，其妻可以离婚。其次，
丈夫令妻为娼或典雇妻与人者，其妻可以离婚。因为
丈夫逼妻子为娼属丧尽天良之行径，不仅有违社会道
德，而且也破坏家庭和睦，因而，法律赋予这样处境
的妇女以主动离婚权。

　　为稳定社会秩序起见，历代官府皆禁止出卖妻子

五服 我国封建社会是由父系家族组成的社会，以父宗为重，自高祖至玄孙的九个世代，即高祖、曾祖、祖父、父亲、自己、儿子、孙子、曾孙、玄孙。通常称为本宗九族。在此范围内的亲属，包括直系亲属和旁系亲属，为有服亲属，死为服丧。亲者服重，疏者服轻，依次递减。《礼记·丧服小记》所谓"上杀、下杀、旁杀"即此意。

流放 将罪犯放逐到边远地区进行惩罚的一种刑罚。它的主要功能是通过将已定刑的人押解到荒僻或远离乡土的地方，以对案犯进行惩治，并以此维护社会和统治秩序。

名讳 出现在我国古代的一种语言现象。遇到君主或尊长者时，不但不能直呼其名，而且在书写的时候也不能使用这些字，于是只能用改字、改音或减少字的笔画等方法于以回避，也称"避名讳"。

人身，但民间还是有人典雇妻子与人者，对这样的违法行为，宋代官府在进行依法制裁的同时，也赋予被典雇妇女以主动离婚权。

两宋法令还规定，丈夫犯罪被处以流放或被处以其他刑罚而移乡编管，其妻可以离婚。宋代已婚妇女的法定离婚权的规定，为前代法律所没有的。

宋代婚礼依然承接上代，以"六礼"为主要内容，但是具体婚嫁程序有了更改，特别是庶民嫁娶，礼仪、礼俗更为具体繁杂，当时嫁娶步骤共有11项之多，并分别带有一定的时代特色。

庶民嫁娶，首先是由媒人传帖，帖子实际就是记有人名、出生年月日的一张单子。开始是媒人凭双方的草帖子传话，男女双方拿到对方的草帖子后，就卜卦问吉，如果男女不相克，得到吉卦，待媒人双方传言后，两家同意，然后各自再起"细帖"议婚。

宋代《女孝经图卷》

细帖又称为定帖。男家定帖要写明男家三代官品职位，名讳，议亲者是家中第几位儿子，官职如何，出生年月日时，父母是否都在世，由何人主婚，是否入赘，如果入赘，还要把带来的金银田土写清，并将家中产业、宅舍、房廊、山园都列具在帖子上。

女方回定帖，也要写清以上内容。议亲者是家中第几位女儿，出生年月日时，并列具房奁、首饰、金银、珠翠、宝器、动用帐幔等物，以及随嫁田土、屋业、山园等。细帖写好后，由媒人向两家通报，择日传帖。

双方家长都满意就可以定亲了。首先是双方都以"色彩衬盘"安放定帖，送给对方。其次是相亲。男家选择吉日，备好酒席，敬请女家。一般是在园圃酒楼、湖面船舫内，两亲家相见。

如果双方中意，男家则用金钗插于女子冠髻中，当时称为"插钗"。如果不同意，男家则给女家赠送缎二匹，称作"压惊"。

相亲确定后，即要下定礼。定礼一般是用络盛酒瓶，装成大花8朵，并用生色罗绢或8枚银胜，又用花红缴酒担上，名为"缴担红"。

古代金镯

有钱人家送礼更多，有珠翠首饰、金器、销金裙、褙、缎匹、茶饼、两只羊、金瓶酒4尊或8尊等。

男家礼书共两封，名为"双缄"。用红绿销金书袋盛礼书，或用罗帛贴上画有五男二女的绿盉，盛放礼书。定礼一共10盒或8盒，用彩色单子盖上送到女家，女家接下定礼盒"于宅堂中备香烛酒果，告盟三界"，然后由女家夫妻双全者开盒。女家就于当天准备回定礼。

淳朴浓郁的民风根源

北宋时期，一般人家用淡水两瓶，活鱼三五条，筷子一双，都放在元酒瓶内，称为"回鱼"。

南宋时期，有钱人家排场大，回礼也重。女方回礼物品有紫罗及颜色缎匹、珠翠、皂罗巾缎、金玉、帕、七宝巾环篋、鞋袜、女工等。有的还把男方送来的八饼茶、八瓶酒等取一半回送，羊也送回一只，用两只酒器放清水，水中放四条金鱼，以一双筷子，两根葱放在酒器内。

如果是大富人家，会用金银打造筷子，用彩帛做成生葱挂在鱼水酒器之外，作为答礼。送完定礼后，遇到节日，男方仍然给女家送礼。

宋代婚礼，除送定礼外，照旧要送聘礼。当媒人定好下聘的日子以后，男方轻则以鹅酒，重则以羊酒下聘。

富贵之家一般用三金，即金钏、金镯、金帔坠。如果没有金器，也要以银镀代替。没有钱的人家，也要送帛送银，送鹅酒、茶饼等。

仕宦人家送礼更多，送销金大袖黄罗、销金裙缎、红长裙或红素罗大袖缎，还有珠翠团冠、四时冠花、珠翠排环等首饰，及上细杂色彩缎、疋帛，另加花茶、果物、团圆饼、羊酒等物，此外还有银铤，称为"下财礼"。也用两个信封装上聘书，做成礼书形状。

女家受聘后，也要用礼物答谢，一般用绿紫罗匹、彩色缎匹、金玉文房玩具、珠翠、女工等作答。另外，还要送媒人"媒箱"，箱中装有缎匹、杯盘、钱物等，并用花红礼盒赠送。男家送完聘礼后，逢年过节就不必再送礼给女方了，只等择日成亲。

男家选好吉日，告诉女家，女家答应，男家便可来迎亲。迎亲前一天，女家派人先到男家，铺房挂帐幔，放置房奁、珠宝首饰等物。新房布置好后，让最亲信的妇人或嫁女侍从看守新房，不让外人进入房中，只有等到新人来后才开放新房。

男家按规定日子和时刻，让人捧着花瓶、花烛、香球、纱罗、洗漱妆盒、烛台、裙箱、衣匣、百结青凉伞、交椅，并雇请乐队护送花轿，一路吹打，前往女家迎娶新妇。

女家用酒礼款待接亲的人，并散发红银、利市钱给大家，然后乐队奏乐"催妆"，阴阳先生报时辰，催促新娘登车，并有专人念催妆诗词。

花轿 也叫"喜轿"，是传统中式婚礼上使用的特殊轿子。一般装饰华丽，以红色来显示喜庆吉利，因此俗称"大红花轿"。把轿子运用到娶亲上，最早出现于宋代，后来才渐渐地成为民俗。

371

推陈出新

婚姻制度

■ 婚庆茶饼

■ 古代金帔坠

淳朴浓郁的民风根源

诗词 指以古体诗、近体诗和格律词为代表的我国传统诗歌。通常认为，诗更适合"言志"，词更适合"抒情"。诗人、词人则需要掌握成熟的艺术技巧，并按照严格韵律要求，用凝练的语言、绵密的章法、充沛的情感以及丰富的意象来高度集中地表现社会生活和精神世界。

女子登车后，抬担子和抬轿子的人，并不马上起步，等求发利市钱完毕后才起步。

此时乐队奏乐，一路鼓吹，将新人迎到男家。新娘花轿到了男家门口，乐师、歌伎、茶酒等迎亲的人互念诗词，拦门求利市钱。阴阳先生手执装满谷豆、钱、彩果等物的斗盒，望门而撒，儿童争相拾捡，叫作"撒谷豆"。撒谷豆意在镇压青阳煞这种恶神。

新人下车，一人手捧镜子在前导行，两个亲信女子左右扶持新人前行。新人不得踏地，只能踏在青锦褥或青毡、青布条、花席上行走。新人要跨马鞍，并从秤上走过。

进入中门到一室，当中悬帐，新妇进去坐下，名为"坐虚帐"，或者径直进入房中，坐在床上，称为"坐富贵"。

女家亲戚及送女客人吃完三盏酒后即要退回，意为男家备酒四盏，款待送亲女客，客人吃完三盏而回，又称为"走送"。

新房门前挂彩缎一幅，先将下面剪成碎条状，身穿绿袍、花幞头官服的新郎进门后，众人将碎条争抢而去，叫作"利市缴门红"。

新郎在床前将新妇请出，两家各出彩缎，绾成同心结，称为"牵巾"。男将彩缎挂于笏板上，女则搭于手，男倒走出门，以便两人面可相向。

一对新人并立堂前，然后由男方双全女亲，用秤杆或别的东西挑开新娘的盖头，此时方露新娘面容。男女两人便向众亲行礼。然后女倒行，执同心结牵新郎回房，再坐床上。

坐时，女向左、男向右，此时，便有妇女用钱、彩缎、果子撒帐，然后用红绿彩结把两个酒杯连接起来，男女双方各饮一杯，名为"交杯酒"。饮完后，把酒杯一仰一覆放在床下，取大吉大利之意，同时，把男左女右少量头发"结发"，又名"合髻"。

男此时用手取下女头上的花，女则解下男的一个纽扣。然后新人又到中堂行参谢礼，亲朋庆贺，新人又共同参拜公婆尊长，此后，众亲人才入席用礼筵。

次日五更，用桌子装置镜台，把镜子放在上面，新妇望堂展拜，名为"新妇拜堂"。然后拜尊长亲戚，并以彩缎、巧作、鞋袜等呈现，名为"赏贺"。

同心结 一种古老而寓意深长的花结。由于其两结相连的特点，常被作为爱情的象征，取"永结同心"之意。形状一般是两股彩绳绾成连环回文的形式，然后再抽紧而成，后来又发展成为同心方胜，即折叠成扁平条状的两根锦带按同心结的结法编成长方形。

■ 古代婚庆金钏

新娘进门

尊长则要答贺。

婚后三日，女家将冠花、彩缎、鹅蛋，另加茶饼、鹅羊、果物等物一起送到男家，称为"送三朝"。

新郎新娘在三日七日、或九日到女家行拜门礼，女家广设华筵，款待新婿，名为"会郎"，并要送给女婿一定礼物。"会郎"结束，女家请乐队鼓吹送婿回家。

女家在九天内，还要"洗头"。到一月女家还要送弥月礼盒，婿家开筵款谢亲家及亲眷，称为"贺满月会亲"。

以上种种，足见宋朝庶民嫁娶礼俗之烦琐，名堂花样多多，反映了当时的婚礼嫁娶习俗。

阅读链接

　　"榜下捉婿"是宋代的一种婚姻文化，即在发榜之日各地富绅们全家出动，争相挑选登第士子做女婿，坊间便称其"捉婿"，宋人笔记对"榜下捉婿"多有涉及。这种"捉婿"习俗蕴含了特定的社会文化内涵，它说明宋时经济崛起，富裕起来的平民阶层渴望跨入上层社会。

　　"榜下捉婿"其实也透露出这样一个信息，即宋代的婚姻观念在发生着重要的变化。对于宋代此种婚姻观念应该辩证地看。较之前代的门第婚而言，宋代的婚姻观念在某种程度上可以说是历史的进步，不过对于后世的论财婚而言也可谓是一种滥觞。

发展和变化中的婚制

元代的法律反映了蒙古游牧民族的传统，其婚书、职业媒妁等实体制度，颇具特色。

元代在我国历史上首次明确规定，建立婚姻关系必须订立婚书，或称"嫁娶礼书"。婚书上写明议定的聘财数额，如果是招赘女婿，须写清养老或出舍的年限，主婚人、保亲人、媒人须在婚书上签字画押，然后依礼成亲，婚姻关系方才有效。

元代法律规定，只有经基层官吏，地方长老等保荐的信实妇人，才能充任媒妁，并由官方登记在册，严格管理。

这种媒妁的身份是百姓，而不是官方人员，她们从事民间婚姻撮合事务，与先秦有国家公职的媒氏、掌媒不同，与宋代专为宗女而

元代蒙古族婚服

官媒 亦称"官媒婆"。是代表政府行男女婚姻之事的机构，即官方的婚姻介绍所。官方的媒人，古代称作"媒官""媒氏""媒互人"等，最早出现在西周。其主要工作职责就是掌握全国男女的姓名和出生时间，督促适龄男女结婚。

设立的官媒也不同。后者可称其为"职业媒妁"。官府对媒妁的管理，其重要内容之一是限定媒钱数额。

赘婿自古即有，但元代民间招婿之风颇盛。元代赘婿一般分为四类：一曰养老，就是始终与妻家聚合；二曰年限，就是归妻宗；三曰出舍，就是与妻家分开居住；四曰归宗，就是年限已满，或妻亡，并离异，可归自己的宗族。

收继婚是蒙古贵族带进的习俗，即未婚男性收娶家族中的寡妇为妻。元世祖忽必烈曾经下旨，宣布了收继婚的合法性。弟收兄妻，多发生在亲兄弟之间，远房兄弟一般不准收继。另外，小叔的收继处分权，只有在寡嫂服丧期终了后才能实现，收继制度也打上了礼教烙印。

礼教对收继婚的影响，还表现在寡妇如守志，不得强娶，但如想再婚，便非就继于小叔不可，也就是说小叔对寡嫂享有法定先娶权。

在民间实际收继过程中，其弟收寡嫂的范围已扩大到订婚之寡嫂。元代以前，法律允许寡妇带走原有妆奁，不准寡妇带走的，限于丈夫的遗产或应得的份额。但元代法律正式规定，离婚妇女或寡妇如果再婚，就要丧失原先从父母处得来的妆奁物及其他继承得来的

■ 寡妇上坟画像

■ 传统的元代蒙古族婚礼

财产。至于夫家的财产，更是不得带走。

元代婚姻的离异，与唐宋基本相同，主要有休弃与和离两种形式。

明清两代受元代的影响，都有寡妇改嫁者，夫家财产及原有妆奁并听前夫之家主的规定。这种规定反映了封建社会后期，妇女地位进一步下降的趋势。

明代关于婚姻方面的法律，基本沿用唐宋旧律，但在婚姻关系和违法婚姻适用刑罚上又有所发展与变化。

按唐律，男家自悔者不处刑，明律已与唐律不同，增加了对男家悔婚的处罚，是婚姻立法的进步。府州县亲民官不得于任内娶部民女为妻妾，违犯者杖刑，监临官不得娶为事人妻妾及女为妻妾，违犯者，从重论处。

明律还规定，不得收留在逃女囚为妻妾，不得强

元世祖（1215—1294），孛儿只斤·忽必烈，蒙古族，元政权的创建者。他在位期间，建立行省制，加强中央集权，使得社会经济逐渐恢复和发展。忽必烈是蒙古民族光辉历史的缔造者，是蒙古族卓越的政治家、军事家。

清代婚礼拜堂场景

占良家妻女为妻妾，否则都要依律治罪。

在违律婚姻上的处刑，明律量刑比唐律略有减轻，如同姓为婚者，唐律规定各徒二年，而明律规定只各杖六十，体现了明律相对唐律而言的"轻其所轻"的原则。

清代婚姻制度，在入关前后有一定的变化。满族贵族入关之后，使清代婚姻制度深层次受儒家伦理道德观念影响，在其全面继承明代婚姻制度的基础上，进一步发展，使之具有自己的特色。

清代入关之前，实行早婚制。入关以后，清承明制，规定男16岁，女14岁为法定结婚年龄。

包办婚姻依然是清代婚姻的基本特征。尊亲长掌握卑幼的主婚权，是秦代法律的规定。在清代，国家法律赋予尊长对卑幼的主婚权，同时也要求主婚权的行使，必须符合国家法律有关规定。对于诸如嫁娶违律、隐瞒残疾、老幼、庶出、过房、乞养等情况，主婚人要承担相应的法律责任。

清以前，家长的主婚权在事实上已经存在，但只有到了清代之时，家长主婚权才得以在法律上明确规定下来。

唐宋以来，法律规定婚约一旦成立，不许悔婚，尤其是对女方而言更是如此。清代规定，婚约一经成就，男女无论任何一方均不得反悔。

婚约约定的主要内容之一就是嫁娶日期，期约未至，男家不得强娶。期约已至，女家不得拖延。若男家强娶或女家故意拖延，主婚人笞四十。男方无故超过婚约约定的婚嫁期限五年不娶，及未婚夫逃亡三年不归者，女方可以另行择配，但须官府对男方情况予以核实并出具证明。婚约可以因一方的犯罪而解除。

婚约之外另有婚书，依清律规定和民间习惯，婚书由男女双方主婚人、媒妁花押。一般情况下，男方之家给予女方的聘礼情况，应在婚书中有所载明。婚书一式两份，男女双方家长各执一份。

聘财是清代婚姻成就的关键要件，《大清通礼》对一至九品官员的婚娶聘礼作了具体规定。

平民百姓婚姻同样有聘礼要求，根据民族习俗的不同，聘礼的表现形式也不同。

清律对婚姻关系中聘礼的规定如此详细具体，表明了在婚姻关系成立过程中，财产所占据的重要地位，封建婚姻的买卖性质昭然若揭。

庶出 在封建宗法制度下，姬妾，或者非正妻的嫔妃所生的孩子叫庶出。姬妾有无名分，其后都是庶出。有名分的妾又称"侧室""偏房"，她们的存在被家族和社会认可，然而地位与正妻有云泥之隔，无论表现在家族、社会还是死后的待遇上。

■ 大清律规定了严格的等级婚姻制度

在夫妻离异问题上，男子始终占据主动地位。清代沿袭前代的"七出""三不去"及"义绝"的离婚条件。但有关"义绝"处理，清律与唐律规定有所不同。

清代"义绝"不仅是已婚的条件，而且订婚后尚未嫁娶的未婚夫妻，也可因"义绝"解除婚约。

在婚姻的禁止方面，清代规定同姓不得为婚。在清代前期，同姓不婚的规定被严格执行。如果出现同姓为婚的情况，不仅对主婚者及男女双方当事人分别处以杖六十的刑罚，而且婚姻无效，必须强制离异。此种情况到清代后期，已基本不复存在。

清律规定，娶同宗五服亲者杖一百；娶缌麻以上亲，各以奸论，处徒至绞甚至斩刑。清律本来也禁止姑表婚，即姑表、姨表兄弟不婚，但因民间相沿成俗，清代不得不做出通融性规定，即"姑舅、两姨姊妹为婚者听从民便"。

清律还规定：良贱不得为婚。清代婚姻注重门当户对。《大清律例·户律·婚姻》"良贱为婚姻"条规定，严禁主人为奴仆娶良人为妻。奴仆若娶良人为妻，将妻入籍为婢者，杖一百；若谎称以奴婢为良人而与良人为夫妻者，杖九十，各离异改正。

阅读链接

每到夏日的夜晚，人们总喜欢抬起头来遥望那条横跨天空的茫茫长河，人们叫它天河或银河，在银河的两边，还能看到明朗的织女星和牛郎星。再仔细看，还能在牛郎星的两边看到两颗闪闪的小星星呢，那就是牛郎挑在箩筐里的一双儿女。

在我国民间，素有七夕乞巧的习俗，乞巧节又称为"女儿节""少女节"或"情人节"，而牛郎、织女也就被看成了象征爱情忠贞、婚姻美满的天神。过去许多地方建有织女庙，尤以苏州太仓的织女庙最为闻名，青年男女到织女庙去膜拜，祈求甜蜜的爱情和美满的婚姻。

在我国古代，夫妻结合的"婚礼"二字被写为"昏礼"，属于传统文化精粹之一。古人认为，黄昏是吉时，所以在黄昏行娶妻之礼，故而得名。

婚礼在"五礼"之中属嘉礼，是继男子的冠礼或女子的笄礼之后的人生第二个里程碑。婚姻礼仪包括议婚、订婚和结婚等全部过程的礼仪程式，主要分为成妻之礼和成妇之礼。成妻之礼先为六礼，即纳采、问名、纳吉、纳征、请期和亲迎。在我国古代，解除婚姻关系也形成了一套完整的制度。

婚姻礼俗

月下结绳定婚姻的月老

淳朴浓郁的民风根源

月老贡像

在我国唐代的时候，有一位名叫韦固的人，有一次，他到宋城去旅行，住宿在南店里。唐代的宋城就是现在的河南商丘。

这天晚上，韦固在街上闲逛，看到月光之下有一个老人席地而坐，正在那里翻一本又大又厚的书，而他身边则放着一个装满了红色绳子的大布袋。

韦固很好奇地过去问他说："老伯伯，请问你在看什么书呀！"

那老人回答说："这是一本记载天下男女婚姻的书。"

韦固听了以后更加好奇，就又问说："那你袋子里的红绳子，又是做什么用的呢？"

老人微笑着对韦固说："这些红绳是用来系夫妻的脚的，不管男女双方是仇人或距离很远，我只要用这些红绳系在他们的脚上，他们就一定会和好，并且结成夫妻。"

韦固听了，自然不会相信，以为老人是和他说着玩的，但是他对这古怪的老人，仍旧充满了好奇。当他想要再问他一些问题的时候，老人已经站起来，带着他的书和袋子，向米市走去，韦固也就跟着他走。

到了米市，他们看见一个盲妇抱着一个3岁左右的小女孩迎面走过来，老人便对韦固说："这盲妇手里抱的小女孩便是你将来的妻子。"

韦固听了很生气，以为老人故意开他玩笑，便叫家奴去把那小女孩杀掉，看她将来还会不会成为自己的妻子。家奴跑上前去，刺了女孩一刀以后，就立刻跑了。当韦固再去找那老人算账时，却已经不见他的踪影了。

光阴似箭，转眼14年过去了，这时韦固已找到满意的对象，即将结婚。对方是相州刺史王泰的掌上明

■ 月老塑像

米市 我国的"四大米市"是在旧时农业商品经济不发达过程中产生的，对促进当时的粮食生产、流通起到了积极的作用，对于当地的社会发展、农民生活和商业经贸有很大的提高。无锡、长沙、芜湖、九江作为四大"米市"，有着共同的沿江交通便利、粮食生产丰富和商贸流通发达的优势。

月老雕像

淳朴浓郁的民风根源

珠，人长得很漂亮，只是眉间有一道疤痕。韦固觉得非常奇怪，于是便问他的岳父说："为什么她的眉间有疤痕呢？"

相州刺史听了以后便说："说来令人气愤，14年前在宋城，有一天，保姆陈氏抱着她从米市走过，有一个狂徒，竟然无缘无故地刺了她一刀，幸好没有生命危险，只留下这道伤疤，真是不幸中的大幸呢！"

韦固听了，愣了一下，14年前的那段往事迅速地浮现在他的脑海里。他想：难道她就是自己命仆人刺杀的小女孩？于是便很紧张地追问说："那保姆是不是一个盲妇？"

王泰看到女婿的脸色有变，且问得蹊跷，便反问他说："不错，是个盲妇，可是，你怎么会知道呢？"

韦固证实了这件事之后，真是惊讶极了，一时间答不出话来，过了好一会儿才平静下来，然后把14年前在宋城遇到月下老人的事，全盘说出。

王泰听了，也感到惊讶不已。

韦固这才明白月下老人的话，并非开玩笑，他们的姻缘真的是由仙人做主的。

结婚以后，韦固夫妇俩更加珍惜这段婚姻，过着

刺史 职官，汉文帝以御史多失职，命丞相另派人员出刺各地，不常置。汉武帝始置，"刺"，检核问事之意。刺史巡行郡县，分全国为十三部州，各置部刺史一人，后通称刺史。刺史制度在西汉中后期得到进一步发展，对维护皇权，澄清吏治，促使昭宣中兴局面的形成起着积极的作用。

恩爱的生活。

这件事后来传到宋城，当地的人为了纪念月下老人的出现，便把南店改为"订婚店"。

由于这个故事的流传，使得大家相信男女结合是由月下老人系红绳，加以撮合的，所以，后人就把媒人叫作"月下老人"，简称为"月老"。

月下老人以红绳相系，确定男女姻缘，反映了唐人姻缘前定的观念，是唐人命定观的表现之一。唐人以为，人的命运，不是自己可以确定和改变的，所谓"天下之事皆前定""人遭遇皆系之命""人事固有前定"。

唐人的这种前定观念，当然也表现在婚恋方面，"结缡之亲，命固前定，不可苟求""伉俪之道，亦系宿缘"。

月老形象的出现，正是这种命定观在婚恋中的艺

仙人 即神仙，是我国本土的信仰。仙人信仰早在我国道教产生之前就存在了，后来被道教吸收，又被道教划分出了神仙、金仙、天仙、地仙、人仙等几个等级。远在佛教传入我国之前，我国本土就有了仙人的信仰。佛教传入我国之后，把古印度的外道修行人也翻译成了仙人。

演化形式

婚姻礼俗

■ 月老神像

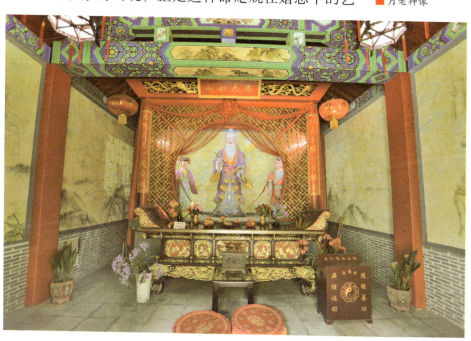

术化、形象化。唐人小说中就有类似的形象，如唐肃宗时的进士戴孚在《广异记·阎庚》中，就曾经记载道：

> 仁亶见其视瞻非凡，谓庚自外持壶酒至，仁亶以酒先属客，客不敢受，固属之，因与合欢。酒酣欢甚，乃同房而宿。中夕，相问行礼，客答曰："吾非人，乃地曹耳，地府令主河北婚姻，绊男女脚。"仁亶开视其衣装，见袋中细绳，方信焉。

淳朴浓郁的民风根源

这里自言为地曹的"客"，即是"主河北婚姻"者，同样是通过以袋中之绳"绊男女脚"的方式，确定世间男女姻缘。可见，在唐代，婚姻前定、主于地府冥司是普遍流行的观念。世间男女之所以能成为夫妻，是由于地府冥吏以绳相系，是冥冥之中的命运安排。

不过月老于月下结绳以定婚姻的形象，更具诗意，因而流传更广，遂成为故事，月下老人也因此成为民间家喻户晓的婚姻之神。

阅读链接

在我国古代，潮神也曾被人们视为婚姻之神。明代文学家冯梦龙在《警世通言》第23卷《乐小舍拼生觅偶》中，就曾写了一个潮神促成婚姻的故事，因此，潮神也是人们崇拜的婚神之一。

《乐小舍拼生觅偶》中说，乐和与顺娘自小同窗，情意相笃，私下结为夫妇，但由于两家门户不当，一直未能正式议亲。乐和听闻潮王庙有灵，就偷偷买了香烛果品前去祭祀，祈祷潮王让他与顺娘能成伴侣。

一次观潮时，顺娘被潮水卷入江中，乐和情急之下也跳下江去，两人被潮王救上江岸，终于结成眷属。

媒人的出现和各种称谓

在我国的传统婚姻中，从提亲、订婚，最后到促成结婚，都少不了媒人的参与，只有通过"媒妁之言"，男女双方才能共结连理、结秦晋之好，婚姻才能合乎礼教和道德。"天上无云不下雨，地上无媒不成双"这句民谚，反映了媒人在我国传统婚姻制度中所扮演着的重要角色。

媒人起源于何时，史料中并没有明确的记载，揆之情理，媒人应当是人类婚姻由群婚制向一夫一妻制演变后的产物。

■ 戏曲中的媒人形象

夏商时的媒人并不称为"媒"或"妁"，而是以"使"为媒。在殷墟的甲骨文中，就发现多有使

媒人主持婚庆剧照

淳朴浓郁的民风根源

者议婚的卜辞，如"己口卜，使人妇伯""来妇使"。前者大致说男方使者往女方，与其家族之长伯议娶女事；后者则为女方使者来说合嫁女。

在古代文献中，最早记载媒人的作品就是《诗经》。如《豳风·伐柯》说：

伐柯如何？匪斧不克。

娶妻如何？匪媒不得。

意思是说，怎样才能砍下大的树枝？不用斧头砍不断它。怎样才能娶到妻子？没有媒人成不了婚。

这说明早在周代，媒人就已成为婚姻的要件了。后来，便称媒人为"伐柯"或"伐柯人"，称做媒为"执柯"。如宋代吴自牧《梦粱录·嫁娶》中记载说："其伐柯人两家通报，择日过帖。"

在婚姻形式上，民间实行的不止是一种以男女相悦为基础的自主婚姻，以一夫一妻制为标志的聘娶婚姻正逐渐被人们所接受。聘娶婚姻，既是上层社会政治联姻的结果，也是规范下层社会婚嫁的需要，因而成为当时社会的一种发展趋势。

自周代以后，通过媒人缔结婚姻已逐渐成为一种风俗，明媒正娶已为广大民众所认可。《孟子·滕文公》说：

不待父母之命，媒妁之言，钻穴隙相窥，逾墙相从，父母国人皆贱之。

史书无媒而遭讥耻的例子很多。如鲁桓公无媒而娶于齐，季姬无媒自嫁于鄫子，遭经传讥耻，太史氏女自嫁于齐王子法章，虽贵为王后，其父仍深恶痛绝。这些例子都说明媒人有不可或缺的作用。

随着华夏文化的不断丰富和发展，对于媒人的称

《豳风》 《诗经》十五国风之一。"豳"同"邠"，古都邑名。"风"的意义就是声调。它是相对于"王畿"而言的。它是带有地方色彩的音乐，古人所谓《秦风》《魏风》《郑风》，《豳风》共有诗7篇，其中多是描写农家生活、辛勤劳作的情景，是我国最早的田园诗。

■ 婚庆媒婆蜡像

■《莺莺传》插图

淳朴浓郁的民风根源

谓也逐渐多起来。据唐房玄龄等人合著的《晋书·索忱传》记载：孝廉令狐策做了一个梦，梦见自己走在冰湖之上，竟同冰下的人说话，不觉赫然惊醒。

有占卜人解释这个梦认为，能站在冰上和冰下的人说话，这象征着做梦者在调和阴阳，调和阴阳就是做媒介，寓意将会给别人做媒。但这媒很不容易做，要用做梦者的热情把冰融化了，男女双方才能成婚。

就这样，"冰人"做媒一事便不胫而走。此后，"冰人"便成了"媒人"的别称，给人做媒也叫"作冰"。

媒人在婚姻的缔结过程中起着重要的作用，成就了一段段良缘。因此，在媒人行业几千年的发展史中，不乏许多著名的媒人传说，他们的故事在后世广为流传。

比如蹇修和红娘，据说蹇修是古代的贤媒，很善于为人做媒。语出屈原《离骚》：

吾令丰隆乘云兮，求宓妃之所在；
解佩纕以结言兮，吾令蹇修以为理。

王逸《楚辞章句》注说："蹇修，伏羲之臣也。理，分理也，述礼意也。使古贤蹇修而为媒理也。"由此，后人将媒人称"蹇修"。

红娘原为唐代文人元稹传奇小说《莺莺传》中的一个人物，她是崔莺莺的婢女。在张生与莺莺产生爱慕之情以后，张生曾向红娘倾诉衷肠，得到了她的同情。红娘给张生出主意，要他以情诗打动莺莺，莺莺果然以诗相和。

起初莺莺还难以从礼教的束缚中彻底摆脱出来，表现得十分犹豫动摇。在红娘的帮助下，莺莺毅然投入张生的怀抱，与之私下结合。

崔莺莺靠着红娘的帮助得到勇气，张生则在红娘那里得到智慧，而老夫人却因红娘的机智不得不退却让步。红娘成为促成崔莺莺与张生婚姻的关键性人物。此后，"红娘"遂成为帮助人结成美满婚姻的"媒人"的代称。

民间传说中的另一位婚姻神是氤氲大使。宋代陶毂笔记小说《清异录》中记录了一个氤氲大使的故事。

有一个叫朱起的青年暗暗地爱上了一个叫宠之的女子，然而两个人要相爱，却障碍重重，朱起因此郁郁寡欢，神思恍惚。一天他送来访的朋友，直送到了郊外，和朋友分手后便独自一人回家。

朱起在路上遇到一个身着青巾短袍、挑着药篮的道长。道长对他看了又看，走近他身旁，对他说

《楚辞章句》

《楚辞》的注本，东汉王逸注。《楚辞》为西汉刘向所辑，原为16卷，王逸增入己作《九思》一卷，改编为17卷。书中对《楚辞》各篇作了文字注解，记述了各篇的创作由来和作者经历。是《楚辞》最早的完整注本。

■ 红娘蜡像

道：“郎君亏得遇我贫道，否则危矣。”

朱起听他这样一说，不禁吃了一惊，即刻下马作揖，问个究竟。道人说：“你有心事，请跟我直说，我可以给你解难。”

朱起便把他和宠之的事告诉了道长，那道长叹道：“世上的男女姻缘，都由缫绻司总揽，那儿的长官叫氤氲大使。有缘分的男女，要下了鸳鸯牒才会成功。我把你的事跟他说去。”

分手时，青巾道长从篮子里取出一把扇子，对朱起说：“这把扇子叫坤灵扇，你去探望宠之时，只要以扇遮面，人家就看不见你了。自此以后，你们七日可得一见，十五年而止。”

朱起回去后，试用道长教他的方法，果然灵验，从此和宠之相会，来去无阻。15年后，宠之病逝。

这个故事传播以后，人们对氤氲大使的膜拜就更虔诚了。氤氲大使似乎比月老更近人情，月老系定的“结婚结”不容更改，氤氲大使却还容人说情，似乎显得更富同情心。

阅读链接

仡佬族在姑娘出嫁吉日，新郎家派两个后生和媒人一起来新娘家接亲，这时，女家的长辈、兄弟、姐妹和亲戚便异口同声大骂媒人，俗称“骂亲”，骂媒人既提高了新娘的身份，据说还吉利，所以当母亲的便把媒人骂得狗血淋头。此时的媒人只好作哑装聋，任由对方骂个痛快。

骂媒是哭嫁中必不可少的节目，也是最具反抗色彩的哭嫁歌词。古代妇女无婚姻自由可言，平时对于自己的终身大事几乎不能置一词，全由媒人和父母摆布；因此，这登花轿之前的“骂媒”，便是难得的发泄机会。这早已反映在戏曲和民间说唱等艺术之中。

媒人中的官媒私媒之分

我国古代的媒人有官媒和私媒之分。官媒古称"媒官""媒氏"等，从国家领取一定的俸禄，执行公务。官媒制度早在周代就已出现，据《周礼·地官·媒氏》记载：

> 媒氏掌万民之判，凡男女自成名以上，皆书年、月、日、名焉，令男三十而娶，女二十而嫁……仲春之月，令会

■ 古代婚礼雕刻

■ 婚礼上的媒婆蜡像

男女，于是时也，奔者不禁，若无故而不用令者，罚之。司男女之无夫家者而会之。凡嫁子娶妻，入币纯帛无过五两。禁迁葬者嫁殇者。凡男女之阴讼，听之于胜国之社，其附刑者，归之于土。

孟元老 生卒年代不详，号幽兰居士，开封市人。宋代文学家。据《宋会要辑稿》及苏辙等人著作，可知他是北宋保和殿大学士孟昌龄的族人孟钺，曾任开封府仪曹，于南宋1147年撰成《东京梦华录》，自作序。该书在我国文学史上有一定的影响。

从中可以得知媒婆的具体职责，一是记录新生婴儿的出生年月和姓名；二是通令成年男女要按时结婚，不可逾期；三是每年二月农忙之前，督促青年适龄男女及时结婚，在这个时候，婚礼不齐备的也可以结婚。

还有就是要监督婚礼中的财务开支并主管婚姻诉讼案，惩罚那些违法者。这是我国历史上有关官媒制度的最早和最完备的记载。《管子·入国篇》中这样描述春秋战国时代的官媒：

凡国皆有掌媒。丈夫无妻曰鳏，妇人无夫曰寡。取鳏寡
而合和之，予田宅而家室之，此之谓合独。

可见当时的官媒，除了为年轻人安排嫁娶，还要帮助鳏夫寡妇重
新组织家庭，并整合他们的财产。自秦至清，官媒的权力一直很大。

西周、春秋时期，政府重视婚姻中媒人的作用，并为此而设置专
门的机构掌管其事，媒人便被赋予了代表官方意志、执行婚姻制度的
角色价值。官媒发展到宋代，有了等级的划分。

据孟元老《东京梦华录》载：

其媒人有数等，上等戴盖头，着紫褙子，说官亲官院恩
泽，中等戴冠子，黄包髻褙子，或只系裙手，把青凉伞，皆
两人同行。

这种分级不仅反映在说媒的对象上，还反映在穿着服饰、人数等

媒人蜡像

淳朴浓郁的民风根源

■ 古代婚房

方面。有专门的服务对象，并以特有的服饰做等级之标志，这是媒人高度职业化的最明显特征。据《宋史》记载：

衙门 旧时称官署为衙门。其实衙门是由"牙门"转化而来的。衙门的别称是"六扇门"。猛兽的利牙，古时常用来象征武力。"牙门"系古代军事用语，是军旅营门的别称，营中还出现了旗杆端饰有兽牙、边缘剪裁成齿形的牙旗。于是，营门也被形象地称作"牙门"。

> 应婚嫁者委主婚宗室，择三代有任州县官或殿直以上者，列姓名、家世、州里、岁数奏上，宗正司验实召保，付内侍省宣系，听期而行。嫁女则令其婿召保。

这里的保，就是媒保，即专门为宗室婚姻服务的宫廷职业官媒。宋代媒人高度职业化与其时商品经济的发展和社会风气的转变有关。

宋代是我国社会经济文化发展的重要历史时期，城市的迅猛发展、商品经济的高度繁荣，使新兴的市民阶层地位日益上升。市民阶层浓厚的金钱意识渗透到了包括婚丧嫁娶在内的社会生活的各个领域。

宋代缔结婚姻更加注重对方的财产。但最终要使两家达成协议，就需媒人从中斡旋说合，这就使媒人的地位和作用进一步突出，成为其走向高度职业化的一个催化剂。

到了元明清时期，官媒则是指在衙门中登记认可的媒婆，其身份同衙役一样，主要是管女犯人的婚配；或者是婚姻发生纠纷，在堂上发落婚配，找官媒解决，等等。元《典章》中载："媒妁由地方长老，保送信实妇人，充官为籍。"

官媒除了完成官府交代的婚配事务外，同时还为本地私人的婚嫁做婚姻中介。

如元代关汉卿的杂剧《玉镜台》中，一官媒婆说："自家是个官媒，温学士着我去老夫人家说知，选吉日良辰，娶小姐过门。"这是温峤利用官媒为自己择妻。

《玉镜台》 全名《温太真玉镜台》，元代关汉卿作。写温峤以玉镜台为聘物骗娶表妹刘倩英，婚后夫妻不和，经人调解终于和好。全剧共四折。现存版本有：明脉望馆藏《古名家杂剧》本、《元曲选》甲集本、《柳枝集》本、《元曲大观》本、《元人杂剧全集》本。

■ 抬新娘的轿夫（泥塑）

■ 婚庆乐队

俸禄 我国古代朝廷按规定给予各级官吏的报酬，主要形式有土地、实物、钱币等。我国古代俸禄制度的发展可分为三个时期。商周时期因官职同爵位相一致，并且世代相袭，俸禄实际上是封地内的经济收入。即俸禄表现为土地形式。春秋末期至唐初主要以实物作为官吏的俸禄。唐初以后，主要以金银钱币作为官吏的俸禄。

再如《清会典·事例》852条载："斩绞监候妇女，秋审解勘经过地方，俱派拨官媒伴送。"

我国古代的私媒是为民间婚姻缔结服务的人员，其不在政府登记造册，不领取国家的俸禄。私媒的起源比官媒早，早在父系氏族时代就存在。

私媒可分为两类，即职业媒人和非职业媒人。以说媒为生的职业媒人，其说合婚姻之目的，主要是为了谋取一定的财物，是属于"又吃又喝又拿"的那种私媒。如在《警世通言》第十三卷《三现身包龙图断冤》中描写道：

押司娘和迎儿在家作地，只见两个妇女，吃的面红颊赤，上手的提着一瓶酒，下手的把着两朵通草花掀开布帘入来道："这里便是。"押司娘打一看时，却是两个媒人，无非是姓张姓李。

媒人吃得"面红颊赤"，可见是刚从某家吃酒回来，另外两位媒婆手里还提着东西，显然也是有求于她们的人家所送。这段文字所描述的两个媒婆应该是专职媒婆，她们既吃且拿，收入颇丰。

非职业媒人，是有其他糊口的职业，兼为他人说媒，另挣一些说媒礼金的人。这类人在明清小说中很常见，如《醒世恒言》第十四卷《闹樊楼多情周胜仙》中的王婆，就是这种类型的媒婆。书中这样介绍她：

> 王婆唤做王百会与人收生，做针线，做媒人，又会与人看脉。

王婆既替人接生又帮别人做针线，同时还会治病，这样，她就有很多机会接近各家的女眷，接生这

《警世通言》
白话短篇小说集。明末冯梦龙纂辑。始刊于1624年。其题材或来自民间传说，或来自史传和唐宋小说。有些是宋元旧作，有些是明人拟作，故事产生的时代包括宋、元、明三代。与《喻世明言》《醒世恒言》一起合称《三言》，是我国最重要的古代白话短篇小说集之一。

■ 迎亲队伍（泥塑）

一职业也使她知道各家小孩的生辰，也便于她做媒，王婆是私媒中一个最具代表性的典型。

在非职业媒人中，除了收取一定数量礼金的兼职媒人外，还有一些完全是为了成人之美而不计报酬的临时媒人。此类人员品类复杂，包括上自帝王，下到山野草民的各色人等都可能充当。

媒人可以是帝王，如"绍兴间，黄公度榜第三人陈修"，由于解试赋对得好，"高宗亲书此联于幅纸，粘之殿壁。及唱名"，又闻陈修73岁尚未婚娶，所以"乃诏出内人施氏嫁之。年30。资奁甚厚"。

媒人也可以是官吏，如"杜祁公少时客济源，有县令者能相人，厚遇之"。在祁公的妻子死后，县令便为其临时做媒，"相里女子当作国夫人矣"。

老师同样也可以充当媒人的角色，而且古代老师做媒的事较为普遍。老师对学生的兴趣、爱好、特长、脾气最为了解，做起媒来更有的放矢，而深得学生信赖，成功率较高。

阅读链接

元人尚仲贤所写的杂剧《海神庙王魁负桂英》中，将海神和婚姻爱情联系到了一起。

《海神庙王魁负桂英》取材于宋代民间传说，说桂英深爱书生王魁，资助他安心读书，进京赴考，但王魁得中状元以后，贪图荣华富贵，终将桂英抛弃而另攀高门。王魁进京赶考前，曾和桂英双双到海神庙赌誓，后来王魁变心，桂英满腔悲愤，自杀前又到海神庙中，向海神控诉王魁的薄情负心。显然，民间曾将海神看作一个能对婚姻爱情做出公正裁决的神。

民间婚礼中的膜拜神

民间婚礼中有许多的膜拜神，如天君、地司、和合二仙、轿神、灶神、床神等。按我国传统习俗，行婚嫁大礼时定要膜拜天君、地司。

天的高不可攀和无所不包，地的无比深厚和无处不在，给人们留下了极其深刻的印象。

春去冬来，花开花落，人世间的男男女女来了又走，走了又来，更迭了一辈又一辈，然而，天地却永无止日，永不衰老。难怪痴情男女总要将自己的爱情以"地老天荒"为誓言。

婚庆拜天地仪式

天主宰日月星辰在天上运行，昼夜阴暗按序更替，风暴雷电从天而降，天似乎掌握着世间的一切运动变化，神秘莫测。

高山大海由大地负载，草木五谷由大地萌发，飞禽走兽由大地抚育。凡此种种，都使人感受到天地的无比威力，人们敬仰它，且被它慑服。

人类社会早期，人们无法解释大自然的种种奥秘，便将对人类自身的粗浅认识转化成了对自然的认识，这样便产生了一个人格化的天和一个人格化的地。人格化的进一步发展，就创造出了一个在天堂里主宰着天上和人间一切事务的至高无上的神，即天公和一个主宰着地上祸福的神地母。天君、地司，就是民间对天公、地母的称呼。

婚礼中对天君、地司的膜拜，具有多重意义：

一是希望婚姻爱情像天地一样的永恒不变。

二是请天地作婚姻的见证，表示婚姻大事的庄重严肃。

三是认为天地能洞悉人间一切，能赏善罚恶，向天地膜拜，是请

古代迎亲队伍

■ 古代婚礼拜天地
仪式

天地来检查，如谁背叛了这婚姻，就让天地来惩处，表达了对婚姻爱情的忠贞不贰。

天地是我国民间婚礼中必不可少的膜拜对象，因此"拜天地"也就常被用作了婚礼的代称。

在苏南地区，特别是苏州人举行婚礼时，喜堂正面的墙上一定要悬挂和合二仙的画像。和合二仙的形象是两个胖乎乎的男孩，蓬头笑面，一个手持荷花，一个捧着圆盒。

苏州人认定，和合二仙就是枫桥寒山寺的寒山、拾得二僧。民间传说他俩原居北方偏远乡村，虽为异姓，却亲如兄弟。后来，寒山与拾得同时爱上了一个女子，却相互并不知晓，待到临近婚期才真相大白。

在这种情况下，善良的寒山便弃家出走，来到苏州枫桥镇，削发为僧，结庵修行。

拾得知寒山良苦用心，便也舍下恋人，到处寻觅

天公 据我国古代《神册》记载，天公乃是道家始祖，天庭五祖之一，主掌自然万道的自然之尊，已知自然之至尊之一。我国古代一些地方拜天公仪式，比大年除夕迎新春、接财神更热闹，更隆重，祭拜仪式过后，大家吃一顿丰富的年餐，以示团圆、吉祥。

古代婚礼厅

神龛 放置道教神仙塑像和祖宗灵牌的小阁。神龛的大小规格不一，依祠庙厅堂宽狭和神的多少而定。大的神龛均有底座，上置龛，敞开式。祖宗龛无垂帘，有龛门，神佛龛座位不分台阶，依神佛主次，作前中后，左中右设位。祖宗龛多为竖长方形，神佛龛为横长方形。

寒山，后来听说寒山在苏州枫桥，便也到了枫桥镇。他折了一枝盛开的荷花前去会面。

寒山见拾得到来，兴奋不已，连手里捧着盛放斋饭的圆盒也来不及放下，就迎了出去。两人相见，不禁大喜，相向而舞。拾得于是也入了空门，当了僧人。

在寒山寺里还一直保存着一块青石碑，上面刻着他俩的画像和名字。老百姓称之为"荷盒二仙"。

"和、合"实为"荷、盒"谐音，苏州人将他们视为夫妻和合之神，作为婚礼时膜拜的对象。苏州人结婚，一定要拜天地与"和合"。拜天地以示庄重，拜"和合"祈求夫妻情感笃厚，和谐好合。

过去迎娶多用轿，新娘要坐了轿，就开始了一种全新的生活，夫家则将由花轿迎来一名新的家庭成员，嫁娶人家就有了祭祀轿神之举。古时候的婚姻让大家心中都充满了对未来莫名的紧张和恐慌，这种紧张和恐惧很自然地就转换成了对各种神灵的祭祀和膜拜，对轿神的祭祀便是其中之一。

灶神，又叫"灶君""灶王"。过去烧饭、煮菜多用灶，一般人家的灶头上边、烟道前面，都有一个小小的神龛，神龛里就供着灶神的神位。灶神在汉代以前，曾和火神混而为一。

灶最根本的功能是以火煮食。人类利用火来烧煮食物之初，恐怕并无专门的灶具，因此灶和火的概念是很难分清的。据古书记载，灶神原是女性，从中似乎可以窥见母系氏族的影子，也说明灶神信仰是十分古老的习俗。到了汉代以后，灶神的职能已经从掌饮食，演变为主祸福了。

传说，灶神每年都要上天向玉皇大帝汇报所在人家的善恶，玉帝就根据灶神的汇报，对每

石碑 石刻的一种。把功绩勒于石上，以传后世的一种石刻。一般以文字为其主要部分，上有螭首，下有龟趺。石碑作为纪念物或标记的竖石。多镌刻文字，意在垂之久远。我国石碑遗物中有名的，有汉碑"孔庙碑"，六朝时的"梁忠武王碑"等。

405

演化形式

婚姻礼俗

■ 古代婚床

个家庭进行奖惩。因此，对这样一位事实上掌管着一家祸福的灶神，人们当然不敢掉以轻心。迎娶新人，请喝喜酒，当然不会忘掉他。对他进行祭祀，也无非是希望他能对新婚夫妇多多关照，消祸降福。

喜床是婚后睡眠和过夫妻生活的重要所在，事实上古人也知道性生活的和谐与否，常常直接关系到婚后夫妻感情和家庭的安宁，因此传统婚礼中有祭祀床神的习俗。据说，床神有两位，即床公、床婆。

俗有所谓"男茶女酒"之说，以为床公喜茶，床婆好酒，所以祭祀时要供上茶酒果饼。人们认为，祭祀了床神，床笫之私就能安泰快乐，婚姻久长，当然也可高枕无忧了。

过去的婚姻嫁娶制度，难免会使人有许多的忧虑，现实的担忧和期望，民间婚礼中对各种神的膜拜，使这种古老的习俗得以延续。

阅读链接

相传朱元璋小的时候，家里很穷。一天，朱元璋的母亲正在做饭，突然有一只喜鹊闯进来，叫道："朱家天下万万年！朱家天下万万年！"朱母生气道："什么万万年，不要开我们的玩笑。我看哪，有个276年就不错了。"朱母一边说，一边生气地用勺子敲打灶台，以赶走喜鹊。

这时，被朱母敲得鼻青脸肿的灶神现身了。他无奈地对朱母说："朱老妈呀，老天爷让你们朱家天下万万年就是万万年了嘛，你干吗还生气呀？现在好了，你说276年就只有276年啦。"

后来，明王朝果然只存在了276年。

六礼制度下的明媒正娶

在盘古开天辟地之后，人皇氏成为最早的帝王之一，也就是从人皇氏时开始，规定了夫妇之道。

至伏羲氏时代，原始的畜牧业迅速发展，人们和睦相处，一片太平景象，但是最让伏羲伤脑筋的是在当时出生的婴儿中，经常会有畸形的怪异现象出现。后来经过长时间的观察，伏羲惊讶地发现，这与当时存在的男女群婚、乱婚有关。

为了避免这种现象发生，提升族人生存力量，伏羲制定了男女对偶制度——"制嫁娶"。他定姓氏，以防止乱婚和近婚，实现了中华民族从愚昧走向文明的跨

俪皮

淳朴浓郁的民风根源

俪皮 成对的鹿皮。古代用为聘问、酬谢或订婚的礼物。作为礼物的鹿皮一定要赠送两张。两是偶数之始，象征好事成双，所以夫妇又称"伉俪"。以俪皮作为订婚时必备的礼物，这种习俗被长期保存了下来，从"二十四史"来看，最晚在《新唐书·礼乐志》中还有记载。

越。同时，伏羲还规定"以俪皮为礼"，并逐渐形成了嫁娶风俗，使得嫁娶成为一件重大而有意义的事情。

后来，嫁娶制度进一步发展和完善，逐渐形成了"六礼之仪"。正如唐代史学家杜佑所说：

五帝驭时，娶妻必告父母；夏时亲迎于庭；殷时亲迎于堂；周制，限男女三年，订婚时，六礼之仪始备。

婚嫁是人生的一件大事，也是人生中的喜庆之事，自古以来对整个婚嫁过程中的礼仪，尤其是男女合婚极为看重，认为稍有疏忽就会影响到人生乃至宗族的发达昌盛。所以，在婚嫁的过程中，言论和行动都具有浓厚的择吉取向。

"六礼"是我国古代婚姻仪礼，是从议婚到完婚的手续与过程，也是婚礼前最重要的一部分礼仪。儒家经典《仪礼·士婚礼》中记载的"六礼"内容是：

■ 提亲用的礼箱

请媒提亲谓之纳采。询问女方名字及出生年月谓之问名，俗称讨八字。男方将占卜的吉兆告诉女方家谓之纳吉。

　　婚约成立，正式送聘礼谓之纳征。男方择定婚期，通知女家求其同意，谓之请期。新郎亲自迎娶谓之亲迎。六礼多行于贵族，民间则从简。

■ 古代纳采礼品

　　古代婚姻的娶亲程式的六种礼节在周代时即已确立，以后各代嫁娶的名目和内容虽然都有所更动，但是基本上都沿袭了周礼。至清代末期，六礼演变纷繁，也就逐渐衰落了，但是对后世的新婚礼仪式有很大的影响。

　　纳采为六礼之首礼。男方欲与女方结亲，请媒妁往女方提亲，得到应允后，再请媒妁正式向女家纳"采择之礼"。古纳采的礼物只用雁。纳采是全部婚姻程序的开始。后世纳采仪式基本循周制，而礼物另有规定。清代的纳采多为订婚礼，与历代不同。

　　后世纳采的礼物都有象征意义。民俗中将这些具有象征意义的礼品分为四大类。

　　第一类表示吉祥，像以羊代"祥"，以鹿代"禄"；第二类是夫妻好合的祝吉物，如胶漆的和谐，凤凰的合俪，鸳鸯的和鸣；第三类象征以男性为主的夫妇关系，如以雁候阴阳喻妻从夫，以蒲苇喻妇女的柔顺，以附生于山顶、屈从成性的卷柏喻妇女的

　　八字 其实是《周易》术语"四柱"的另一种说法。四柱是指人出生的时间，即年、月、日、时，并用天干和地支有机相配而成，如甲子年、丙申月、辛丑日、壬寅时等，包含了一个人出生时的基本信息。每柱两字，四柱共八字，所以算命又称"测八字"。

服从；第四类是表示一般德行的，如舍利兽廉而谦，受福兽体恭心慈，乌鸦反哺的孝顺，等等。

问名是"六礼"中第二礼，即男方遣媒人到女家询问女方姓名，生辰八字。取回庚帖后进行占卜，看是否合八字。问名之后，男女家双方要交换"草帖子"，也就是互相通告各自的情况。

问名也携礼物，古礼也用雁，大概纳采、问名是一次进行的，后世的纳采、问名就是这样的。

男女两家收到八字以后，都要请算命先生来"批八字"，看看男女当事人的相性如何，如果相性好婚事就继续进行，不好就免谈。假如一切都很顺利，这门婚事才能进入正题，也就是开始谈论聘金和嫁妆。

■ 民间婚礼饰物

关于婚龄，民间有一些俗规禁忌。男女年龄是不能超过正常婚龄太多的，假如婚龄超过太多，就会有嫌疑了。此外，还有生肖方面的禁忌，古人阴阳等信仰观念极重，有五行相生相克之说，又有属相相合相冲之说。一事不合，婚事便没有成功的希望。

纳吉是"六礼"中的第三礼，是男方问名、合八字后，将卜婚的吉兆通知女方，并送礼表示要订婚的礼仪，古时，纳吉也要行奠雁礼。

在行纳吉礼时，定聘的定金必须是偶数，外边包

属相 又叫"生肖"。是我国和东亚地区的一些民族用十二地支与十二种动物相配合来记人出生年份，如卯年出生则属兔。属相的一轮周期为12年。属相广泛流行于亚洲各民族和东欧、北非的某些国家之中。

上红纸，俗称"红包""喜钱"或"定钱"。定礼也都要成双成对，忌讳单数。

礼单、礼帖，上边的字数也要成偶数，忌单数。如"一头猪"要写成"全猪成头""一盘菜"要写成"喜菜成盘"，等等。这些都是为取意"双双对对，万年富贵"，以象征新婚夫妻婚姻是美满的。在定聘时，忌讳说"重"字和"再"字，总之忌单喜双。讳"重"讳"再"的禁忌习俗，都是表达对美好姻缘的愿望。

纳征也叫"纳成""纳币"，是"六礼"中的第四礼，就是男方向女方送聘礼。男方是在纳吉得知女方允婚后才可行纳征礼的，行纳征礼不用雁，是"六礼"唯一不用雁的礼仪，可见古人仪礼之分明。

嫁妆　妇女在结婚时带到她丈夫家里的钱、物。亦称"陪妆""妆奁"。发送后，女方即准备嫁妆，某些大户人家当女儿出生时还特地酿酒，装入酒埕，埋在灶口地坑，称"女儿红"，待出嫁日，让亲友分享。嫁妆贵贱悬殊，厚薄不一。

演化形式

婚姻礼俗

■ 抬聘礼（泥塑）

淳朴浓郁的民风根源

■ 女方婚庆准备的被子

红笺 唐代又名"浣花笺""松花笺""减样笺""薛涛笺"等，汉族传统手工艺品，多用以题写诗词或作名片等。这种红色小笺曾被唐代女诗人薛涛用以写诗，因而名著于文坛。薛涛笺在我国制笺发展史上，占有重要地位，后历代均有仿制。

历代纳征的礼物各有定制，民间多用首饰、细帛等项为女行聘，谓之纳币，后演变为财礼。

旧时，纳征之礼非常隆重，男方往往借此机会荣耀门庭。盛大的纳征礼通常备有礼单，礼品装入箱笼，或挑或抬，走街串巷，燃放鞭炮，吹奏鼓乐，在媒人、押礼人的护送下送至女家。

聘礼中各样物品要取吉祥名称，数目也要忌单喜双。中原一带的习俗中，女方收聘礼时，不留公鸡，并配回一只母鸡。母鸡要活的，而且忌白色的。回礼之后，还发送陪嫁的嫁妆。

嫁妆中的被子，禁忌农历九月里做，喜在十月里做。俗语说："等十月，忌九月。"因为"十月套被十相出，希望连生十子，九月套被九女星，恐怕连生九女"。而且套被子时忌用白线，喜用红线。缝制者忌寡妇或儿女不全的人参与，以图吉祥。

请期又称"告期"，俗称"选日子"，是"六礼"中的第五礼，是男家派人到女家去通知成亲迎娶的日期。请期仪式历代相同，即男家派使者去女家请期，送礼，然后致辞，说明所定婚期，女父表示接受，最后使者返回复命。

清代的请期多称"通信"，即男家用红笺，将过礼日、迎娶日等有关事项一一写明，由媒人或亲自送到女家，并与女家商议婚礼事宜。

婚姻大事，嫁娶的日子是最关键的，一定要择吉避凶。一般要占卜择定合婚的吉日良辰，以及合适的迎亲、送亲之人。民间安排年份是放在无甚特殊情形的正常年份办喜事，日子一般选双月双日，但是，嫁娶月份日期不能与男女双方的属相犯冲，迎亲、送亲的人也不能犯属相的忌讳。

过去的"请"，其实是一种谦辞，含有"不敢自专"的意思，因为事实上都是男方决定好时间后再通知女家，故"请期实告婚期也，必先礼请以示谦"。

鞭炮 已有2000多年的历史。最早称为"爆竹"，是指燃竹而爆，因竹子焚烧发出噼噼啪啪的响声，故称"爆竹"。鞭炮最开始主要用于驱魔避邪，而在现代，在传统节日、婚礼喜庆、各类庆典、庙会活动等场合几乎都会燃放鞭炮，特别是在春节期间，鞭炮的使用量超过全年用量的一半。

演化形式

婚姻礼俗

■ 古代女子嫁妆

■ 测算吉日的风水师

在后来的实践中也有名副其实的"请"，因为许多人笃信"坐床"之喜，希望新婚之夕便能让妻子怀孕，所以要避开女子的"例假日"，这就需要通过"请"的方式来征求意见。此外，也有男女双方同时找人选择嫁娶时间的，那就更有必要以"请"的谦和来协调了。

请期的依据是"择吉"。古人既然认为婚姻关系的确立乃"天作之合"，所以结婚的日期与时辰也应该顺应天时才会有好结果。

先秦、秦汉时期，选择"吉日良辰"的办法以占卜为主，卜者通过观察卜骨上的裂纹决定吉日，如《史记·龟策列传》中记载：

横吉榆仰首俯……可居家室，以娶妻嫁女。

汉武帝 （前156—前87），刘彻，幼名刘彘。汉景帝刘启的第十个儿子。汉朝第五代皇帝。我国历史上著名的政治家、战略家。他凭借雄才大略、文治武功，使汉朝成为当时世界上最强大的国家，赢得了一个国家前所未有的尊严。

后来阴阳家、风水家、星相家等各路"专家"都为人娶妻择吉日。如汉武帝就曾经亲自出面为人择吉日。

有一次，汉武帝召集大家，问："某日可娶妇乎？"结果，五行家说可，堪舆家说不可，建除家说不吉，从辰家说大凶，历家说小凶，天人家说小吉，太乙家说大吉，大家相互辩驳问难，展开争论。最终由汉武帝出面裁决，"避诸死忌，以五行为主"。

从那时起，五行占卜便成了选择嫁娶吉日的主要办法，再往后又杂采诸家，逐渐演绎成一整套庞杂的婚姻择吉体系。

嫁娶吉日选择的主要依据之一，是看所谓"神煞"的当值秩序。人们常在老皇历上看到"是日月破，大事不宜""是日古星天德"等字样，这里的"月破""天德"，就是当值神煞的名称。

神煞有吉神凶神之分，嫁娶时间之年月日辰是宜

五行 我国古代的一种物质观，多用于哲学、中医学和占卜方面。五行指：金、木、水、火、土，认为大自然都是由着五行构成的，随着五行的兴衰，大自然发生变化，从而使宇宙万物循环，影响人的命运，这是由于我国古代对于世界的认识不足而造成的。如果说阴阳是一种古代的对立统一学说，则五行可以说是一种原始的普通系统论。

■ 挑选皇历日期的人偶

■ 古代婚床

淳朴浓郁的民风根源

张华（232—300），字茂先，范阳方城人，我国西晋时期政治家、文学家，官至司空，封壮武郡公。张华爱好奖掖人才，博学多能，博物洽闻，世无与比。代表作品有《鹪鹩赋》《博物志》，以及《情诗》五首。

是忌，首先就要确认这个时间是哪一尊"神煞"在哪一个方位当值，然后做出趋吉避凶的安排。比如"岁德"是年神中的吉神，所理之地，万福并集，自然是办婚事的好年头，倘若凶神"太岁"驾临，那就必须回避了。

过去还有结婚忌"当梁年"的习俗，古人以子、午、卯、酉为"当梁年"，以为该年不宜结婚。晋代张华的《感婚赋》说："彼婚姻之俗忌兮，恶当梁之在斯。"说的正是这种习俗。至于其中的缘故，就很难搞清楚了。

也有很多人赶在"兔年"的下半年结婚，希望在"龙年"生"龙子"，于是兔年便成了嫁娶的吉年。

择年之后，还要择月、择日、择时，所依准则与择年相似。如"月德""月德合"等都是百福并集的值月吉神，最宜嫁娶，而"月建"是吉凶诸神的主帅，忌婚姻等。

按照明代问世的命书经典《增补诸家选择万全玉匣记》中的讲法，嫁娶最宜"天德""月德""天赦""天喜""三合""六合"等各尊吉神在位的时间，则年、月、日、时无一不吉。相反，如逢"月破""平日""劫煞""厌对""大时""天吏""四废""五墓""往亡""八专"等神煞在位的时间，则年、月、日、时无一不凶，绝对不可办喜事。

后来，人们把这些一般人不易弄清的"理论"简易化，发明了皇历，每一天都有宜嫁娶还是忌嫁娶的说明，人们就只需"照老皇历办事"就行了。

除阴阳化生、神煞轮值外，民间还有许多选择吉日良辰的传统习俗和趋避观念。如《周礼》引《夏小正》说："二月，冠子嫁女之时。"以为春天是合适

天赦 四柱神煞之一。天赦是颗逢凶化吉之星，能解人灾祸，尤其对犯法之人，有宽大处理之可能。古人为了避免人生中的某些危害，常常在天赦日择吉时，到当地大型庙宇拜神祈祷消灾化煞，减一切业障罪孽，祈祷降福降寿。

■ 传统婚礼洞房

■ 迎亲花轿（泥塑）

《白虎通》又称《白虎通义》《白虎通德论》。东汉章帝在79年召开白虎观会议，"讲议五经异同"，意图弥合今、古文经学异同。会议的成果由班固写成《白虎通义》一书，简称《白虎通》。此书不仅是经学发展中之产物，更是当时上自天子、下逮儒生之学术共识，具有保存当时经学样貌之典范价值。

嫁娶的季节。

对此，东汉经学会议资料汇编《白虎通·嫁娶》有解释：春天是阴阳交接、万物生发的时令，男女配婚就是阴阳交接，所以春天结婚乃是顺应天时之举。

也有认为秋天嫁娶更合适的，如《诗经·卫风·氓》说："匪我愆期，子无良媒，将子无怒，秋以为期。"大意是说：不是我失约，是你没有请到好的媒人，你可别生气，秋天才是我们的婚期。

农村的人更喜欢在岁终时娶媳妇，一方面是迎娶前需要过大礼，农民们只有等到秋收以后才具备这个财力，到了冬闲时才有操办结婚大事的时间；另一方面，据说灶王爷每年腊月二十四上天述职，要到除夕才回来。在这一段时间里，没有鬼神侦伺罪过，所以能"百无禁忌"地热闹一番。谚语说"不管有钱没钱，娶个媳妇过年"，正是这种观念的反映。

接下来就是布置婚房了。婚房布置在古代礼节中称为"铺房"，亲迎前一日，女家派人至新房收拾，并备礼前来暖房。

既为洞房，风水非常重要。古人认为，不懂风水仅凭自己喜欢，容易给以后的婚姻生活造成一定的危害。所以婚房最好选择在光线明朗，空气流通的地方。洞房颜色不要五光十色，这样做容易发生婚外情。洞房的窗台勿挂风铃，容易使新娘神经衰弱、头晕心烦。洞房不可跨在屋内外之横墙下，夫妻易发生口角。

安新床时要把床置放正位，不要与桌子衣橱或任何物件的尖角相对。也需放置一些吉利好兆头的物品在床上，例如百合、红枣、莲子，意喻"百年好合""早生贵子"等。

腊月 农历十二月为"腊月"，古时候也称"蜡月"。这种称谓与自然季候并没太多的关系，而主要是以岁时之祭祀有关。所谓"腊"，本为岁终的祭名。不论是打猎后以禽兽祭祖，还是因新旧之交而祀神灵，反正都是要搞祭祀活动，所以腊月是个"祭祀之月"。

演化形式

婚姻礼俗

■ 新郎迎亲（泥塑）

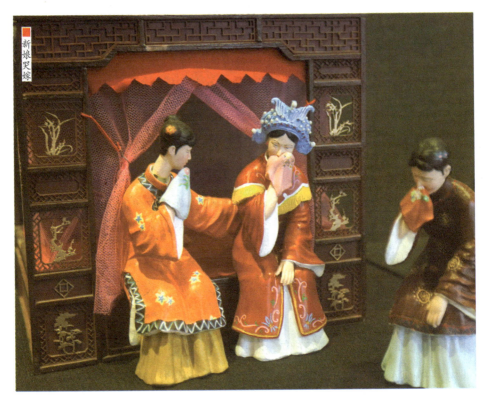

新娘哭嫁

淳朴浓郁的民风根源

　　亲迎又称"迎亲"，是"六礼"中的第六礼，是新郎亲往女家迎娶新娘的礼仪，也是婚礼中最为繁缛隆重的礼仪。

　　亲迎礼始于周代，女王成婚时也曾亲迎于渭水。此礼历代沿袭，为婚礼的开端。

　　亲迎礼历来形式多样。至清代，新郎亲迎，披红戴花，或乘马，或坐轿到女家，傧相引拜其岳父母以及诸亲。岳家为加双花披红作交文，御轮三周，先归。新娘由其兄长等用锦衾裹抱至轿内，轿起，女家亲属数人伴送，称"送亲"，新郎则在家迎候。

　　在迎亲这天，男女两家都要杀猪宰鸡，准备喜宴，还要请好厨师、傧相、伴娘、轿夫、账房、师爷及其他帮着办事的勤杂人员。这些人应聘后，应在迎娶的前一天即到主人家开始工作，做好迎亲摆宴的准备工作。

　　传统婚礼是女家早晨摆"出嫁酒"，男家中午摆喜筵，如果是纳婿则反之。一切准备就绪，男家鸣炮奏乐，发轿迎亲。媒人先到，接着新郎、伴娘、花轿、乐队、礼盒队陆续到达。

女家在花轿到来之前，要准备好喜筵。姑娘要由母亲或姐姐梳好头，用丝线绞去脸上的绒毛，谓之"开脸"，化完妆后，饰上凤冠霞帔，蒙上红布盖头，等待迎亲的花轿。

花轿一到，女家奏乐鸣炮相迎。迎亲队伍进入女家堂屋后，花轿落好，新郎叩拜岳父岳母，并呈上以其父名义写好的大红迎亲简帖。接着是女家奏乐开筵。席间，媒人和新郎要小心谨慎。

在我国民间，婚礼早宴有不少不成文的习俗。在新婚的3天里，亲戚朋友中的晚辈青少年可以别出心裁地在媒人和新郎身上编演几出小小的闹剧，称之为"洗媒"和"挂红"。新娘的嫂子说不定会在盛给新

凤冠霞帔 指旧时富家女子出嫁时的装束，也指古代贵族女子和受朝廷诰封的命妇的装束。凤冠是古代贵族妇女所戴的礼冠。明清时一般女子盛饰所用彩冠也叫凤冠，多用于婚礼时。霞帔是我国古代妇女礼服的一部分，类似现代披肩。是宋以来贵妇的命服，式样纹饰随品级高低而有区别，类似百官的补服。

421

■ 新郎迎亲队伍

淳朴浓郁的民风根源

■ 新娘下花轿

牌位 又称"灵牌""灵位""神主""神位"等，是指书写逝者姓名、称谓或书写神仙、佛道、祖师、帝王的名号、封号、庙号等内容，以供人们祭奠的木牌。牌位大小形制无定例，一般用木板制作，呈长方形，下设底座，便于立于桌案之上。古往今来，民间广泛使用牌位，用于祭奠已故亲人和神祇、佛道、祖师等活动。

郎的饭碗下层埋伏半碗辣椒面，新娘的妹妹会在斟酒时特别给姐夫抹一把锅底灰。对这些能增加欢乐气氛的小闹剧，媒人和新郎应该容让，虽不妨小小地"报复"一下，但却绝不能生气、发火，甚至同主客吵闹、扭打。

早宴之后，新郎新娘在媒人引导下向新娘祖宗牌位和长辈行过礼之后，伴娘就可搀着新娘上花轿了。

上轿时，新娘要哭，以示对父母家人的依恋。"哭嫁"是迎亲仪式中一道独特的风景。女子拜别养育自己多年的父母，到一个陌生的环境，心中少不了不舍和茫然，于是悄然饮泣，甚至失声痛哭。"哭嫁"的程序一般是先由母女对哭、姑嫂对哭，后由周围邻居未婚姑娘和青年媳妇前来陪哭。

哭者和陪哭者都拿着手绢坐在床上，两人一仰一俯地对哭，其他伙伴低声饮泣。陪哭一个接一个，直至新娘哭倦了才停止。有时亲戚相邻前来送礼看望，也会适当地哭一阵，作为拜贺答谢之礼节。

等到上轿的那一刻，哭嫁终于达到了高潮，这时不仅要痛哭，还要边哭边唱，其内容有感谢父母养育之恩的，有拜别兄弟姑嫂的，有痛骂媒人多事的，也有恋恋不舍、不愿上轿的。

新娘上轿后，即奏乐鸣炮，起轿发亲。乐队在前，乐队后面是新郎骑马，接着是花轿和其他送亲的人员。新娘在起轿时，往往要塞个红包给轿夫，以免花轿摇摆得过于厉害。

接亲的队伍将要到达新郎家门口时，男家要鸣炮奏乐相迎。花轿停在新郎家的堂屋门前，男家请的伴娘要上前掀起轿帘，将新娘搀下轿来，并上前赞礼，宾客向新郎、新娘身上散花，将婚礼推向高潮。

总之，通过"六礼"程序完成的婚姻，展现了中华民族特有的一种风俗习惯和民族特色传统文化。

阅读链接

同心结，是旧时男女用锦带制成的菱形连环样式的结子，表示恩爱之意。诗歌总集《玉台新咏》之《梁武帝·有所思》中有"腰中双绮带，梦为同心结"。唐代刘禹锡的《杨柳枝词》中写道："如今绾作同心结，将赠行人知不知？"可见，在南北朝及唐时，就有用同心结表示爱情的做法。

新夫妇行过结婚大礼之后，相偕进入新房，又有绾结同心之俗。据北宋的孟元老的《东京梦华录》记，新娘迎娶到男家时，两家各出一根彩段绾成同心结，男女各执一头，相牵而行，拜谒祖先，然后夫妻对拜。"牵巾"则是以同心结相牵。

宋高宗让花轿走向民间

  在西汉时期，有一种用人抬的交通工具，名字叫"舆"。舆在晋六朝时极为盛行，当时称为"肩舆"。到了后唐五代，"舆"开始有了"轿子"之名。在北宋时，轿子只供皇室使用，直到发生了这样一件事，轿子就开始走向民间了。

婚礼仪仗队

古代轿子

　　相传在北宋末年，金兵压境，北宋皇朝危在旦夕，皇亲国戚纷纷南逃。康王赵构在途中与家人失散，逃到宁波的一个小村落。康王眼看无处藏身，但他看见前面有个农家姑娘坐在一个大谷箩筐上，边做针线活边照管摊晒的粮食，于是，他急忙上前向姑娘求救。

　　这时，远处尘土飞扬，隐约看到有金兵大队人马飞驰而来。当时，四周一片空地，无处可以藏身，眼看金兵即将来到，姑娘急中生智，忙叫康王蹲下，拿起旁边的竹箩，罩住他的身子，又解下自己身上的花围裙，盖在箩筐上，之后，她照样坐在箩筐上做针线活。

　　不一会儿，金兵追到就问姑娘，是否看到一个青年男子过去？

　　姑娘从容不迫地答道："看见有一个人匆匆忙忙往南而去了。"

　　金兵不相信，就在姑娘家翻箱倒柜搜查起来，结果一无所获，就骑马离去了。过了一会儿，姑娘见金兵远去了，就掀起竹箩，把康王放了出来，并对康王说："金兵若追不到人，还会再返回来的，你还是到我家躲一躲吧！"

　　康王这时又惊又饿，求之不得。姑娘家里穷，没什么好东西招

■《清明上河图》
中宋代的轿子

仪仗 古代用于仪卫的兵仗。指帝王、官员出行时护卫所持的旗、伞、扇、兵器等。现指国家举行大典或迎接外国首脑时护卫所持的武器，也指游行队伍前列所举的旗帜、标志等。仪仗在神农时始为仪仗，秦汉始为导护，五代始为宫中导从。

待，她母亲煮了一碗掺虾皮的大麦饭给康王吃。康王饥不择食，吃得津津有味。姑娘又拿来她父亲的破旧衣服帮他换上。

康王脱险后，为了报答姑娘救命之恩，当即表明了自己的身份，并与姑娘约定，等自己安定后便迎娶她进宫。两人相约，当康王来接姑娘进宫时，以她的花围裙为凭证，挂在屋檐就行了。

康王随即坐船到定海，转温州，回到皇宫后，他将自己与姑娘的奇遇告诉了母亲。可是，这件事却无意中被康王的母亲泄露了出去。

1127年，康王赵构在建康称帝，为南宋高宗。后来，当宋高宗派使者护送皇家花轿、半副銮驾仪仗、凤冠霞帔来接那位姑娘时，却看见全村所有有姑娘的人家都在屋檐上挂出了同样的花围裙。使者无法辨认真假，只好回去禀告宋高宗。

由于距离上次来村落的时间相隔太久了，宋高宗也无法辨认，于是下圣旨，半副銮驾及凤冠霞帔不必带回，就赐给宁波一带女儿出嫁时使用，以报答救命之恩。这种待遇堪比公主、郡主出嫁时的阵势，以示皇恩浩荡。

紧接着，宋高宗赵构废除乘轿的有关禁令，自此轿子发展到了民间，人们把花轿运用到娶亲上也渐渐成为民俗，并将娶亲用的轿子称为"花轿""喜轿"或者"婚轿"。

到了清朝乾隆年间，大姑娘出嫁坐花轿的习俗在民间已经十分普遍了。关于大姑娘出嫁为什么要坐花轿？还有一个和乾隆皇帝有关的传说呢！

早先，不论是大家闺秀出阁，还是小家碧玉出嫁，都是不坐轿的，而是骑着毛驴去夫家成亲。

1755年，乾隆皇帝因为巡视黄河筑堤情况，来到

圣旨是我国古代皇帝下的命令或发表的言论。圣旨是我国古代帝王权力的展示和象征，其两端有翻飞的银色巨龙作为标志。圣旨作为历代帝王下达的文书命令及封赠有功官员或赐给爵位名号颁发的诰命或敕命，颜色越丰富，说明接受封赠的官员官衔越高。

《清明上河图》中的花轿

了河南郑州东面的中牟县，他在这里拜谒先贤胜迹，赏览民间风情，体察乡野民风，一时兴致很高。

这天，乾隆站在中牟县衙外面的一个池塘前面，他看着池塘里荷花盈盈，荷叶茂盛，清香弥漫，池塘旁边又有垂柳依依，清风细细，不觉心醉神驰，不觉随口吟诵起了北宋大文学家欧阳修吟咏西湖的诗：

菡萏香清画舸浮，使君宁复忆扬州。
都将二十四桥月，换得西湖十顷秋。

说来也巧，就在乾隆沉醉在诗情画意中的时候，正好迎面走来了一支送亲队伍，吹吹打打，鞭炮响亮，披红挂彩，笑声不断，热闹非凡。

原来，今天是县城里有名的才女若莲出嫁的日子，正好从县衙门前经过，还正好遇到了乾隆皇帝。因为皇上在此停留，所以，衙役命令送亲的队伍让路，坐在毛驴上的若莲一听要让自己让路，坚决不答应。

衙役大声说："皇上在此，小小民女快快让路。"

若莲十分平静而又理直气壮地说："婚姻大事，一生只有一次，在这良辰吉日，就是遇到当今皇上，俺也不会让路的！"

　　乾隆皇帝闻听这些话，心里暗暗称奇，他没有想到小小的中牟县竟然有如此个性的女子，就走上前去，只见毛驴上坐着一个如花似玉的大姑娘。乾隆皇帝看了若莲一会儿，说："你不让路也可以，但我有个条件。"

　　若莲问："什么条件？"

　　乾隆皇帝说："我出上联，你对下联，对完下联之后，你再作一首诗。如果你下联对得好，诗又作得好，我不仅不治你冒犯君王之罪，还让你坐我的轿子送你到夫家成亲，你看怎么样？"

　　若莲听了乾隆皇帝的话，微微一笑说："一言为定，请出上联。"

　　乾隆皇帝稍微沉思了一下，说道："这上联是：'塘中荷花，疯蝶硬要采。'"

　　若莲听了上联，立刻对道："'画上仙女，狂生却难求。'"

　　乾隆皇帝一听，拍手赞赏说："对得好！对得好！小姐，再请你以黄河岸边卧着的那个铁水牛为题，作一首诗如何？"

■宋朝官员出巡的轿子

锣 是我国古代濮族人民和壮族先民骆越部族最早使用的乐器之一。是我国传统的打击乐器，在我国民族乐队中占有非常重要的地位。它不仅在民族乐队、民间器乐合奏、各种戏曲、曲艺以及歌舞伴奏中使用，而且也是庆祝集会、赛龙舟、舞狮子、欢庆丰收和劳动竞赛中不可或缺的乐器。

淳朴浓郁的民风根源

■ 乾隆南巡图

若莲出身书香门第，自幼饱读诗书，吟诗作画也十分擅长。所以，她想了一下，不慌不忙地吟出了一首诗：

康熙令铸一铁牛，置堤镇水几十秋。
狂风拂拂无毛动，细雨霏霏有汗流。
青草河水难进口，无绳勒索却昂头。
牧童有力牵不去，千年万载永驻留。

乾隆皇帝一听，大喜过望，大声说："小姐不仅容貌娴雅，气质超群，而且才思敏捷，诗情不俗，小小中牟能有此才女，真是不可多得！不可多得啊！"

然后，乾隆皇帝亲自为若莲掀起轿帘，请她上轿，并御笔亲书"大姑娘坐轿头一回"几个大字，赏给若莲，以示褒奖。从此以后，大姑娘出嫁就都开始

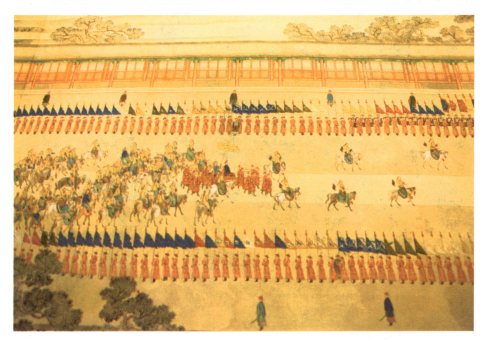

坐花轿了。

■ 古代花轿

一般，北方人称花轿为"喜轿"，南方人叫"花轿"。花轿的规格有大有小，大规格者，新娘坐一乘八抬大红喜轿，送亲、迎亲女宾各坐一乘绿喜轿，轿前有执事，并有开道锣、大号、伞、扇、大镜、二镜、斧钺、朝天镫各一对，两对喇叭，八面大鼓。到时，锣鼓齐鸣，喜庆鞭炮交响，景象热闹喧腾。

小规格者有四人抬小轿，一对开道锣，一对号和两面鼓。要是皇帝结婚，那场面更大。清代皇帝结婚，有十六种乐器演奏，而且，新娘下轿之前，皇帝要向其头顶连射三箭。在皇后下轿之际，先前入宫的嫔妃要率领女官等膝行跪迎，以示皇后与皇妃之间的等级尊卑。

古代花轿的种类及样式繁多，因各地的习俗、贫富及主人的身份而略有不同。普通人娶亲用的一般是

斧钺 春秋时期用于作战的兵器，同时还是军权和国家统治权的象征。钺的式样与斧相同，形体较斧为大。钺在斧头之上加有突出的短矛，长约六寸。使钺之法合斧、矛、枪三者为一体。其用法除有斧、矛和枪之外，还有刺、拨、点、追四法。斧钺，由于其杀伤力不如戈矛，因此后来，多用于仪仗、装饰之需，以作为军权的象征。

清代天子大婚典礼图

二人抬的花轿，罩轿子的帷子都选用大红色的彩绸，并绣有"富贵花开""丹凤朝阳"和"百子图"等吉祥图案，缀以金、银色，以烘托热闹喜庆气氛。家境富贵的人家常用四人抬的大花轿，轿子的装扮与二人抬的相差无几。

用花轿迎娶新娘并不仅仅是抬回去那么简单，我国传统婚俗中花轿迎娶新娘的方法也是形形色色且别有趣味，其中的风俗大多和祈求平安幸福与生育有关。

浙江用花轿迎娶新娘，新娘会在身上预备许多铜钱，当新娘出轿时抛撒，铜钱如天女散花似的撒落地下，以供孩子们喝彩嬉笑着又捡又抢，俗称"鲤鱼撒子"，形象地表达新娘进夫家就像鲤鱼般生子育女的期望。

湖北地区用花轿迎娶新娘，新娘在上轿前由舅舅把她抱到量谷的斗上，斗的上面有一根梁，新娘站在梁上手持一把筷子撒落在娘家地上，意寓娘家期望她"快快生子"。广东饶平用花轿迎娶新娘，新娘在上轿前须用石榴等多子的植物泡水沐浴，沐浴完毕后坐在浴盆里吃两个鸡蛋，以求新娘多生多育。

浙江一带用花轿迎娶新娘，新娘上轿后，乐队吹奏的乐曲变化多端，两盏标有男家姓氏的灯跟在后边，然后是两面红旗迎风招展，领头的是背着一枝连叶带根的"子孙竹"的带头人，子孙竹上面挂着小红灯，一路上锣鼓队和花轿晃晃悠悠地在子孙竹带领下去往男方家。

新娘的花轿经过一路的颠簸，到了男方家里，是不能着地的，来到新郎家门口，也不能直接入内。我国古代婚礼习俗之烦琐，各个地区婚礼习俗区别之大，实在是令人叹为观止。

山东地区用花轿迎娶新娘还有"小娶"和"大娶"之分，也就是新人家富裕程度的显示。小娶相对简单，就是抬一顶轿子去迎；大娶则是抬着两顶轿子去迎亲，其中让新娘乘坐的一顶叫"花轿"，新郎乘的一顶叫"官轿"，相应的迎亲锣鼓队伍等也更加庞大，一路上鼓乐喧天，热闹非凡。

山东有燎轿的习俗。花轿来到男方家门口，有两位接轿的姑娘，一个手端麸子，一个捧着一本书，书中还要夹着两根葱，迎上轿前立于两旁。此刻会有人

书香 古人为防止蠹虫咬食书籍，便在书中放置一种芸香草，这种草有一种清香之气，夹有这种草的书籍打开之后清香袭人，故称之为"书香"。书香亦可指书中文字的内容，而不仅仅是图书纸张、油墨及装帧中渗进的有形成分，亦指有读书先辈的人家等。

■ 清朝婚俗（泥塑）

淳朴浓郁的民风根源

铜钱 古代铜质辅币，俗称"铜钱"，是指秦汉以后的各类方孔圆钱。我国历代古钱币大多数是以铜合金形式铸造的，方孔铜钱是古代钱币最常见的一种。方孔铜钱应天圆地方之说，古代人们认为天是圆的，地是方的，所以秦始皇统一全国后铸钱币便以此为型。

拿点着的稻草火把在轿前烘一烘，也就是"燎轿"，目的是为了破除煞气邪气。燎轿以后再把上轿时缝上的轿门扯开，此时接轿姑娘把书交给新娘并往新娘身上撒些麸子，然后再扶着新娘下轿。新娘下轿后在轿前预备好的柳木椅子上端坐着，再抬着进入夫家。

在胶东民间流传着择日三、六、九和压轿砖的婚礼习俗。据传说很久以前，有一位进京赶考的公子，路上遇到一户人家娶亲的花轿，他精通经史，便掐指一算，今日主凶，深感奇怪。他便顺手捡了一块砖，跟着花轿进了村，把砖放到新郎家的门楼上。公子心想做个记号，以便等赶考结束返乡时，一定再来看看这户人家，究竟出了什么凶险事。

一位貌似读书人的老汉注意到了公子的举动，急忙走过来问："这位相公，贵姓高名？"

公子报了姓名后，问道："前辈，恕后生冒昧，敢问今天的喜日子，是哪位高人选择的？"

老汉毫不掩饰地答道："正是在下。"

公子说："您老可知今天是什么日子？"

老汉愣了一下，言道："管他什么日子，姜太公在此，百无禁忌。待要走，三、六、九。"

■ 装饰豪华的花轿

■ 古代婚礼习俗抬
花轿（陶塑）

公子听后转身赶路去了。公子进京后考中头名状元。一年后，他微服返乡祭祖省亲，又路过这个地方，老远看见去年结婚的那户人家，正在府中为新生儿过百岁。

说来也巧，公子在门前又遇到了那位老汉，老汉也一眼认出了状元公，拉着他就往府里让，还嘴中嚷道："主家快来，我给你请来一位贵客！"

状元公被众人半推半就地让上了酒席桌，三杯酒下肚，状元公起身打了一躬，言道："在下有一事不明，请前辈指教。年前巧遇贵府喜宴，后生不才，对阴阳术略知一二，曾算出那天并非吉日，今日看来，府中安宁，喜气盈门，不知是后生算错了，还是另有他因？"

老汉微笑道："状元公，您没算错，那天确非吉

鼓 在远古时期，鼓被尊奉为通天的神器，主要是作为祭祀的器具。在狩猎、征战活动中，鼓都被广泛地应用。鼓作为乐器是从周代开始。周代有八音，鼓是群音的首领，古文献所谓"鼓琴瑟"，就是琴瑟开弹之前，先有鼓声作为引导。

传统婚礼抬花轿

日，但老汉我也算定了，那日准有贵人打此路过，故说'姜太公在此，百无禁忌'。更何况那天主家的门楼上，还有状元公您放的一块砖呢？"

此言一出，四座皆惊，站在面前的竟是新科状元。状元公更是惊讶，老汉居然能看出自己的身份，心诚悦服地告辞返乡。

其实，老汉给人家看日子，只是根据民间的一句俗语："待要走，三、六、九。"从此以后，胶东一带就沿袭下来了，婚嫁日期一般选择在农历的三、六、九日，新娘花轿上放压轿砖的习俗，后来便改为童男童女压轿，以示早得贵子。

广西一带新娘花轿到了门口，男方出来两位儿女双全、福气好的人，一个撑伞、一个手扶新娘，而且要手拿尺子轻打新娘头部三下，以示打压新娘的威风，并提醒在婚后要尊重公婆和丈夫，万事需要注重规范的意思。然后新郎在前面走，新娘步步谨慎，须踩着新郎的足迹随后跟入喜堂，俗称"踩三步"，意味着日后夫唱妇随。

广西一带新娘在花轿到喜堂之前，要先从婆婆手中接过新粥瓢才能入门，表示婆婆把管家的大权交给

农历 是我国长时期采用的一种传统历法，以朔望的周期来为定月，用置闰的办法使年的平均长度接近太阳回归年，因这种历法安排了二十四节气以指导农业生产活动，所以称为农历，又叫"中历""夏历"，俗称阴历。

新媳妇。而上海一带还会点燃彩纸围着的竹枝，待火焰烧得红红火火的时候新娘才能入门，以示新媳妇入门带来红火的生活。

江浙一带新娘入门的风俗则是吃甜饭，迎亲队回到了新郎家门以后，花轿停下，新娘新郎及全家的亲戚朋友就一同吃甜圆子、莲子等，以示从今天起全家团圆和心连心的美好寓意。关于吃甜饭还有一段相应的词：

一只郎船摇进浜，青龙冈上来上岸。

轿子抬到大门口，掌礼师傅来唱礼。

一碗糖饭菱角尖，唇上粘满饭米屑。

两头水草乱横横，敲锣打鼓放炮仗。

预备踏脚红毡毯，阿婆出来喂糖饭。

又是甜来又是鲜，仲出舌头只管舔。

阅读链接

交杯酒是我国婚礼程序中的一个传统仪式，在古代又称为"合卺"，合卺引申为结婚的意思。在唐代即有交杯酒这一名称，到了宋代，在礼仪上盛行用彩丝将两只酒杯相连，并系成同心结之类的彩结，夫妻互饮一盏，或夫妻传饮。

这种风俗在我国非常普遍，在浙江绍兴地区喝交杯酒时，由男方亲属中儿女双全、福气好的中年妇女主持，喝交杯酒前，先要给坐在床上的新郎新娘喂几颗小汤圆，然后斟上两盅花雕酒，分别给新婚夫妇各饮一口，再把这两盅酒混合，又分为两盅，寓意"我中有你，你中有我"，让新郎新娘喝完后，并向门外撒大把的喜糖，让外面围观的人群争抢。

以天地为证的拜堂礼仪

那是在上古时期，伏羲和女娲成婚时，并没有人给他们当结婚的证人，于是，伏羲和女娲以天地为证，这才有了婚姻与人类的繁衍。所以，后人结婚都要拜天地，具有表示这门婚事是"天作之合"，并有天地为证，因而也将得到天地护佑的多重意义。

其实周公所订"六礼"中，并无拜堂一节，一般认为这是北朝后才兴起的礼仪，发轫于北方少数民族，然后经汉族吸收演变而来。唐

婚庆重要仪式拜堂

■ 二拜高堂

代贞元年间的吏部郎中封演在《封氏闻见记》中说：

> 近世婚嫁，有障车、下婿、却扇及观
> 花烛事，及有下地安帐并拜堂之礼。上自皇
> 室，下至士庶，莫本不皆然。

由此可知拜堂之俗在唐代已十分流行。拜堂的仪式是在喜堂正面放一张供奉天地诸神的"天地桌"，桌上除置有天地牌位、祖先神座、彩印神、龙凤花烛等之外，还有盛满粮食的米斗，斗中插有弓、箭、尺、秤等物，俗称"三媒六证"，表示这门婚姻男女相配，合礼合法。天地桌后面和喜堂两边，都挂着亲友送贺的喜幛贺联和各种吉祥画，又有太师椅两把，是准备给男方的父母接受拜礼时坐的。

周公 为周代的爵位，得爵者辅佐周王治理天下。历史上的第一代周公姓姬名旦，亦称"叔旦"，周文王姬昌第四子。因封地在周，故称"周公"或"周公旦"。为西周初期杰出的政治家、军事家和思想家，被尊为儒学奠基人。

淳朴浓郁的民风根源

状元 科举考试以名列第一者为"元",乡试第一称"解元",会试第一称"会元",殿试第一称"状元"。唐制,举人赴京应礼部试者皆须投状,因称居首者为状头,故有"状元"之称。文科第一名是文状元,武举第一名称"武状元"。我国科举史上第一个状元是622年的孙伏伽,最后一个状元是1904年的刘春霖。

吉时一到,燃香点烛,奏乐鸣爆竹,乐止,司仪引新郎、新娘分男左女右站定,随掌礼人喊令声开始跪拜。拜堂的口令因地而异,有的是"一拜天地,二拜祖先,三拜高堂,夫妻交拜",有的是"一拜天地,二拜高堂,夫妻交拜"。

也有许多地方把拜天地安排在庭院中,或是新人拜天地时背对花烛面向庭院,对空而拜,庭院无遮无盖,上有天,下有地,可谓名副其实的拜天地了。

在传统婚礼进行的前一天,男家已张灯结彩,在堂屋门前要有对联一副,加横批。堂屋中间高悬一方形彩灯,彩灯四面分别绘上"鸾凤和鸣""观音送子""状元及第""合家欢"等图案。

■ 夫妻对拜

香案上一对硕大红烛,两边"对座"墙上贴"陪对"各一副,后面"金墙"上贴"天地君亲师位"6个大字,自上而下直写。

这6个字的写法有讲究,天要平,即"天"字的两横要写平,不能弯曲。地要宽,即"地"字写宽一些,不要过窄。君不开口,即"君"字要全封闭,不能留空隙。亲不闭目,即写繁体"親"字,右边的"見"字不能把上面的"目"字最后一横全部封住,"师"字无别意,但要写成繁体的"師",其中一撇不写。

■ 古代结婚仪式

新房的门框两边贴对联一副，加横批，横批一般写"鸾凤和鸣"四字。门上贴大红双喜字，新房正中悬彩灯，窗户上贴剪纸的大红双喜字，四角贴剪纸的蝴蝶图案，窗户两边贴对联，墙壁四周挂字画。

厨房的正门对联一副，加横批，门上贴红"喜"字。其他所有的房间门上均贴"喜"字一个。

拜堂之后，新娘便在新房落座，不再出来。新郎要走出新房接待贺客。如在宾馆、酒家宴宾，夫妻双方都得出去会见宾客并向宾客敬酒。喜筵要按来客尊卑长幼排定座位，称之为"请客"，或者"清客"。

排座位的原则是上尊下卑、右尊左卑，客人按其长幼和身份、地位从高到低排列座次。"大亲"坐上首右边席位，新郎的父亲或舅父坐上首左边席位作陪，其余按尊卑长幼对号入座。

横批 指挂贴于一副对联上头的横幅，也称为"横披""横额"，一般仅用于少数有此必要的楹联。所谓"横"，指的是横写的书写方式；"批"，含有揭示、评论之意，指的是对整副对联的主题内容起补充、概括、提高作用。

除堂屋的正席外，次尊贵的一席摆在新房中，新娘母亲坐首位，由新郎母亲或舅母作陪。其他各席的座位一般也要按尊卑次序排定。

座位排定后，傧相宣布动乐鸣炮开宴，新郎要先到首席斟酒敬酒，说几句表示感谢的话祝酒，然后，厨房开上第一道菜来，把婚宴推向高潮。

各席的酒菜应该一个样，唯"男大亲"和"女大亲"所在的席次，通例必须有清蒸的猪肘子一个。而且新郎要时刻守候在桌边，为"上亲"斟酒等，以示尊敬。

喜筵结束前，媒人早已"逃席"。倘若不走，"洗媒"的人会把他的脸抹成锅底。喜筵结束后，"上亲"先退到堂屋休息，由男方尊长陪着说话，待勤杂人员把席面撤去，大亲就起身告辞。

临起时，男家要"打发"衣料、鞋之类，讲究的还有红包。"送大亲"是又一个热闹场面，男家所有体面的人都要送到门口，还要鸣炮奏乐，以示敬重。新郎及其父母应送客至村口。

阅读链接

我国民间的剪纸善于把多种物象组合在一起，并产生出理想中的美好结果。无论用一个或多个形象组合，皆是"以象寓意""以意构象"来造型，而不是根据客观的自然形态来造型，同时，又善于用比兴的手法创造出来多种吉祥物，把约定俗成的形象组合起来表达自己的心理。追求吉祥的寓意成为意象组合的最终目的之一。

民间剪纸之所以能够得以长久广泛的流传，纳福迎祥的表现功能是其主要原因。地域的封闭和文化的局限，以及自然灾害等逆境的侵扰，激发了人们对美满幸福生活的渴求。人们祈求丰衣足食、人丁兴旺、健康长寿、婚姻美满、万事如意，这种朴素的愿望，便通过艺术剪纸传达出来。

为了驱邪避灾的闹洞房

相传在很早以前，有一天紫微星下凡，在路上遇到一个披麻戴孝的女子，尾随在一伙迎亲队伍之后。他看出这是魔鬼在伺机作恶，于是就跟踪到新郎家，只见那女人已先到了，并躲进洞房。

当新郎、新娘拜完天地要进入洞房时，紫微星守着门不让进，说里面藏着魔鬼。众人请他指点除魔办法，他建议道："魔鬼最怕人多，人多势众，魔鬼就不敢行凶作恶了。"

于是，新郎请客人们在洞房里嬉戏说笑，用笑声驱走邪鬼。果

洞房花烛夜

五更 我国古代把夜晚分成5个时辰，用鼓打更报时。每个时辰被称为"更"，每"更"为现今的两个小时。一更是19点至21点，二更是21点至23点……依次类推。五更是在第二天的3点至5点，称"平旦"，又称"黎明""早晨""日旦"等，是夜与日的交替之际。这个时候，鸡仍在打鸣，而人们也逐渐从睡梦中清醒，开始迎接新的一天。

■ 古典婚房

然，到了五更时分，魔鬼终于逃走了。

紫微星能让人逢凶化吉、逢吉更吉，所以古来的研究者都把紫微星当成吉星。从上面这个故事可以看出，闹洞房一开始即被蒙上了驱邪避灾的色彩。

闹洞房驱邪的风俗南北各地均有。在长江中下游地区，新人入洞房前，新郎前一晚必须睡在洞房，事先请两名女童手执红烛将新房内照一遍。在北方的天津地区，人们则请吹打班子在新房内吹打，以求吉利。

新人入洞房后，驱房内邪气依然十分重要。新郎进屋后要象征性地向新房四角各射一箭，或手执单刀朝每个角落虚砍一刀，并歌唱道："一砍妖，二砍怪，三砍魔鬼坏脑袋，四砍丧神快离开，笑看麒麟送子来。"更普遍的习俗是在新房内置长明灯，所谓"洞房花烛夜"说的就是这个意思。

■ 新婚洞房

　　关于闹洞房来历的另一种观点认为，闹洞房首先在北方出现，而且开始时主要是新郎，这大概与北方民族的生活习性有关。他们以狩猎和游牧为生活手段，使得男子十分彪悍和勇健，在新婚时忍受棒打可以证明一个男人是合格的大丈夫。

　　中原地区闹洞房，通常进行的活动有咬苹果、咬喜糖、走独木桥、夫唱妇随等。不同的地区，活动的内容不完全相同，但给新人撒喜床的节目是必不可少的。还有所谓的"听房"习俗，实质上也是防鬼怪进入洞房的一种保护措施。

　　有一些地方的传说认为，洞房中常有狐狸、鬼魅作祟，闹洞房能驱逐邪灵的阴气，增强人的阳气，因此有俗语"人不闹鬼闹"。

阴气 属于古代哲学思想阴阳五行学说范畴。古代阴阳学人认为，盘古开天辟地时阳清为天，阴浊为地。至阴者化为虚空，阴气稍重者化身为草木。阴阳二气混杂从而化育了万物。万物中阴阳比较平均的就演化成了人。至阳者化为神，阳气高于人者化为山神或灵兽。

新婚洞房

闹洞房从积极的意义上说，能增添热闹气氛，驱除冷清之感，因而有的地方又称之为"暖房"。此外，闹洞房还能使亲友彼此熟识，显示家族的兴旺发达，增进亲友间的感情。

闹洞房是"三天不分大小"，新郎新娘乃至新郎的父母，往往会被他人甚至晚辈们取笑捉弄，被捉弄取笑者不能生气，以免破坏新婚的喜庆气氛。

当然，闹洞房的人也不能太出格，不能闹得太久，以免影响新婚夫妇休息。

闹洞房又称"逗媳妇""吵房"，在迎亲的当天晚上进行。做法是先由小姑送灯，送完灯，无论长辈、平辈、小辈，聚在新房中，祝贺新人。戏闹异常，多无禁忌，有"闹喜闹喜，越闹越喜"之说。

闹洞房结束后，还要让新娘擀面条，制作"子孙汤"，认为可白头偕老、子孙满堂。新娘接着喂牲口，象征接替家务，同心协力，共同致富。床铺由长辈给铺，多为男性长辈从之，边铺边道："老公公铺炕，子女两行。"最后，小姑送去便盆。

洞房花烛夜，长夜燃明灯，新娘开柜，新郎试鞋，夫妻对话，窗外偷听的耳贴墙壁，若得其一言半语，常为人们传扬多年。

回门也称"拜门""会亲""唤姑爷"，是女子同旧生活的彻底告

淳朴浓郁的民风根源

别。婚后第三天，新人带着礼物，相偕回女方家，女家大摆宴席，款待女儿、女婿。

由于此前女方家属包括父母多未与新郎打过交道，这是一次正式考察其人品的机会。新郎若是谦和有礼的佳公子，自然值得庆幸，可若不尽如人意，此时再发现，也于事无补，只能企求上天保佑女儿平安幸福了。

回门之礼先秦时就已有之，称为"归宁"。在古代，女子在婚前属于父母，婚后就属于丈夫和他的家庭。这一改变以迎亲作为转折的起始点，以第一次归宁作结。

归宁，从字面的解释来看是指向父母报平安，使他们内心安宁。也就是向他们宣告，女儿的生命，与身边的这个男人已经不可分割了，请他们不要再为自

洞房 很久以前，人们习惯地把新人完婚的新房称作"洞房"。古人就"洞房"咏诗的佳作也不胜枚举。西晋文学家陆机在《君子有所思行》中咏道："甲等高阁，洞房结阿阁。"北周庾信有《三和咏舞诗》曰："洞房花烛明，燕余双舞轻。"可见，"洞房"美称的由来已很久。

■ 回娘家雕像

己操心。女儿也不可能再在父母身边尽孝，反而要对公婆侍奉终老，请父母也不要再挂念。所以，归宁是女子同父母的正式告别。

从这次归宁以后，妇人便不能随便回娘家了，除非父母发出邀请，或得到公婆、丈夫的批准，而且一般情况下，应该由丈夫陪同前往，否则会被视为失礼。比如《孔雀东南飞》中刘兰芝被休回家之后，她的母亲便愤然地问："汝今何罪过，不迎而自归？"

■回娘家艺术剪纸

有的女子结婚之后还要随丈夫一家搬迁，在交通和通信都不发达的古代社会，这可能导致她和父母兄弟完全失去联系，因此回门也可能是她一生中最后一次见亲人。所以，无论对新娘还是她的家人，都特别珍惜这次机会。

回门也有不在第三天，而在第六、第七、第九、第十天或满月之时的，但总的来说，以第三天为最常见，于是"3"这个数字便发展出一项特殊的意义。

在很多地区，大年初三成了女婿上门的日子，家家户户这一天都要精心准备酒菜，犒劳新、老姑爷或准姑爷，女方的家族则精心策划，要给新郎"好看"。

《孔雀东南飞》

我国文学史上第一部长篇叙事诗，清代诗人沈德潜称为"古今第一首长诗"，是我国古代民间文学中的光辉诗篇之一。《孔雀东南飞》与南北朝的《木兰辞》并称"乐府双璧"及"叙事诗双璧"。

新娘家老人心里非常重视三天回门，因此新郎事先无论是从思想上还是在礼品上都要有所准备，争取给岳父岳母留下好印象。

礼品事先备齐，买新娘家老人喜欢的礼品，礼品一般有四件。回门一般在上午9～10点钟动身。新郎新娘应像参加婚礼那样认真修饰、打扮，保持婚礼上那漂亮、俊美的形象。

回到娘家，新郎新娘首先要问候老人。这时，新郎就应改口，跟新娘一样称岳父为父亲、岳母为母亲，要叫得自然、亲切。对待亲友和邻居也应表现出亲切热忱、彬彬有礼，见人先打招呼，以礼相待。

就餐时，新娘要陪着新郎，一一向父母、亲友和邻里敬酒，感谢大家对自己新婚的祝福。饭后，不要急于回家，应再陪父母聊一会儿，听听他们的教诲，然后再告辞回家。并应主动邀请二位老人和兄弟姐妹到自己家里做客，也可邀请亲友、邻里前来叙旧，以保持和增进感情。

阅读链接

闹洞房的习俗始于先秦汉代时期，婚礼淳朴、肃穆。孔子在《礼记·曾子问》中描述当时的嫁娶情景时说："嫁女之家，三日不息烛，思相离也；娶妇之家，三日不举乐，思嗣亲也。"反映了先秦婚礼的淳朴习尚，没有喧嚷纷闹大操大办的场面。

进入汉代以后，社会经济有了长足的发展，人们不再满足古板而沉闷的旧式婚礼，不再固守"三日不举乐"的古训，开始大操大办，使婚礼蒙上更深一层的喜庆色彩。当代语言文字学家杨树达在《汉代婚丧礼俗考》一书中就说："而为之宾客者，往往饮酒欢笑，言行无忌，如近世闹新房之所为者，汉时即已有之。"

新娘护身符的红盖头

传说在宇宙初开时，天下只有伏羲与女娲兄妹二人。为了繁衍人类，兄妹俩在太白金星的建议下决定配为夫妻。但他俩又觉得害羞。于是，兄妹俩上到山顶，向天祷告："天若同意我兄妹二人为夫妻，就让空中的几个云团聚合起来；若不让，就叫它们散开吧。"

盖头新娘雕刻

话一落音，那几个云团冉冉近移，终于聚合为一。于是，女娲就与兄成婚了。

在当时，女娲为了遮盖羞颜，乃结草为扇以障其面。"扇"与"苦"同音。而以扇遮面，终不如丝织物轻柔、简便、美观。因此，执扇遮面就逐渐被盖头蒙头代替了。

这个风俗被后人延续下来。因新

■ 新娘

娘旧身份丧失和新身份开始，容易被邪魔乘虚侵入。为了把新娘从旧身份、旧生活中分离出来，红色的盖头也就成为了新媳妇的护身符了。

盖头又称"盖巾"，是新娘在婚礼上的重要饰物。娶亲花轿来到，新娘先拜别父母，然后用红巾蒙首，让伴娘搀扶上轿。来到夫家，举行婚礼。新郎亲手揭开盖头，二人正式相见。

新娘的盖头为何用红色？事情多少有一点说头。汉魏时期，天下纷争，战火连绵不断，民间娶亲有时根本无法照礼仪行事。出于安全方面的考虑，婚事一说定，便用纱巾将新娘的头蒙上，新郎将新娘接回，到家后揭开新娘纱巾，新娘拜见公婆，新郎和新娘便成为合法夫妻。这种方式本是为速成而采用的一种权变方式，不承想影响却很大，新娘结婚时头顶红盖头逐渐演化为一种礼俗。

女娲 又称"女娲氏""娲皇"，是我国传说时代的上古氏族首领，后逐渐成为我国神话中的人类始祖。根据神话记载，女娲人首蛇身。女娲的主要功绩为抟土造人，以及炼石补天。其他的功绩包括发明笙簧和规矩，以及创设婚姻。后世女娲成为民间信仰中的神祇，被作为人类始祖和婚姻之神来崇拜。

新郎揭盖头蜡像

《梦粱录》南宋吴自牧著，共20卷。记载南宋临安的郊庙、宫殿、山川、人物、市肆、物产、户口、风俗、百工、杂戏和寺观、学校等，为了解南宋城市经济活动，手工业、商业发展情况，市民的经济文化生活，特别是都城的面貌，提供了较丰富的史料。书中妓乐、百戏伎艺、角抵、小说讲经史诸节，为宋代文艺的珍贵资料。

在古代，把这种简易的婚礼形式叫作"拜时婚"。唐人杜佑在《通典》卷59中说：

拜时之妇，礼经不载，自东汉魏晋及东晋，咸有此事。按其仪或时属艰虞，岁遇良吉，急于嫁娶，权为此制。以纱蒙女氏之首，而夫氏发之，因拜舅姑，便成妇道。六礼悉舍，合卺复乖。

比如晋朝时期，拜时婚就曾盛行一时。这时不仅是因为战乱，还因为丧事。礼俗规定，男女双方家庭有丧事，不能在服丧期内婚嫁。而古代丧期太长，很多家庭等不得，便冒丧举行拜时婚。

新娘盖头由谁来揭开，不同时代、不同地区有不同的风俗。在宋代时，是由至亲中的双全女亲来揭开新娘盖头。宋代吴自牧著的《梦粱录·嫁娶》中说：

其礼官请两新人出房，诣中堂参堂……并立堂前，遂请
男女双全女亲，以秤或机杼挑盖头，方露花容。

这里有祈求吉祥之意。吴地东莱一带的婚俗，新娘盖头要由婆母
揭开。前清名臣朱轼《仪礼节略》中说：

吴东莱婚礼，婿妇交拜后举蒙头，遂就坐。按内则，
女子出门必拥闭其面，蒙头即拥面也，俗谓之盖头。以锦为
方帕，横直四尺，女辞父母，拜毕，即以帕盖头，升车至夫
家。交拜，必姆为去之。乃合卺。

其实最普遍的习惯，还是新郎亲手为新娘揭开盖头。根据《通
典》的说法，唐代新娘的盖头是"夫氏发之"，宋人朱熹也主张揭盖
头的人应是新郎，"妇拜，婿答拜，婿为举蒙头"。

新娘红巾蒙首，始是出于权变，后习而成礼成俗。这里面既有模
仿行为，又有追求美学的强烈意识。红色是喜庆，是鲜艳。蒙首是含
蓄，是朦胧。在盖头揭开之前，人们对新娘的容貌只能去想象，可以
想其丑，也可以想其美。这种悬念为新婚增添了无穷的魅力。

阅读链接

最早的盖头约出现在南北朝时的齐代，当时是妇女避风御
寒使用的，仅仅盖住头顶。到唐朝初期，便演变成一种从头披
到肩的帷帽，用以遮盖。

据传说，唐代开元天宝年间，唐明皇李隆基为了标新立
异，有意突破旧习，指令宫女以"透额罗"罩头，也就是妇女
在唐初的帷帽上再盖一块薄纱遮住面额，作为一种装饰物。后
来，从后晋到元代，盖头在民间流行不废，并成为新娘不可或
缺的喜庆装饰。

结发夫妻与结婚仪式

古代女子发笄

相传古时候有一个皇帝，在登基的头一夜，因为担心自己的胡子太短，会让天下人认为自己的学识不够，久久都无法入睡。

皇帝身边的娘娘聪明过人，她看到自己的夫君愁眉不展的样子，就剪下自己的头发，仔细地接在皇帝的胡须上。一夜工夫，使皇帝的短胡子成了长胡子。

第二天，皇帝登基时，手捋胡须，接受满朝臣子的朝拜。臣子惊叹皇帝一夜之间胡须过脐，真乃"真龙天子"！于是，娘娘剪发结皇帝的胡须就成为"结发夫妻"的由来。

结发又称"合发""合髻"。清人沈德潜选编的《古诗源》载汉代苏武诗云：

结发为夫妻，恩爱两不疑。

结发夫妻蜡像

这说明汉代已把结发和婚姻联系在一起。唐宋两代承袭前代风俗，婚礼中流行举办结发仪式。敦煌《卜女大词》中有合发诗一首，其词云：

本是楚王宫，今夜得相逢。
头上盘龙结，面上贴花红。

北宋欧阳修在谈到婚姻礼俗时，曾提到合发之俗。他翻阅所有的典籍，发现关于结发有三种解释。一种解释说，结发是束发的意思。古代男女幼时披头散发，或略加梳理，到成年时才把头发束起来。男子20岁加冠，女子15岁及笄，"笄"是束发用的簪子。及笄即是女子许嫁之年。刚一成年就结婚，夫妻双方自然都是原配初婚，这样的夫妻称为"结发夫妻"。

还有一种解释说，古代女子许配给人家后，便用

《古诗源》 清人沈德潜选编的上溯先秦下迄隋代的古诗选集，全书共14卷，录诗700余首，因其内容丰富、篇幅适当、笺释简明，遂一直为流行的古诗读本。编者虽然意在复古，通过选诗、注诗和评诗阐扬"诗教"，倡导"风雅"，表现了陈旧保守的诗学观念。

■ 古代女子发髻

淳朴浓郁的民风根源

一根丝绳把头发束起来，表示自己已有婆家。到举行结婚典礼时，由丈夫亲手解下头绳，重新梳理头发。这种仪式被称作"结发"。

还有第三种解释，新婚时男女双方各剪下一绺头发，结在一起作为夫妻恩爱的信物。按宋人孟元老《东京梦华录》的说法，男人剪左边头发，女人剪右边头发。为了表示对爱情的忠贞，剪下头发绾作同心结。唐代女诗人晁采的《子夜歌》对这种情形有生动的歌咏：

依既剪云鬟，郎亦分丝发。
觅问无人处，绾作同心结。

《子夜歌》乐府吴声歌曲名。曲调相传是晋代一个叫子夜的女子所创作。其内容均写男女恋情，是女子吟唱其爱情生活的悲欢，形式为四句五言句。诗中多用双关隐语，活泼自然。由《子夜歌》后又衍生出《大子夜歌》《子夜四时歌》等曲。

这种由头发绾结成的信物，大多保存在女方手中。这三种解释各有各的道理，很有可能这三种文化形态在历史上都存在过。

在我国汉代时期，那时候举行葬仪有这样一个风俗，如果结发妻因故早折，做丈夫的就会把他们结婚时用的梳子掰开分为两半，在上面还留存着妻的青发几缕，把另外一半随葬入棺，以表示生生不忘结发之妻，纪念结发之恩爱情深。

南朝徐陵在东周至南朝梁的诗歌总集《玉台新咏·古诗为焦仲卿妻作》里写道：

结发同枕席，黄泉共为友。

虽然这首诗写的是以封建家长制度为背景的悲剧故事，但那时候彼此相爱的情人，如果女子把自己的一绺青丝送给男子做定情物，则形同她已经把身体交给男子了。

我国古人在结婚的时候，当新郎把新娘接回家后都要举行结婚仪式，要一拜天地，二拜高堂，然后夫妻对拜，最后饮合卺酒，又称"交杯酒"。在婚礼仪式中，新郎新娘喝交杯酒是一项重要活动。

《玉台新咏》

是继《昭明文选》之后的我国又一部古代诗歌总集。它是东周至南朝梁代的诗歌总集，历来认为是南朝徐陵在梁中叶时所编。内容中多收录男女感情的记述表达，以及日常生活的方方面面，刻画出古代女子丰富的感情世界，也展示出深刻的社会背景和文化内涵。

■ 古代合卺酒杯

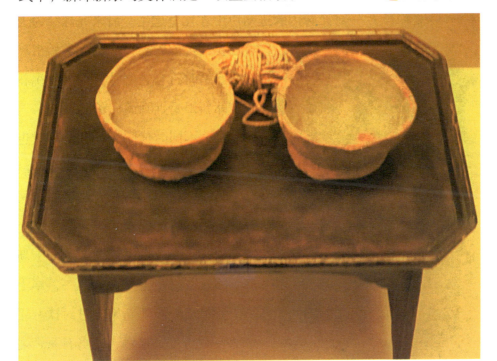

朱庆馀 生卒年不详名可久，以字行，越州（今浙江绍兴）人。唐代诗人，曾作《闺意献张水部》作为参加进士考试的"通榜"，增加中进士的机会。据说张籍读后大为赞赏，写诗回答他说："越女新妆出镜心，自知明艳更沉吟。齐纨未足时人贵，一曲菱歌值万金。"于是朱庆馀声名大噪。

喝交杯酒，古时叫作"合卺之礼"。周朝时这种仪式十分盛行，并被收入官方的礼典。《周礼·昏义》：

婿揖妇以入，共牢而食，合卺而酳。

卺是用葫芦做的酒具。每逢娶亲，人们便取来大小适中的葫芦，居中分开，成为两瓢。新郎新娘各持一瓢，瓢里装上酒，新婚夫妻举瓢同时共饮。饮后将两瓢合为一体，谓之"合卺"。

酳是饮酒，"合卺而酳"，就是饮合卺酒的意思。这是葫芦崇拜文化的一种流变。葫芦形圆籽多，类似于十月怀胎的孕妇。

在古代的洪水神话中，人类饱受洪水之苦，只有一对兄妹因躲进葫芦中才死里逃生。后来兄妹结为夫妻，再创人类，成为人类始祖。新婚时行合卺之礼，即是预祝新郎新娘婚姻圆满，子孙兴旺。

不同时代喝交杯酒的形式也都各不相同。在唐代，喝交杯酒时，让两个小男孩充当卺童，两人手里各捧一个小瓢，瓢里斟上酒，一个卺童说："一盏奉上新郎。"另一卺童说："一盏奉上新娘。"新郎新娘接过对饮。用一对幼儿做卺童，既寓有童贞之

■清代玉合卺杯

义，又暗含求子之情。

在宋代，喝交杯酒已不太爱使用瓢具，而是换为酒杯。用彩色丝线将两个酒杯连系在一起，杯内注满酒，新郎新娘各持一杯，同时先喝下半杯，然后换杯，接着再同时喝下余下的酒。

彩色丝线有"千里姻缘一线牵"的含义，也是表示二人心心相连、同心同德。换杯换酒，交叉而

清代白玉合卺杯

饮，含有"二人合一、永不分离"的意思。也有人将系杯的彩线换成彩绸，中间系上同心结。这种喝交杯酒的形式，一直流传了下来。

后来，喝交杯酒又出现一种新的方式。两个酒杯倒满酒，新郎新娘各取一杯，面对面站着，用拿酒的手臂相互套折着，同时喝下杯中酒，喝完后手臂放开。这种喝交杯酒的形式，使新郎和新娘有了身体上的直接接触，因而更具有象征意义。

拜见公婆，古时称"拜见舅姑"，是婚礼仪式中的一项重要内容。古代礼俗认为，婚姻不仅是婚姻当事人的事，而且是整个家庭的事。新妇进门，不仅是为儿子娶了一个媳妇，而且是为家庭娶来一个能够生儿育女、传宗接代、主持家务、延续家庭的主妇，因而古人特别重视成妇之礼。拜见公婆是成妇之礼的主要内容。

《仪礼·士昏礼》中说，新婚之夜过后，天还未亮，新娘就要起来，沐浴更衣，梳妆打扮，做好拜见公婆的准备。唐代诗人朱庆馀

■ 婚礼之后的家庭
宴席

《新婚别》 唐
代诗人杜甫所写
的新题乐府组诗
"三别"之一。
此诗成功塑造了
一个深明大义的
少妇形象。新婚
丈夫赶赴战场，
新娘虽然悲痛得
心如刀割，但她
认识到爱情的存
亡与国家民族的
命运，是不可分
割地联结在一起
的。于是，她忍
痛鼓励丈夫参
军，同时坚定地
表达至死不渝的
爱情誓言。

《闺意献张水部》这首诗，相当形象地描绘出这种情形。诗中咏道：

洞房昨夜停红烛，待晓堂前拜舅姑。
妆罢低声问夫婿，画眉深浅入时无。

天一大亮，开始举行拜见之礼。拜见地点一般是在厅堂。公婆先进入拜堂，新妇拿着笄和枣栗等物，随新郎进入。先拜奠神祖，把物品放在祭桌上。然后公婆就座，新妇先拜见公公，公公说几句祝福希望的话，再拜见婆婆。

婆婆将新妇扶起，把笄交给新妇，表示承认新妇成为家庭成员。然后新妇与家庭其他成员一一见面，对长辈要行拜见之礼。接着全家共进早餐。新妇要向公婆进荐一两样主菜，表示尊敬和恭顺。公婆则把甜酒倒进杯里，让新妇饮用，用以表示对晚辈的怜爱。

拜见公婆是新娘由外人过渡到家庭成员的必须履行的礼仪，同时这也是一个标志。否则，即使举行过婚礼，但未拜见过公婆，按照礼俗的说法，新娘还不算是家庭正式成员。唐代诗人杜甫在《新婚别》中，明确地反映了这种情况。诗中写道：

结发为君妻，席不暖君床。

暮婚晨告别，无乃太匆忙。

君行虽不远，守边赴河阳。

妾身未分明，何以拜姑嫜。

最后两句诗使用的是倒置法，是说新妇未能行拜见姑嫜之礼，身份未明。诗人以一个新妇的口吻，诉说了自己内心的忧虑。

父母双亲如有一方或双方亡故，丈夫则要带新妇到墓地拜祭，也算是行了拜见之礼。

阅读链接

结发又称"束发"，成婚之夕，两个新人各自剪下自己的一绺头发，然后再把这两缕长发相互绾结缠绕起来，以誓结发同心、爱情永恒、生死相依、永不分离。

在浙南有关于"结发夫妻""束发托身"与"投丝慰情"的民俗。所谓"束发托身"就是原配夫妻择日完婚时，男方要送庚帖，女方要回庚帖。庚帖上要写明姓名、出生年月日、时辰和完婚时间。女方回庚帖时，附上一束头发，用红头绳扎着，作为定情托身、以身相许之物，以示结发同心，百年好合。

传统色彩浓郁的婚服

　　秦汉时期，人们在婚礼举行之日前，新夫家当以媒拜会新妇的父亲。这个时候，媒婆穿着玄端服。婚礼当日，新夫穿着爵弁服迎娶新妇，新妇由两名随嫁女子到达夫家。

　　在服装方面，新夫要头戴爵弁形似无毓之冕，上衣玄色象征天，下裳纁色象征地，有黑色缘边，喻阴阳调和。蔽膝随裳，棕红色。大带黑色。鞋履为赤舄，即红色复底鞋。

■ 婚庆霞帔

　　新妇戴着与真发混同梳编的装饰假发。婚服形制与男子同，唯服色有别，上衣下裳均为黑色，取"专一"之意。蔽膝、鞋履、大带随裳色，亦为黑色。另外从阴阳五行思想考虑，由于黑色属阴，故而在裳下缘红色边，以注入阳气而致平衡。

姆以黑色丝带和发笄束发，身着生丝所制黑色衣裳。蔽膝、鞋履和大带色黑。随嫁者也穿着黑丝衣裳，披绣有黑白相间的黼纹的披肩。

新妇上车时由姆为其披上黑色素纱罩衣以防风尘，此衣名"景"。婚礼中使者、侍者均着玄端服，包括玄冠、玄衣、玄色或者黄色裳、黑舄。

传统婚礼服在各个朝代、各个时期都有所差异。我国服饰经过几千年变革，婚礼服也有自身的变化。

自周代礼服的出现，婚礼服也应运而生。经历秦汉发展，在唐宋达到高峰，我国古代婚礼服制式主要有三种，分别为纯衣纁袡、钗钿礼衣和凤冠霞帔。

纯衣纁袡为周礼婚礼礼制中新妇的礼服装束。我国的冠服制度在周朝逐步完善，随着等级制度的产生，各种礼仪出现，不同场合穿戴的服饰也不尽相同，有祭礼服、朝会服、从戎服、吊丧服、婚礼服等。周代婚制中的礼服崇尚端正庄重，与后世婚制中有所不同。

婚服的色彩遵循"玄纁制度"。新郎的服饰为爵弁，玄端礼服，缁袘纁裳，白绢单衣，纁色的韨，赤

爵弁服 "弁服"之一。华夏民族士人助君祭及亲迎等时所服之服，同时也做士冠礼三加之礼冠，为士之最高礼服。始于商周，至宋后其制废，后又重新出现在人们的成人礼和婚礼中。

冠服 我国服饰的重要组成部分，而与之对应的冠服制度也是我国礼乐制度的重要组成部分。原始社会后期，随着衣裳的产生，头上戴的冠帽也产生了，就是利用兽皮缝合成帽形而加之于头上。冠与帽的区别，前者只罩住发髻而后者则覆盖整个头顶。

精美的头钿

色舄（或履）。新娘在正婚礼的时候，穿玄色纯衣纁袡礼服，拜见公婆时则穿宵衣，发饰有缅、笄、次。新娘头戴"次"，以"缅"束发，有一尺二长的笄。

秦汉时皇太后、太后、公卿夫人等的婚礼服形式采用深衣制。深衣形制是上衣下裳相连接，当时男女服用极为普遍。禅衣内有中衣、深衣，其形无大区别，只是袖形有变化，都属于单层布帛衣裳。汉代曾采用12种色彩的丝绸设计出不同身份的人穿用的婚礼袍服。

钗钿礼衣始于唐代，它包括礼服及发鬃上的金翠花钿，并以钿钗数目明确地位身份。

唐制婚礼服融合了先前的庄重神圣和后世的热烈喜庆，男服绯红，女服青绿。钗钿礼服是晚唐时期宫廷命妇的礼服，身穿大袖衫长裙，披帛，在花钗大襦裙或连裳的基础上发展出来。层数繁多，穿时层层压叠着，然后再在外面套上宽大的广袖上衣。常作为唐代通用的归嫁礼服。

唐以后，这种繁复的婚礼服有所简化，成为一般意义上的花钗大袖衫。在科举制度影响下出现"假服"，即当时贵族子孙婚娶可以使用冕服或弁服，官员女儿出嫁可以穿用与母亲的身份等级相符的命妇

464

淳朴浓郁的民风根源

诰命夫人 诰命又称"诰书"，是皇帝封赠官员的专用文书。所谓诰是以上告下的意思。古代以大义谕众叫"诰"。古代一品至五品的官员称"诰"，六品至九品称"敕"。诰命夫人跟其丈夫官职有关，只有俸禄，没有实权。

钗钿 古代一种嵌金花的首饰，钿和钗都是女子的饰物，唐玄宗和杨贵妃以钿钗寄情，即是白居易笔下的"唯将旧物表深情，钿合金钗寄将去。钗留一股合一扇，钗擘黄金合分钿。但教心似金钿坚，天上人间会相见。"

服，平民结婚也可穿用绛红色公服。

"假服"发展到后来，新娘通常穿红底绣花的袄裙或旗袍，外面"借穿"诰命夫人专用的背心式霞帔，头上簪红花，拜堂时蒙盖头，新郎通常穿青色长袍，外罩绀色马褂，戴暖帽并插赤金色花饰，拜堂时身披红帛。

宋代尚简，婚服虽然已经不是隆重繁重的钗钿礼衣，但依然是花钗大袖礼服。

从明代以来，男子娶妻俗称"小登科"，可以穿九品官服的，青绿色的九品幞头官服，新嫁娘则用凤冠霞帔。过去此俗多流行于满族、汉族、朝鲜族及其他民族。据《清稗类钞》云：

凤冠为古时妇人至尊贵之首饰，汉代唯太皇太后、皇太后入庙之首服，饰以凤凰。

其后代有沿革，或九龙四凤，或九翠四凤，皆后妃之服。明时，皇

朝鲜族阔袖婚服

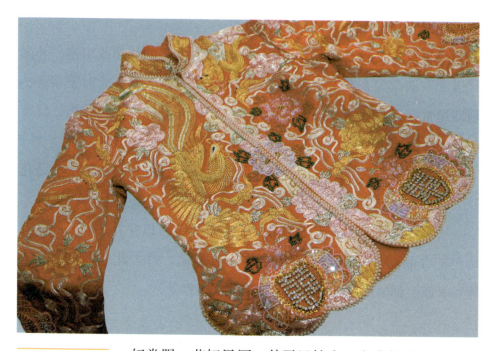

■ 新娘穿的服装

妃常服，花钗凤冠。其平民嫁女，亦有假用凤冠者。但《续通典》所载，则曰庶人婚嫁，但得假用九品服。妇服花钗大袖，所谓凤冠霞帔，于典制实无明文也。至国朝，汉族尚沿用之，无论品官士庶，其子弟结婚时，新妇必用凤冠霞帔，以表示其为妻而非妾。

头戴凤冠，脸遮红盖头，上身内穿红绢衫，外套花红袍，颈套项圈天官锁，胸挂照妖镜，肩披霞帔，再挎个子孙袋，手臂缠"定手银"，下身着红裙、红裤、红缎绣花鞋。这是一个典型的传统的新娘造型。

我国少数民族的婚礼服与汉族有很大差异，但也是其民族特色的表现。许多民族的婚礼服饰都有着一些世代流传下来的特殊风俗讲究。少数民族的婚礼服饰，很大程度上是把盛装当作嫁衣。

瑶族姑娘在婚礼服上有许多装饰，如开屏孔雀、水中游弋的鱼、36颗梅花等。

《续通典》 清代嵇璜、刘墉等奉敕撰，纪昀等校订，成书于1783年，取材原则是先见取正史，再参以《唐六典》《唐会要》《五代会要》《册府元龟》《太平御览》《山堂考索》《契丹国志》《大金国志》《元典章》《明集礼》《明会典》等典志。

苗族姑娘极其喜爱佩戴银饰，前胸戴银锁和银压领，胸前、背后戴的银披风下垂许多小银铃。两只衣袖有以火红色为主基调的刺绣，袖口镶嵌着一圈较宽的银饰，多穿百褶裙，再加上亲手刺绣的花腰带、花胸兜。

水族婚服多以水家布缝制的无领大襟半长衫或长衫为主，上装的肩部一圈及袖口、裤子膝弯处皆镶有刺绣花带，包头巾上也有色彩缤纷的图案。头戴银冠，颈戴银项圈，腕戴银手镯，胸佩银压领，耳垂银耳环，脚穿绣花鞋。

彝族新嫁娘在出嫁之日要着花边红色喜衣、红色喜帕，披一件精工制作的羊毛披毡，并跳起披毡舞。

朝鲜族人举办婚礼时新郎要头戴纱帽，身穿礼服，脚穿白袜。新娘头绾"大发"，上戴"簇头里"，发钗上悬垂两条宽"发带"，垂于前胸两侧，穿淡绿色上装，下穿红色长裙，外披长衣，脚穿白袜和勾勾鞋。

回族办婚礼，都要穿上红色的棉袄，主要是讲究吉庆。新娘头上还要搭上一块红绸子或红纱头巾。

侗族等地区有新娘穿旧衣出嫁的风习流行，新娘出嫁这

刺绣 我国民间传统手工艺之一。即用针线在织物上绣制的各种装饰图案的总称。就是用针将丝线或其他纤维、纱线以一定图案和色彩在绣料上穿刺，以缝迹构成花纹的装饰织物。我国刺绣主要有苏绣、湘绣、蜀绣和粤绣四大门类。

467

演化形式

婚姻礼俗

■ 古代凤冠

■ 唐代新娘新郎装

直裾 指直裾袍，是华夏衣冠体系中深衣制的一种，上下连裳，又称"褡褕"。裾就是指衣服的大襟。直裾下裳部分剪裁为垂直，衣裾在身侧或侧后方，没有缝在衣上的系带，由布质或皮革制的腰带固定。至东汉以后，直裾逐渐普及，成为深衣的主要模式。

天，送亲的姑娘都穿新衣、戴银器、首饰，唯独新娘却穿着旧衣、草鞋，且无头饰、首饰，不带嫁妆。

壮族新娘出嫁时要穿黑色的嫁衣，并由穿黑衣裤的伴娘陪伴，打着黑伞去男家。壮族认为穿黑色嫁衣才表示喜庆、吉利。

由我国传统婚礼服文化发展的整个历程我们会发现，尽管婚礼服经过了漫长历史的演变，它所蕴含的民族特征的核心意义却仍然没有改变。

从风俗上来看，我国民间在结婚办喜事时，绝大多数地区和民族有特制的新婚礼服。婚服要新，取"新婚大喜"之意。若着旧装，则不吉利，或有新人不贞之嫌。

在我国，服饰审美与传统文化有着密切的联系，服装被纳入社会体系中，开始了它的变化与发展。当服饰艺术融入了礼仪教化、伦理道德、宗教训诫的内容后，便摆脱了具象表现的束缚，逐渐形成为独特的意象艺术，婚礼服尤其如此。它所表达的寓意为吉祥喜庆、高贵欢快、成双成对、白头偕老、早生贵子等誓言。

古代婚礼服的样式为梁冠礼服，基本为直裾，上面附加一些礼服的配件，比如玉佩、彩绦、络穗、蔽膝、绶佩等。这些都是作为礼服不可少的，身上再披红花结带。女式为广袖对襟翟衣头戴珠凤冠。

婚礼服受当时服饰影响，属于一元文化的范畴，具有大一统观念，即人们在穿着中习惯于不突出个性，服装造型上重视空间效果，在结构上采取平面的直线裁剪法，强调用来保护人体，所以剪裁得十分宽松。服装的形制标志着平衡、和谐。

婚礼服共同点大多是注重色彩，搭配上对比强烈、色彩鲜明的颜色，并加上夺目的配饰。中国人的婚礼主色是红色，男女婚服，皆应是大红色。红色在我国是幸福、吉祥、喜庆的颜色，意味着幸运、幸福、威严、生命、兴旺、爱情、热烈，是传统性的用于喜庆活动的颜色。

历朝女式婚服颜色多为大红色，男式的唐宋至明也都是红色，但秦汉是黑色。红色婚

绛纱袍 深红色纱袍。始于宋代。古代常用为朝服。宋代皇帝的朝服中就有绛纱袍。《晋书·舆服志》："天子朝服通天冠高九寸，金博山颜，黑介帻，绛纱袍，皂缘中衣。"

■ 龙凤呈祥礼服

服起源于准庶人着绛纱袍亲迎的先例。直至宋代，宫廷命妇的婚服还是青色。汉代以前大多是周制婚礼，玄黑色和纁缍黄色的婚礼服，象征着天地的神秘色彩。

传统婚礼服图案多种多样，异彩纷呈，有"龙凤呈祥""戏水鸳鸯"等，都是中华民族传统的吉祥图案，象征和和美美，团团圆圆，成双成对，或五子登科，象征早生贵子。图案本身也很有讲究，对襟呈完整的对称感，其在我国文化里本身就代表"合称""合美的意思"。

传统婚礼服的材质受到当时服装面料的影响，多为丝绸、锦缎、棉麻等。旗袍的面料多用织锦缎、素缎或库缎等丝绸织物，上面多有刺绣。服装上还大量运用了亮片、蕾丝、饰花、饰珠来装饰。

在婚礼服中配以大量配饰也是我国民族特色的一大表现。饰品以金银、玉器居多。

唐朝时新娘的发簪金翠花钿、霞帔、红盖头，新郎的金花、红帛。明清新娘的凤冠霞帔、项圈天官锁、红色绣花鞋等象征吉祥。后来新娘佩戴红绒花，以谐音"荣华"象征富贵。

阅读链接

皇家婚礼有很多特殊之处。按照清代礼仪，大婚之日，皇帝穿礼服乘轿出宫，先到慈宁宫向皇太后行礼，然后到太和殿升御座，派遣使者出发奉迎皇后入宫。迎亲队伍到皇后家行册立礼后，簇拥着皇后的凤轿返回，经过大清门进宫。

按清朝定制，大清门除了皇太后、皇帝可以随时出入以外，任何臣民不得擅行，皇后也只有大婚之日才有一次进出此门的机会。凤轿到太和殿或乾清宫后，皇后下轿，正副使臣便完成任务离去。然后由内监、导从命妇伴随，共拥皇后步行到交泰殿。在这里，恭侍命妇接替导从命妇奉迎皇后，皇后改乘八人孔雀顶轿入坤宁宫，等候与皇帝行成亲礼。之后，皇帝到坤宁宫，行合卺礼，饮交杯酒，大婚即告成。